発達心理学

健やかで幸せな発達をめざして

松原 達哉 編

丸善出版

まえがき

　発達心理学は，人間が受精してから死に至るまでの心理学の諸問題を研究し，人間の幸せな発達をめざす学問であると定義する．

　一貫して，重視する必要があることは，QOL（Quality Of Life：生活の質，人生の質）であろう．

　以前は，主に児童心理学の領域で，子どもの心理を中心に取り上げられてきたが，人生100年時代の到来といわれる長寿社会を本格的に迎え，人の発達は胎児期から高齢期まで，広い視野に立って考えていく時代になったといえる．

　以下に本書の特色を挙げてみよう．

(1) 本書は，専門学校，短期大学，大学，大学院の教科書として，編纂した．また，保育士・幼稚園教諭や，小学校・中学校・高校の教員にも，実践的に参考になるよう，心を砕いた．

　　子育て中のお母さん，お父さんにも，子育てにまつわる今日的な課題の理解や，子どもがどのように生まれ育ち，生涯を通じて成長していくかを知るための「子育てのバイブル」として活用していただきたい．心理学の講義を受けなくても，本書を読むことで，子どもの幸せな成長をサポートする上で，力になることと思う．

(2) 本書の前半は，「健やかで幸せな発達をめざして」と題し，人間の発達に関わる様々な問題を，各分野の専門家にご執筆いただいた．どのような問題があり，それをどのようにとらえ，対応・解決していくのか，そして幸せになることができるのかを探究している．

　　性の問題，いじめ・不登校，心の病（精神医学的問題），自殺，発達のつまづき，虐待・トラウマ，激変するメディア環境など，どれもぜひ知っておきたい，深めておきたいテーマである．

(3) 本書の後半は，胎児期・新生児期，乳児期，幼児期，児童期，青年期，成人期前期，成人期後期・高齢期について，発達心理の専門家が主に執

筆されている．

　どの時期も，かけがえのない瞬間の連続である．プロセスを踏まえていくことで，人間心理の理解もより身に付いていく．

(4) これまでの常識をくつがえす最新の知見が盛り込まれている箇所もあり，編者も目から鱗が落ちたところもある．噛みごたえがあるが，ぜひ，果敢に読みこなして血肉にしていただきたい．

(5) 内容は，図や表を多く入れ，視覚的にも，多角的にも興味が湧くように，工夫されている．

(6) 各章の終わりには，理解度を確認するために，課題が用意されている．講義終了後，課題について発表され，ディスカッションされると，さらに理解が深まることだろう．

　最後に，編集者の小林秀一郎さん，對馬佳苗さん，松平彩子さんには，大変お世話になり，ご苦労もおかけした．心より，御礼申し上げる．本書が，手に取った方々の幸せに，少しでも寄与することを願って．

2014年12月

著者を代表して

松原達哉

目　次

第1章　発達心理学とは （松原達哉）

1.1　発達心理学とは ……………………………………………………… 1
1.2　さまざまな発達のモデル …………………………………………… 2
1.3　心理学と幸福 ………………………………………………………… 5

第2章　性と発達 （東　優子）

2.1　多様な性と現代社会 ………………………………………………… 9
2.2　人間の性を規定する複合的要因 …………………………………… 12
2.3　ジェンダーの発達モデル …………………………………………… 15
2.4　ジェンダーの越境現象 ……………………………………………… 18
2.5　多様な性と生きづらさ ……………………………………………… 20
2.6　性の発達を扱う際の留意点 ………………………………………… 21

第3章　いじめ・不登校・ひきこもりと発達 （大竹直子）

3.1　いじめの現状 ………………………………………………………… 26
3.2　いじめの特質 ………………………………………………………… 27
3.3　いじめの原因 ………………………………………………………… 29
3.4　いじめへの対応 ……………………………………………………… 31
3.5　不登校の現状 ………………………………………………………… 33
3.6　不登校の要因 ………………………………………………………… 35
3.7　不登校への対応 ……………………………………………………… 36

第4章　心の病と発達 （榎本　稔・松島崇将）

4.1　精神疾患の現状 ……………………………………………………… 41
4.2　統合失調症 …………………………………………………………… 41
4.3　気分（感情）障害 …………………………………………………… 45
4.4　神経性障害，ストレス関連障害および身体表現性障害 ………… 50
4.5　アディクション ……………………………………………………… 54

4.6 おわりに ··· 58

第5章 自殺の実態と予防——いのちのつながりをはぐくむ
(反町吉秀)

5.1 日本における自殺の概要 ··· 59
5.2 自殺対策の経過 ·· 62
5.3 自殺の危険因子，危機経路，自殺へと傾く人の心 ·············· 63
5.4 自殺予防の取り組み ·· 66
5.5 自死遺族のケア ·· 73
5.6 自殺対策の効果とまとめ ·· 74

第6章 発達のつまずき (廣利吉治)

6.1 発達のつまずきとは ·· 79
6.2 知的能力障害 ··· 81
6.3 自閉スペクトラム症 ·· 83
6.4 学習症（学習障害）·· 84
6.5 注意欠如・多動症 ·· 85
6.6 おとなの発達障害 ·· 86
6.7 あいまいな診断基準 ·· 87
6.8 なぜ発達障害は急増したのか ······································· 89
6.9 安易な診断や治療への警鐘 ·· 90
6.10　発達のつまずきへの対応 ··· 91

第7章 虐待・トラウマと発達 (西澤 哲)

7.1 幼児期の子どものPTSD ··· 95
7.2 アタッチメント（愛着）に関連した障害 ························ 98
7.3 不適切な養育が子どもの発達に及ぼす影響 ··················· 102
7.4 発達トラウマ障害について ·· 104
7.5 いわゆる発達障害について ·· 107
7.6 適切な診断概念の必要性 ··· 108

目　次　vii

第8章　激変するメディア環境と子どもの発達　(清川輝基)

8.1　電子メディア・ネットによって激変した子どもの環境・・・・・・・・・・・・ 111
8.2　スマホ育児の落とし穴・・ 115
8.3　進む子どもの発達不全──"メディア漬け"と子どもの発達・・・・・ 118
8.4　ネット社会の危険性・問題点・・・・・・・・・・・・・・・・・・・・・・・・・・・・・・・・・・・・・・ 124
8.5　さまざまなネット依存・・・ 126
8.6　ネット依存のスクリーニング・・・・・・・・・・・・・・・・・・・・・・・・・・・・・・・・・・・・・・・ 127
8.7　先駆的な韓国のネット依存対策・・・・・・・・・・・・・・・・・・・・・・・・・・・・・・・・・・・ 128
8.8　メディア・ネット依存へどう向き合うか・・・・・・・・・・・・・・・・・・・・・・・・・・ 135

第9章　胎児期・新生児期の発達──受精から出生後28日未満　(前田志壽代)

9.1　胎内で聞こえる声，音・・・ 151
9.2　胎児に害のある物質・・・ 152
9.3　遺伝と環境・・ 153
9.4　胎児と運動・・ 155
9.5　胎　教・・ 157
9.6　胎児の脳の発達・・ 158
9.7　新生児の脳の発達・・・ 159
9.8　新生児期の特徴と問題の早期発見・・・・・・・・・・・・・・・・・・・・・・・・・・・・・・・・・ 159
9.9　新生児の聴覚と視覚・・・ 162
9.10　言語の芽としての喃語につながる新生児の発声・・・・・・・・・・・・・・・・・ 163
9.11　新生児の感情と個性および個別性・・・・・・・・・・・・・・・・・・・・・・・・・・・・・・・・ 163

第10章　乳児期の発達──1歳半くらいまで　(松田佳尚)

10.1　乳児のゆたかな能力──赤ちゃん学への誘い・・・・・・・・・・・・・・・・・・・ 168
10.2　乳児から大人への働きかけ・・・・・・・・・・・・・・・・・・・・・・・・・・・・・・・・・・・・・・・ 169
10.3　乳児が見る世界，聞く世界・・・・・・・・・・・・・・・・・・・・・・・・・・・・・・・・・・・・・・・ 171
10.4　乳児は顔が好き・・・ 172
10.5　乳児の眠り・・・ 176
10.6　乳児のからだと運動・・・ 178

10.7	乳児の学習	179
10.8	乳児の感情	180
10.9	泣き方（空腹，眠いとき，痛いときなど）	181
10.10	人見知り	182
10.11	ことばの発達	183

第11章　幼児期の発達 ── 1歳半くらいから小学校入学まで
（松嵜くみ子）

11.1	幼児期の発達の概観	188
11.2	発達段階と発達課題	190
11.3	運動機能の発達	190
11.4	基本的生活習慣の獲得	191
11.5	言葉の発達	192
11.6	認知の発達	194
11.7	「自己」の発達	200
11.8	幼児期のアタッチメントの形成	201
11.9	人間関係の広がり	202
11.10	遊びの発達	203

第12章　児童期の発達 ── 小学生（青戸泰子）

12.1	身体と運動能力の発達	208
12.2	知的機能の発達	210
12.3	自己の発展	213
12.4	人間関係の発達	215
12.5	社会性の発達	217

第13章　青年期の発達 ── 中学校から25歳くらいまで（池田幸恭）

13.1	子どもからおとなへの移行期としての青年期	224
13.2	自分を生きる青年	225
13.3	他者と生きる青年	230
13.4	社会で生きる青年	235
13.5	おとなになること	237

第 14 章　成人期前期の発達──就職から 50 代くらいまで（石　暁玲）

14.1　成人期前期の発達課題……………………………………… 241
14.2　就職と仕事のやりがい………………………………………… 245
14.3　恋愛と結婚……………………………………………………… 247
14.4　「子育て期」の発達…………………………………………… 248
14.5　中年期のアイデンティティの再構成………………………… 255

第 15 章　成人期後期から高齢期の発達──50 代後半から亡くなるまで（島内　晶）

15.1　円熟期…………………………………………………………… 260
15.2　高齢期の心とからだ…………………………………………… 262
15.3　パーソナリティとエイジング………………………………… 266
15.4　高齢者の社会性………………………………………………… 267
15.5　高齢者の知能と知恵…………………………………………… 268
15.6　高齢期の適応…………………………………………………… 270
15.7　高齢期の心の問題……………………………………………… 271
15.8　高齢者の介護…………………………………………………… 272
15.9　高齢者と死……………………………………………………… 274

索　引………………………………………………………………… 279
編者・執筆者紹介…………………………………………………… 283

第1章 発達心理学とは

1.1 発達心理学とは

　発達心理学は，これまで児童心理学や青年心理学が中心であったが，「発生から死に至るまで」のライフコース（一生の間にたどる道筋）を心理学的に研究する学問領域へと変容し，これを生涯発達心理学（life-span developmental psychology）とよぶ．なお，理論的なコンセンサスは確立の途中である．

　近年の大きな変化の一つが，赤ちゃんへの理解が飛躍的に進んできたことである．赤ちゃんは，白紙状態で生まれ，無力で受け身な存在と長らく思い込まれてきたが，脳科学や小児科学の進歩，新たな研究方法の開発などによって，実は赤ちゃんが，考えられてきたよりもずっと有能，能動的な存在で，すでに胎児期から微笑みの表情を示したり，視聴覚や味覚，触覚が機能し始めていることも，明らかになっている．

　もう一つの大きな変化は，高齢化に伴って，人生の後半に関する研究に注目が高まってきていることだろう．高齢期も含めた，生涯発達心理学の発展に特に寄与したのは，ハヴィガースト（Havighurst, R. J. 1900–91）やエリクソン（Erikson, E. H. 1902–94），バルテス（Baltes, P. B. 1939–2006）らである．

　ジョアン・エリクソン（Erikson. J. M. 1902?–97）は，「老年期が『発見』されたのは，ごく最近のことであった」「老人の数の増大によって，老人は選りぬかれた一握りの長老（elders）という意味から，大量の年長者（elderlies）の群を現わすものへと変化し（老人自身もそう思い），老年期の再定義が必要になった」（1986）と述べている．

加齢も，これまで考えられてきたような下降的変化とばかりはいえない．権藤恭之らによる高齢者心理学の百寿者研究の新たな知見（2014年10月15日放送「NHKクローズアップ現代」）によれば，身体機能の低下にも拘らず，80代を過ぎると今の生活を肯定的に捉える感情や人生への満足感が高まり，百寿者の多くが多幸感を感じているという．

「生きていることがしあわせだ」「娘の話し相手になってあげられる」という百寿者の声は，「自律的な生活ができないことは，精神的健康の悪化を招く」という，これまでの社会通念を覆している（権藤，2012）．エリクソン夫妻が提示した発達段階でいえば，第9段階の「老年的超越」にあたる．

生涯発達に関心が高まった理由として，バルテスは，老齢人口増のほかに，老年学誕生と同時に「生涯発達において加齢がどのように兆していくのかについての研究が始まったこと」や，1920年代から始まった子どもの発達の縦断的研究の被験者と研究者が歳をとって老人になったことを挙げている．

また，バルテスは生涯発達心理学の理論的観点として，「(1) 発達的変化が多方向性をもつことを認識すること．(2) 年齢に結びついた発達的要因と，結びついていない要因とをともに考慮すること．(3) 成長（獲得）と衰退（喪失）との間のダイナミックで持続的な相互作用に注目すること．(4) 個人の生涯が歴史に埋め込まれていること，およびその他の構造的な文脈的要因を強調すること．(5) 発達における可塑性の範囲を研究すること」を紹介している（Baltes, 1987）．

1.2 さまざまな発達のモデル

人間の発達の様相をとらえるために，さまざまな発達モデルが考えられている．詳細については各章に任せるとして，やまだようこ（1995）の「生涯発達の6つのモデル」をもとに，理解を深めてみよう．

「①成長モデル」は，成人になるまでの成長のみを対象とし，これまで多用されてきた，従来の発達心理学のモデルである（主な理論家：ピアジェ，フロイト，ウェルナー，ワロン）．「②熟達モデル」は，対象を生涯にまで延長し，人間は一生を通じて成長し続ける存在であると考える（主な理論家：バルテス，ボウルビィ）．「③成熟モデル」は，ある機能は加齢とともに衰退し，別の機能は成熟すると受けとめる（主な理論家：バルテス，エリクソン，レヴィンソン）．「④両行モデル」は複数の機能を並行してとらえ，複眼的に

その価値も見方によってプラスでもあり，マイナスでもあると価値観の多様性を考慮する（主な理論家：ユング，やまだ）．「⑤過程モデル」はライフコース研究など，プロセスを重視する（主な理論家：ハヴィガースト，エルダー）．「⑥円環モデル」は試案で，一方向性ではなく，死後も次世代に命や文化などが引き継がれていくことをイメージした回帰・循環型である（主な理論家：やまだ）．

　生涯発達の観点からは，そもそも発達という言葉の意味や，発達に対する価値観を含む，発達概念そのものへの再考が迫られている．どのモデルにも学ぶべき点があり，モデルの分類方法も含めて，異論もあろう．「規範的な成長の仕方」の眼差しは，そこからはみ出た人々の目も通して，問い直していかなければならないだろう．発達理論が抑圧装置として作用してしまうことが懸念される．時代や社会によっても，意味づけは変化してくる．各々のモデルを比較することで人間理解はさらに深まる．今後，研究成果がさらに蓄積され，既存のモデルが修正されたり，あらたな理論が構築されていくことだろう．

（1）フロイトの発達段階説

　精神科医，精神分析学者のフロイト（Froud. S, 1856–1939）は，リビドー（性的エネルギー）が，発達を促す力となると考え，①口唇期，②肛門期，③エディプス期（男根期），④潜伏期，⑤性器期の5段階に分類する理論を提唱した．各段階でかかわる体の部位から，この5段階があると考え，性格の基本が定まるとしている．

　①口唇期：乳児期のことで，口唇（くちびる）による愛情体験（授乳によって，人格の性格は形成される．欲しいときに十分授乳されて育った子は，おっとりとした人間になる．愛情不足だと，せわしなさ，甘えん坊，慢性の孤独感などが現れる．逆に愛情過多だと，自己中心的な人間になる．

　②肛門期：排泄のしつけを受ける1～3歳頃である．排泄のしつけは時間や金銭の感覚に影響し，ルーズなしつけだと，他人の金も自分の金といったルーズな性格になる．厳しすぎると，創造性の乏しい几帳面な人間になる．

　③男根期：性の識別をするようになる4～5歳頃である．この時期に「男の子（女の子）は……すべきです」と扱われると，以後の男らしさ・女らしさの意識に影響する．また，男子も女子も人生最初の異性を異性の親に求め

るようになる(エディプス感情).男児は母親に,女児は父親に愛情をもつ.
　④潜伏期:小学生の時期で,自分の欲求を抑圧,つまりリビドーを潜伏させて,社会規範(現実原則)に合わせる訓練が必要である.この時期に現実原則をきちんと学習しておかないと,青年期以降,非常識な行動をとる.
　⑤性器期:心理的に離乳(自立)する12歳以降の青年期である.リビドーの発達を円満に経過して心理的に自立した人間は,罪悪感なしに異性とつきあい,性愛感情を満たせる性格になる.

(2) ハヴィガーストの発達課題

　ハヴィガーストは,『人間の発達課題と教育』(1948)の中で,個人が健全な発達を達成するために,幼児期から老年期のライフステージの各段階で,果たすべき発達課題(developmental tasks)があると考えた.表1-1に各期における発達課題を示しておこう.

表1-1　ハヴィガーストの発達課題

幼児期　歩行の学習／固形の食物をとることの学習／話すことの学習／排泄の仕方を学ぶこと／性の相違を知り性に対する慎みを学ぶこと／生理的安定を得ること／社会や事物についての単純な概念を形成すること／両親や兄弟姉妹や他人と情緒的に結びつくこと／善悪を区別することの学習と良心を発達させること

児童期　普通の遊戯に必要な身体的技能の学習／成長する生活体としての自己に対する健全な態度の養うこと／友だちと仲よくすること／男子として,また女子としての社会的役割を学ぶこと／読み・書き・計算の基礎的能力を発達させること／日常生活に必要な概念を発達させること／良心・道徳性・価値判断の尺度を発達させること／人格の独立性を達成すること／社会の諸機関や緒集団に対する社会的態度を発達させること

青年期　同年齢の男女との洗練された新しい交際を学ぶこと／男性として,また女性としての社会的役割を学ぶこと／自分の身体の構造を理解し,身体を有効に使うこと／両親や他の大人から情緒的に独立すること／経済的な独立について自信をもつこと／職業を選択し準備すること／結婚と家庭生活の準備をすること／市民として必要な知的と概念を発達させること／社会的に責任のある行動を求め,そしてそれをなしとげること／行動の指針としての価値や論理の体系を学ぶこと

壮年初期　配偶者を選ぶこと／配偶者との生活を学ぶこと／第一子を家族に加えること／子どもを育てること／家庭を管理すること／職業に就くこと／市民的責任を負うこと／適した社会集団を見つけること

中年期　大人としての市民的・社会的責任の達成すること／一定の経済的生活水準を築き,それを維持すること／10代の子どもたちが信頼できる幸福な大人になれるよう助けること／大人の余暇活動を充実すること／自分と配偶者とが人間として結びつくこと／中年期の生理的変化を受け入れ,それに適応すること／年老いた両親に適応すること

老年期　肉体的な力と健康の衰退に適応すること／隠退と収入の減少に適応すること／配偶者の死に適応すること／自分の年ごろの人々と明るい親密な関係を結ぶこと／社会的・市民的義務を引き受けること

(3) エリクソンの8段階のライフサイクル

アイデンティティ（自我同一性）やライフサイクル，基本的信頼で知られるエリクソンは，発達心理学の関心領域がまだ児童に集中していた時代から，先がけて老年期に目を向け始めた．1950年に刊行された『幼児期と社会』の中で，乳児期から老年期までの8段階のライフサイクルを発表している．人は生涯にわたって発達すると考え「生涯発達」という観点を示し，各段階で達成すべき「心理・社会的危機」（発達課題）を設定した．

エリクソンの死後，妻で共同研究者でもあったジョアン（Erikson, J. M.）は，夫との議論を下地に，新たに第9段階の超高齢期を提示した．超高齢期になると，それ以前とは異なる課題が生じ，新たな心理的発達が必要になる．要介護状態になったり，伴侶や友人，知人と死別したり，子どもが先立っていくこともある．心身の老化に伴い，自分への基本的信頼感が揺らぎ，それを再び獲得する必要に迫られる．この危機を乗り越えることができると，老年的超越という心理状態に達するという．これは超高齢者ばかりでなく，より若くして亡くなった闘病者の晩年や，宗教者にも時に起こりうることではないか．

エリクソンの師，フロイトは精神を深層に掘り下げ，エリクソンはそれを発展させ個々の発達を広く文化や社会環境との関数で理解しようとした．エリクソンがとりわけ重視したのは，第5段階の思春期・青年期の中心課題，「自分とは何者か」「どう生きるのか」というアイデンティティの達成であった．それは一生涯つくり直されるもので，老年期のそれを「不変的中核」「実存的アイデンティティ」とよんだ．

1.3 心理学と幸福

幸福に生涯を送ることは，発達心理学にとっても究極の目標であろう．万人が人生の究極の目的として求めるものは「幸福」，すなわち「よく生きること」（アリストテレス）を引き合いに出すまでもなく幸福は重要なテーマであるが，近年は心理学や経済学，社会学，政治学などでも研究が進んでいる．

幸福感研究に携わる心理学者・行動経済学者のカーネマン（Kahneman, D.）が，2002年にノーベル経済学賞を受賞した影響は大きい．幸福感についての実証的な研究が本格的に始まったのは1980年代初頭だという（大石，2009）．

(1) 幸福度を測る

2010年,わが国の内閣府は,心理学者も加わった「幸福度に関する研究会」を発足し,2011年には幸福度指標試案を発表している.幸福度に関する研究会報告（内閣府,2011）によると,その背景には,日本人の幸福度が先進国の中でも低く,「学校で気後れして居心地が悪い」と感じている15歳の生徒が先進国で最も多く,自殺率が高く,20代～30代の3人に1人が過去に「本気で死のうと思ったことがある」と訴えているなどの深刻な事情がある.自殺に関しては,第5章を参考にされたい.

幸福度指標としては,ブータンのGNH指標（国民総幸福度：Gross National Happiness）が国際的な注目を集めたことが記憶に新しい.1974年,経済学者のイースターリン（Easterlin, R.）によって,経済的豊かさを表すGDP（国内総生産）の上昇が幸福感に結びつかないとする論文が発表され,「幸福のパラドックス」論争となった.これは,高度経済成長後の日本にも,当てはまっている（内閣府,2008）.イースターリンが起こした波紋が,世界的に心の豊かさを表す指標づくりの動きを後押ししている.

「幸福度に関する研究会」の指標試案では,幸福をもたらす要素として,「健康」「経済社会状況」「関係性」の3本柱と,環境問題を考慮して「持続可能性」を含む体系図が示された.小項目に「健康」には「精神面」「身体面」を,「経済社会状況」には「基本的ニーズ」「住居」「子育て・教育」「雇用」「社会制度」を,「関係性」には「ライフスタイル」「家族とのつながり」「地域とのつながり」「自然とのつながり」をあげている.

心理学の立場で,研究会に構成員として参加する内田由紀子は,指標化の際に重視されることとして,「日本文化における幸福の特徴」をあげる.人々の幸福の捉え方,幸福の予測因,社会経済環境と幸福の関連などに文化差がみられるためである.また日本が主観的幸福感の国際比較で低いことの背景に,この文化差を指摘する.なぜならアメリカの「増大的幸福像」と違い,日本は「バランス志向的幸福像」をもち,自分だけ飛び抜けた幸福や不幸を好まない「人並み感覚」を重視するからである（内田,2013）.

(2) 高齢者の幸福度

日本人の幸福度に影響を及ぼす要因に関する内閣府（2008）のデータによると,日本で特異なことは,年齢が高いことが幸福度にマイナスに働いて

いることだ．諸外国の調査では，年齢と幸福の間にU字型の関係がみられることが多い．いったん熟年期に下がった幸福度が，高齢になって上昇を示す．その理由を「熟年層に入る頃には，自分の人生がある程度定まってくるので，人々は若い頃持っていた野心を実現することをあきらめざるを得ないから幸福度が下がる．その後の高齢期に入ってからは考え方を変え，後半の人生を楽しく充実させようと努力するから幸福度がまた高まるのではないか」と考察されている．高齢者の幸福については，サクセルフル・エイジング（successful aging）の研究が進められてので，第15章を参考にされたい．

(3) 幸せになるための介入

心理学では，幸福感を向上するための介入についての研究も進められている．ポジティブ心理学を専門とするシャハー（Shahar, T. B.）がまとめているので，それを表1-2に示した．特に「1. 感謝する」について，説明を補足する．エモンズ，R. A. とマカラフ，M. E. は，感謝介入法の実験を行った．被験者をランダムに3つに分け，1週間を振り返って，自分が感謝することを5つ書く「感謝」群と，面倒だったことを5つ書く「雑用」群，出来事を5つ書く「出来事」群に振り分けた．これを9週間実行した後，人生の

表1-2　幸福感を向上するための介入およびアドバイス

1. 感謝する	19. 親切な行動をする	36. 偉業を観察する
2. 習慣化する	20. いいところを探す	37.「ありがたい敵」をつくる
3. 運動をする	21.「ありがとう」を言う	
4. 仕事への考え方を変える	22. 回復する	38. 可能性を信じる
5. 意義を見いだす	23. パートナーシップを築く	39. 人を伸ばす
6. 思いやりの心をもつ	24. 解釈を変える	40. 決断する
7. 困難から学ぶ	25. 子を育てる	41. 安心できる場所をつくる
8. すべてをシンプルにする	26. 悲しみにうちかつ	42. 親密な関係をつくる
9. プロセスを楽しむ	27. 期待をコントロールする	43. バランスをとる
10. 理解し，理解される	28. 自分に優しくする	44. お金を理解する
11. 失敗から学ぶ	29. 成熟する	45. 本当の目的を知る
12. 完璧主義を手放す	30. 本来の自分にもどる	46. 天職を見つける
13. 価値ある行動をする	31.「わからない」を受け入れる	47. 気持ちを切りかえる
14. 安全圏から出る		48. 深く根を張る
15. 感情を味わう	32. 嫉妬から学ぶ	49. 心をひらく
16. 一貫性をもつ	33. 内なる声を聞く	50. 未来からいまをながめる
17. 最高の瞬間をつかむ	34. 自分の感情を理解する	
18. 長期的な関係をつくる	35. 受け入れる	

(Shahar, T. B. 2010)

満足度は「感謝」群で有為に高くなったばかりでなく，身体的な不調も減少した（Emmons & McCullough, 2003）．感謝することをただ書くというシンプルな方法で，幸福感が高くなり，体調まで良くなるとは，驚くべき結果である．すぐ，誰でも実践できる素晴らしい方法だろう． ［松原達哉］

課題

1. 生涯発達心理学とはどのようなものか学び，述べなさい．
2. 発達理論を2つ選択し学習し，比較して論じなさい．
3. 自らの幸福について，心理学的に考察しなさい．

【文献】

内田由紀子．(2013)．日本人の幸福感と幸福度指標．心理学ワールド，60，5–8．日本心理学会．

エリクソン，E. H. (1950, 1963 [2nd ed.]：訳 1977–1980)．幼児期と社会1・2（仁科弥生訳）．みすず書房．

エリクソン，E. H., エリクソン，J. M. ほか．(1986：訳 1990)．老年期：生き生きしたかかわりあい（朝長正徳・朝長梨枝子訳）．みすず書房．

大石繁宏．(2009)．幸せを科学する：心理学からわかったこと．新曜社．

権藤恭之．(2012)．百寿者からみたしあわせのかたち．アンチ・エイジング医学．Vol.8, No.3, 46–51，メディカルレビュー社．

シャハー，T. B. (2010：訳 2010)．ハーバードの人生を変える授業（成瀬まゆみ訳）．大和書房．

内閣府．(2008)．日本人の幸福度に関する分析．平成20年版国民生活白書．

内閣府．(2011)．幸福度に関する研究会報告．

ハーヴィガースト，R. J. (1948, 1953 [2nd ed.]：訳 1995)．人間の発達課題と教育．玉川大学出版部．

バルテス，P. B. (1987：訳 1993)．生涯発達心理学を構成する理論的諸観点：成長と衰退のダイナミックスについて．生涯発達の心理学1巻 認知・知能・知恵．新曜社．

やまだようこ．(1995)．生涯発達をとらえるモデル．生涯発達心理学とは何か（講座 生涯発達心理学1）．金子書房．

Emmons, R. A. & McCullough, M. E. (2003). Counting Blessings Versus Burdens: An Experimental Investigation of Gratitude and Subjective Well-Being in Daily Life. *Journal of Personality and Social Psychology*. Vol.84, No.2, 377–389.

第2章 性と発達

　人間の性は多様である．個はそれぞれに魅力ある，知性と創造力をもつ存在であり，性的な存在である．近年，「ダイバーシティ（多様性）の推進」が企業活動の重要な課題としてメディアで取り上げられる機会が増えた．女性活躍推進を優先課題として，より多様な人材（障がい者・外国人・性的マイノリティなど）の雇用促進に向けた取り組みが始まろうとしている．性的マイノリティは様々な「生きづらさ」に直面しており，法務省が毎年発表する主な人権課題には「性的指向」および「性同一性障害」[1] が挙げられている．「自殺総合対策大綱」（内閣府，2014）においては，「自殺念慮の割合等が高いことが指摘されている性的マイノリティについて，無理解や偏見等がその背景にある社会的要因の一つであると捉えて，理解促進の取組を推進する」と明記されている．今日，職場や学校，医療・介護福祉の現場や行政機関など，地域社会のあらゆる場面で柔軟な対応と配慮，そして支援が必要とされている．本章では，そのために必要な知識を学んでいこう．

2.1　多様な性と現代社会

（1）性別概念をめぐる今日的話題

　人間の性は受精時に決定され，male（男性）あるいは female（女性）のどちらかに分化する．出生時に宣言される性別は客観的事実に基づいてなされるものであり，個人が恣意的に変更できるものではない——近年，こうした性別概念に変化が生じている．

　諸外国に続いて日本でも「性同一性障害特例法」（2004 年施行）が成立し，専門家の診断と治療を受けるなどの諸条件 [2] を満たした人たちが，戸籍上の性別を「望みの性」に変更することが可能になった．より近年になって法

律が施行されたアルゼンチンやデンマークでは，専門家による診断や手術などの条件が一切なく，基本的に本人の自己申告だけで簡易に性別が変更できるようになっている．

インドでは古くから「第3の性」を生きるヒジュラの存在が知られているが，2005年，パスポートの性別表記にM（男性）とF（女性）以外のE（Eunuch＝去勢した人の意）という選択肢を追加した．2010年にはバングラデシュでも「その他」が選択できるようになっている．また同じ頃，オーストラリアやニュージーランドでも「第3の選択肢」としてXが導入され，インターセックスやトランスジェンダーの人々がこれを選択できるようになった．

(2) LGBTI（性的マイノリティ）に関する統計

インターセックスとは，生物学的・解剖学的特徴が典型的な男女のそれとは異なっている状態の総称である．かつては「半陰陽」や「間性」という用語が用いられていたが，今日の医学界では「性分化疾患」あるいはDSD (Disorders of Sexual Development) という総称が提唱されている．インターセックスという用語は，特に「病理化モデル」を批判する個人や運動体によって使用されており，そうした文脈ではDSDのDはDisorder（障害，疾患）ではなく，Differences（差異）あるいはDiversity（多様性）であると主張する声がある．医学以外の，例えば人権について議論する国際会議や刊行物においては，疾患名であるDSDではなくインターセックスが使用される例も多い（OHCHR, 2012）．

正確な統計は存在しないが，外性器の形態を手がかりに性別を判断するのが困難な事例は新生児2,000人に1人の割合で発現すると言われている．それ以外の多種多様な状態をすべて含めれば，人口の0.1〜2％になると推計する研究者もいる（Blackless, et al., 2000; Fausto-Sterling, 2000）．

一方のトランスジェンダーは，出生時に割り当てられた性別とは異なるジェンダーで生活することを望む人々のことである．統計のほとんどが専門外来を受診した人の数であるため，実態を反映していないという批判が常にある（WPATH, 2011）．近年の米国調査では，成人の0.3％という推計値が報告されている（Gates, 2011）．

レズビアン（lesbian），ゲイ（gay），バイセクシュアル（bisexual）を含めたLGBTI/性的マイノリティの総人口に占める割合については，これを

10％とする文献資料も多い．科学的に実施された国内外の様々なデータ（平田，2014）を総合すれば，3～5％と推計するのが妥当ではないかと考える．

(3) 自然 vs. 不自然

歴史を振り返れば，性規範から逸脱する人々を「性的倒錯者」や「性的異常者」とみなし，処罰や治療の対象にしてきた時代がある．現在でも宗教上の理由によってこうした処遇を続けている国や地域は存在している．今日の日本においては，偏見や嫌がらせ，雇用における制限や差別など，社会生活上の問題が存在し，そのことが様々な「生きづらさ」やメンタルヘルスの問題を引き起こしている．内閣府「自殺総合対策大綱」（2014年改正）では「自殺念慮の割合等が高いことが指摘されている性的マイノリティについて，無理解や偏見等がその背景にある社会的要因の一つであると捉えて，理解促進の取組を推進する．」と明記され，法務省人権擁護局が毎年発表する人権課題に「性的指向」と「性同一性障害」が挙げられている．

性的マイノリティに批判的なまなざしを向ける社会は，しばしば「自然の摂理」を持ち出し，これを正当化しようとする．非典型的な性の発達に関する研究の第一人者である性科学者ミルトン・ダイアモンド（Milton Diamond）は，「不自然だ」と非難する社会に対して，事実はむしろ逆だという．「自然界は多様性を愛する．人間社会がこれを嫌うのだ．」（Nature loves variety/diversity. Unfortunately, society hates it.）[3] という彼の言葉は，世界中で引用されている．

(4) 多様な性のありよう

近年は，性的マイノリティにかえて LGBT あるいは LGBTI と表記することが多くなっている．これはレズビアン（lesbian），ゲイ（gay），バイセクシュアル（bisexual），トランスジェンダー（transgender），インターセックス（intersex）の頭文字を組み合わせたものであり，ここにクェスチョニング（questioning），クィア（queer）あるいはエイセクシュアル（asexual）などの頭文字が加わることもある．性的マイノリティが他者からの名づけであるのに対して，これは当事者運動から生まれた言葉であり，ニーズがある主体の「顔」が見えるようになっている．

LGBTI という集団の中身は，それぞれが不均質で個性ある個人で構成さ

れている．アイデンティティのありようは多様で，その捉え方も流動的である．たとえば，Tについて国際的な専門家組織では，従来のトランスセクシュアルやトランスジェンダーといった呼称に「ジェンダーに非同調な人々」（Gender Non-conforming People）を追加した．今後も常に新しい概念や名称に柔軟な対応をしていくとしている（WPATH, 2011）．

当事者による主体的な名づけは実に多様である．最近，インターネット上の交流サイト大手のフェイスブック（facebook）が，利用者のプロフィールとして表示される性別欄に「女性」「男性」以外の選択肢を追加した．若干の表記違いだけで同義の表現も多いのだが，その数は米国版で50種類，これに21種類を追加した英国版では71種類にのぼる．この膨大な数のジェンダー・オプションは，LGBTI当事者団体のアドバイスに基づいて策定されたものだという（*The Telegraph* 2014年7月17日付）．

2.2 人間の性を規定する複合的要因

(1) 性分化のメカニズム

人間の性を理解するための基本的な概念は，セックス（sex），ジェンダー（gender），セクシュアリティ（sexuality）である．最も古くから存在する単語がセックス（生物学的性）である．ジェンダーは「社会・文化的性」と訳されることも多いが，その概念の成立における異なる系譜によって今日的定義も若干異なる（舘，1996）．性科学においては，①セックスを基盤にした文化的価値，態度，役割，習慣および特徴の総和であり，②歴史的・文化的なものであり，③現代社会においても，男女の特別な力関係を反映，または永続させているもの，というのがジェンダーを理解するポイントである（PAHO／WHO／WAS, 2000）．

セクシュアリティは，セックスとジェンダーをも含む，非常に包括的な概念であり，次のように定義されている．「人間であることの中核的な特質の一つであり，セックス，ジェンダー，セクシュアルおよびジェンダー・アイデンティティ，性的指向，エロティシズム，情動上の愛着または愛情，および生殖を含む．セクシュアリティは，思考，幻想，欲望，信念，態度，価値，活動，習慣，役割，関係性などにおいて経験され，あるいは表現される．セクシュアリティは生物学的，心理学的，社会・経済的，文化的，倫理的，宗教的あるいはスピリチュアルな諸要素の相互作用がもたらす結果の一つであ

る．セクシュアリティはこれらの側面のすべてを含みうるが，これらの特性すべてが経験され，表現される必要はない．我々のセクシュアリティは，我々のありようや，我々が感じ，考え，行うことにおいて経験され，表現される．」(前掲書)

(2) セクシュアリティの多次元性

上記定義にあるように，性（セクシュアリティ）を構成する要素はさまざまにある．図 2-1 は，そうした諸要素のうち，レズビアン（L），ゲイ（G），バイセクシュアル（B），トランスジェンダー（T），インターセックス（I）の違いを特徴づける 4 つの要素（ジェンダー・アイデンティティ，ジェンダー表現，生物学的・解剖学的特徴，性的指向）に注目したものである．

この図に描かれている矢印（→）は，各次元がスペクトラム（連続体）であることを表現している（個人の性のありようを表現するには，2 × 4 次元のどこかに，合計 8 つの点を打つことになる）．一般には，例えばジェンダー・アイデンティティについて「男性」と「女性」を同一次元の両端に位置づけて，その中央を「心理的両性具有」とする説明も多いが，この図の最上段に描かれているジェンダー・アイデンティティは，「女性的要素」と「男性的要素」がそれぞれ別次元に存在しているため，より多様なジェンダー・アイ

(Killermann, S. (2013). The Social Justice Advocate's handbook: A Guide to Gender. Impetus Books. より)

図 2-1　多次元な連続体で構成されるセクシュアリティ

デンティティのありようを表現することが可能になる．さらには，LGBTI という集団間の違い（特徴）のみならず，その集団内における不均質性を示すことができる．

シスジェンダー（cisgender＝性別違和のない状態にある意）の異性愛者など，「性的マイノリティではない」「ふつうの男性」「ふつうの女性」と自己を捉えている人々が8つの点を打つ作業をしてみた場合も，その結果はまったく同じものにはならないはずである．性を構成する要素は上記4つ以外にも様々にあるため，実際の性のありようはもっと複雑なものになる．あらゆる個の存在がそれぞれに個性的で多様なのであり，セクシュアリティは「十人十色」なのである．

（3）人と社会の循環的因果律

性（セクシュアリティ）のありようを理解する上で重要なのは，セクシュアリティの定義に登場する「諸要素の相互作用」である．個人はそれ単独で存在しているのではなく，家族・パートナー・友人などとの関係性の中に置かれている（ミクロ・レベル）．こうした個人や家族が生活する地域社会には，学校や職場，あるいは宗教的コミュニティなどが存在している（メゾ・レベル）．それはまた，特定の文化的・社会的・経済的状況にある社会に取り囲まれており（マクロ・レベル），そこで共有される規範や価値観，道徳観といったものから個人は自由でありえない（図2-2）．

状況が変われば，直面している問題の量も質も変わる．時代や社会によって主人公の「顔」も変わる．例えば，日本では新規HIV感染の約7割が男性同性愛者で占められるという状況が続いているが，サハラ砂漠以南のアフリカ諸国でAIDSの「顔」といえば，女性である[4]．国内でも，かつて性病（梅毒・淋病）といえば「花柳病＝男の勲章」といわれた時代もあったが，今やクラミジアといった性感染症の罹患率は若い女性がトップを占める（熊本・南，2008）．なぜそうなのか，という理由は単純ではない[5]．

性の健康リスクは，個人の置かれている環境に依存する．リスクを回避するためには，知識・情報はもとより，実行しようとする意識や態度，あるいは道具・手段やそれを使いこなすスキル（技術）が必要となる．そうしたものへのアクセスが十分保障されていることが重要である．さらには，そうしたアクセスが十分で，本人には知識や態度があったとしても，相手との関係

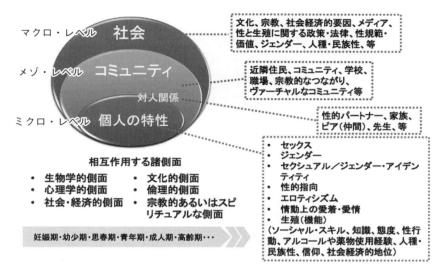

図 2-2　人間の性を規定する複合的要因

性や状況によってリスク回避行動が阻害されることもある．こうした影響を最も強く受けるのは，「同性愛者」など性的マイノリティや「若い女性」である．特に性的マイノリティについては，ロールモデルの不在や，恋愛関係の出会いの場や機会が限られること，深刻な悩みを抱えていても友達や家族，学校の先生など周囲の大人にも相談しにくく，必要な情報や社会資源（相談・保健医療）に繋がりにくいなど，彼らの性をめぐる状況を不安全にする複合的原因を指摘することができる．

人と社会・環境の関係はしかし，循環的因果律で結ばれている．個人は影響を受けるだけの存在ではなく，社会・環境に影響を及ぼす存在でもある．多様な性が顕在化し，性（セクシュアリティ）や性別に関する概念も変化してきた．次節では，ジェンダーの発達に関する知見がどのように変遷してきたかをみていこう．

2.3　ジェンダーの発達モデル

(1) 半陰陽研究とジェンダー概念

性科学におけるジェンダー概念の登場は 1950 年代初期のことである．「生みの親」であるジョン・マネー（John Money）は，半陰陽研究に従事して

いた心理学者である．半陰陽は，現在の性分化疾患/DSDとほぼ同義である．

　ジェンダーは，もともと「男性名詞」や「女性名詞」など，言語に付与された性別を意味するものとして使用されていた言語学用語を再定義したものである．当時はまだ，性のありようを表現する言葉としてセックスしか存在しておらず，セックスを基盤に付与される「らしさ」といった社会・文化的性を表現するために用いられるようになった．半陰陽に関する研究は，男女という性別が（その後の「らしさ」の発達を含めて）受精時に生物学的要因に規定されるという従来の考え方を覆した．「男女という2本のまったく異なった道があるのではなく，実はわれわれ一人ひとりが男性あるいは女性のどちらかに方向づけられて進む，いくつかの分岐点を持った道が1本あるだけ」（マネー・タッカー，1979）であることを明らかにした．

　胎生期の性分化は，遺伝子（性染色体）の組み合わせ→性腺（精巣・卵巣）の分化→性ホルモンの分泌→内性器の分化→外性器の分化，といった複雑なプロセスである．それぞれの分岐点で何かが起こることにより，結果として多様な発生様態が生じる可能性がある．前出のように，外性器の形態を手がかりに性別を判断するのが困難な事例は，新生児2,000人に1人の割合で発現するといわれているが，この他にも「ターナー症候群」「クラインフェルター症候群」などXXとXY以外の性染色体の組み合わせ，性腺分化異常による「精巣性退縮症候群」や「卵精巣性DSD」，男性ホルモンであるアンドロゲンの合成障害や作用異常に分類される疾患などがある．DSDはこうした様々な疾患単位の総称として用いられている（LWPES／ESPE，2006：訳2008）．

(2) Nature vs. Nurture 論争

　ジェンダーの発達に関するMoneyらの結論は，「半陰陽というエビデンスは，本能的な男らしさ・女らしさが生来的なものではなく，出生時の性心理状態は未分化であり，養育上の様々な経験の中で男らしさ・女らしさが分化していくということを示している．」というものだった（Money, et al., 1955）．ここから生み出されたのが，次のジェンダーの発達モデルである．

　① 出生時の性心理状態はニュートラルであり，男女どちらに育つかは出生時の状態（nature）ではなく，どのように育てるか（nurture）に大きく影響される．

② ジェンダー・アイデンティティの分化は2歳頃を臨界期とし，これを過ぎると変更は不可能となる（だから，性同一性障害の治療などにおいて身体を「心の性」に合わせることが正当化される）．
③ 健全な性心理の発達は「ふつうの外見をした性器」と密接に関係している（だから，性別の曖昧な性器をもって生まれてきた子どもについては，早期の性器手術によって修正するのが望ましい）．

上記説明にあるように，このジェンダー発達モデルは，インターセックスや性同一性障害の医療が理論的支柱としてきたものである．「ふつうの外見をした性器」が重視されているのはフロイトの影響である．

フロイトは「解剖学的宿命」(Anatomy is destiny) といって，人格を決定するのは出生時にペニスがあるかないかという生物学的性差であると説いた．これに反論したのが，フェミニストら社会構築主義者である．初期の代表的な主張は次のようなものであった．「人が男であるか女であるかは通常，生物学的証拠によって判断される．男らしいか女らしいかは，同じ方法では判断できない．その基準は文化的なもので，時代と場所によって異なる．セックスの不変性は認めなければならないが，同時にジェンダーの可変性も認められなければならない．」(Oakley, 1972)．

ジェンダーの発達をめぐる本質主義と社会構築主義の意見の対立は，Nature vs. Nurture 論争と呼ばれ，「男女どちらに育つかは出生時の状態（nature）ではなく，どのように育てるか（nurture）に大きく影響される．」というマネーらの主張は社会構築主義者に歓迎された．マネーがペニスにこだわった点について，当時の社会構築主義者が問題にしなかったのは興味深いが，それほど「出生時における性心理の中立性」の主張が注目されたということでもある．しかし，マネーと彼のジェンダーの発達モデルを最も有名にしたのは，次に紹介する双子研究である．

「マネーの双子」というのは，1960年代，一卵性双生児として生まれた男児のことを指す．生後まもなく受けた包皮切除術の失敗によりペニスを失ってしまったため，上記の発達モデルに基づいて早期の性器手術が施行され，女児として養育された．本名をデイビッドというこの患者については，思春期を経てなお正常な女児として成長を遂げていると報告され，世間に大きな衝撃を与えた．当時の大衆誌は次のように報道している．「この劇的な事例は（中略）男性的および女性的行動が変更可能であるという，女性解放論者

の主張を強く支持している．さらには，心理学的なものであれ，解剖学的なものであれ，主な性差が受精時の遺伝子によって固定されるという定説に疑問を投げかけている．」(*Time*, Jan. 8, 1973: 34)

(4) 生物学的要因と環境要因の相互作用説

「出生時における性心理の中立性」を最大の特徴とするジェンダーの発達モデルに，いち早く反論したのが，ミルトン・ダイアモンドである．彼は環境要因が影響する程度というのは，必ずや胎生期に脳に組み込まれた生物学的規定要因の制限を受けると主張し，「生物学的なバイアスのかかった相互作用（biased interaction）理論」を展開した（Diamond, 2006）．彼はまた，共同研究者と「双子」を追跡調査し，デイビッドが苦悩の末に「（逆）性転換」していた事実を明らかにしたことで有名である．性科学に翻弄されたデイビッドの辿った数奇な運命は，ジャーナリストの取材によって人気大衆誌に掲載された後，『ブレンダと呼ばれた少年』（Colapinto, 2000：訳 2005）としても出版され，大きな反響を呼んだ[6]．

近年では，分子生物学や脳生理学，あるいは双生児の遺伝子比較をした研究など，生物学的要因の重要さを示唆する研究も増えている．男性同性愛者の前視床下部の第3小核が他の群と比較して小さいと報告した LeVay (1991) や，トランス女性の分界条床核の大きさに注目した Zhou ら（1995）の研究など，性的マイノリティ（の一部）がインターセックス（広義）の亜型として捉えられる可能性も示唆されているが，こうした研究は現時点ではまだ羅列的でまとまりに欠ける．今後の研究が，生物学的規定要因と環境の相互作用をどう説明していくのかが注目される．

2.4 ジェンダーの越境現象

(1) トランスジェンダー

ジェンダー発達の謎を解明する上で注目されている分野のひとつに，トランスジェンダー現象に関する研究がある．「ジェンダー（枠組み）を越境する」という意味のトランスジェンダーは，インドの「ヒジュラ」をはじめとして，古くから異なる文化圏に存在していた現象である．彼らの最大の特徴は，ジェンダー・アイデンティティを含むジェンダー特性に関する表現が，出生時に割り当てられた性別に典型的とされるものとは異なる点にある．

古くは，服装や行動様式など，社会的な性役割を変更するという方法でジェンダーを越境するのみだった．しかし20世紀後半以降は，ホルモン療法や手術といった医療技術の進歩により，一次性徴や二次性徴を変えるという方法で医療従事者が支援を提供するようになり，その「治療」を正当化する根拠として「性転換症」(transsexualism) あるいは「性同一性障害」(gender identity disorder) といった疾患概念が登場するようになった．

　診断と治療に関するガイドラインを策定している日本精神神経学会では，その特徴を次のように要約している（日本精神神経学会・性同一性障害に関する委員会，2012）．

① 自らの性別に対する不快感・嫌悪感

　自分の一次ならびに二次性徴から解放されたいと考える．自分が間違った性別に生まれたと確信している．乳房やペニス・精巣などを傷つけたりする．FTM（女性から男性）では声をつぶそうと声帯を傷つけたりする．

② 反対の性別に対する強く持続的な同一感

　反対の性別になりたいと強く望み，反対の性別として通用する服装や言動をする．ホルモン療法や手術療法によって，でき得る限り反対の性別の身体的特徴を得たいとの願望をもっている．

③ 反対の性役割を求める

　日常生活のなかでも反対の性別として行動する，あるいは行動しようとする．しぐさや身のこなし・言葉づかいなどにも反対の性役割を望み，反映させる．

　性別違和は，トランスジェンダーすべてに共通してみられる現象ではなく，またあったとしても生涯続くとは限らない（WPATH, 2011）．とくに小児期の性別違和は，その大半（成人期まで持続する割合は男児で6～23％，女児で12～27％）が消滅すると言われる．ちなみに，専門外来に連れてこられる12歳以下の小児の男女比は6：1から3：1で，12歳以上の若者では1：1に近くなる．さらに，諸外国の調査研究における専門外来の受診者数は，男性から女性に移行した人々（MtF）について1：11,900から1：45,000，女性から男性に移行した人々（FtM）で1：30,400から1：200,000とされる．

　男女の割合が異なることについては，Y染色体の脆弱性といった先天的要因の影響，性分化における性差も注目されるが，そもそも社会は男児や男性の異性役割行動に対してより不寛容であるという実態がもたらす影響にも注

目する必要がある．例えば，近代精神医学が生み出した「服装倒錯症」という精神疾患概念はもっぱら女装に適用される概念である．社会は男装より女装に対して不寛容であり，これを「異常」「倒錯」とみなす傾向にある．専門外来に連れてこられる男児の数が女児よりも圧倒的に多いという事実については，それだけ保護者や教師が男児の異性役割行動に注目しやすいということが原因である可能性も否定できない．

社会の状況が違えば，トランスジェンダー現象の「見え方」も違ってくる．前出の受診者に関する報告数は，いずれの国においても，トランス女性（MtF）がトランス男性（FtM）より多く，唯一，日本だけに「逆転現象」がみられる．日本精神神経学会・性同一性障害に関する委員会による調査（2012年末現在）では，性別違和を主訴に主要専門医療機関（18施設）を受診した総数は1万7,751人（複数の医療機関を受診した同一人物を含む）で，トランス男性1万1,457人，トランス女性6,294人であった．その原因については明らかではないが，専門医らは制服のスカートが不登校の主な原因になっていることを挙げており，それ以外にも性同一性障害をめぐるメディアの影響など，日本に固有の社会状況が有力な説明要因として考えられる．

2.5 多様な性と生きづらさ

思春期は，自分と他人の違いを強く意識するようになる時期である．おしゃれや恋愛が気になり，精神的に不安定になりやすく，些細なことが気になって鏡の前で長時間を過ごす．二次性徴が出現し，現実の体型と無意識に出来上がっていた理想の体型との矛盾に戸惑い，あるいは不満を抱くようになる．こうした問題は，性別違和のあるトランスジェンダーにおいては特に深刻である．二次性徴は「望む性」とは反対の方向に身体を変化させるため，焦燥感や抑うつ感などを持ちやすくなるとされる．性同一性障害を主訴とする患者1,138名を調査した精神科医らの報告によれば，自殺関連の経験率は高く（自殺念慮62.0％，自殺企図10.8％，自傷行為16.1％），そのピークは思春期である（針間他，2010）．

子どもたちが生活の大部分を過ごす学校生活には，男女別の制服，トイレや更衣室の問題，いじめ問題など，「生きづらさ」を引き起こす要因が様々に存在する．岡山大学ジェンダークリニックの調査によれば，性別違和のある子どもたちの不登校経験率は全体の4分の1（小学校5.6％，中学校37.3％，

高校31.1%）にのぼるという（中塚，2009）．

「いじめ」について，男性同性愛者6,000人を対象とした調査（日高他，2006）によれば，「学校で仲間はずれにされていると感じたことがある」42.7％，「教室で居心地の悪さを感じたことがある」57.0％，「"ホモ"・"おかま"などの言葉による暴力をうけたことがある」54.5％，「"言葉以外のいじめ"をうけたことのある」45.1％，などの結果が示されている．同性愛者の自殺経験率もトランスジェンダー同様に高く，同調査では「自殺を考えたことがある」約66％，「自殺未遂の経験がある」14％であったという．

自殺関連経験については思春期の後，就職時に2度目のピークを迎えると言われる．2013年には国内初となる「LGBTと職場環境に関するアンケート調査」（虹色ダイバーシティ他，2014）が実施され，とくにトランス女性の直面する問題が深刻であることが明らかになった．たとえば「転職経験」については，一般平均が51.8％であるのに対してLGBTの平均は60.0％と高く，トランス女性に至っては68.3％にのぼる（またそのうちの41.3％が3回以上の転職を経験しているという）．さらには，職場の人間関係が「非常に悪い」と回答したLGBTが8.7％だったのに対して，トランス女性では20.6％だった．性的マイノリティの中でも，日常的に「そうである」ことがみえるトランスジェンダーが直面する問題は，ジェンダー格差や「男性」による異性役割行動への否定的まなざしなど，複合的差別によって深刻化しやすい．

「ダイバーシティ（多様性）」と「インクルージョン（包摂）」は，現代社会のキーワードである．これまで組織内マイノリティだった女性の活躍推進を優先的課題として，企業活動においては「ダイバーシティ推進」が重要な課題になっており，今後は，より多様な人材の雇用を促進するために，障がい者，外国人，高齢者，そしてLGBTI（性的マイノリティ）が働きやすい職場環境づくりが期待される．

2.6 性の発達を扱う際の留意点

多様な生き方やありようを排除しない社会を実現するためには，「正しい理解」が必要とされる．「正しさ」はしかし，その時代や社会的状況によって異なる．性を扱う言説については特に，以下に留意する必要がある．これは，私の恩師である性科学者ダイアモンドの教えである．

- 性については，ある種の感情や態度を伴わない「事実」というものは存在しない．また，そうした態度や感情は，個人や社会の都合で「事実」さえも変色させてしまうことがある．
- 一般的な話題や全体的傾向について語ったり，教えたりすることが必要である一方で，ひとりひとりの人間は「平均」と一致することもあれば，劇的に異なることもある．その人（個人）の問題を個別化することが重要である．
- 「何がどうである」，「何がどうであるかもしれない」，「何がどうであるべき」ということは，常に明確に区別して語られなければならない．しかし，とくに「何がどうである」ということについては，常に明確に認識されているわけではない．「何がどうあるべき」については，常に意見がわかれるところであり，流動的なものである．

かつて，性科学の原点は，性二形および性分化にまつわる謎を解明することにあった．しかし，包括的概念であるセクシュアリティが登場して以降，その多次元性や多様性に注目した研究が増えている．発達心理学もまた，従来は，男女という性別二元論を大前提とし，ジェンダー発達のメカニズムの説明においても社会化理論が支配的であった．しかし近年は，遺伝的要因と環境要因の相互作用に注目したエピジェネティックな視座を取り入れることが提唱されるなど（秋山，2013），新たな境界領域の研究の開拓が期待される．かつての本質主義 vs. 社会構築主義といった二項対立的な視点ではなく，個（人）と社会の相互作用に注目することが重要である．それと同時に，調査研究の対象になる人々のありようや問題は，時代や社会が変われば変化するのであり，可視化される問題や現象も異なってくる，ということを意識する必要がある．「生きづらさ」も「性のありよう」も，すべては個（人）と社会の接合面で引き起こる．　　　　　　　　　　　　　　　　［東　優子］

課題

1. 性に関する概念用語の違いを説明するものとして，性科学者 Kirkendall（1972）が述べた「セックスは両足の間に，セクシュアリティは両耳の間にあるもの」という言葉がある．その意味を説明しなさい．
2. 日本における新規 HIV 感染者の圧倒的多数は男性同性愛者である．このような状況が生まれる背景にはどのような問題があるかを考えなさい．
3. 個人の性のありようが「マクロ・レベル」に存在する諸要素の影響を受けることについて，具体例を考えなさい．

【文 献】

秋山道彦．(2013)．男女差の発達心理学の構築をめざして：エピジェネティクスからみた性差の発達心理学．平木典子他（編）児童心理学の進歩 2013 年版．金子書房．

熊本悦明・南 邦弘．(2008)．若い女性における性感染症の大流行 クラミジア感染症を中心に．公衆衛生，72(6)，436-443．

厚生労働省．(2016)．エイズ動向委員会報告書．平成 25 年エイズ動向発生年報．

舘かおる．(1996)．ジェンダー概念の検討．お茶の水女子大学ジェンダー研究センター年報，1，81-95．

内閣府．(2014)．自殺総合対策大綱（平成 24 年 8 月 28 日閣議決定）．平成 26 年版自殺対策白書．158-171．

中塚幹也．(2009)．【連載】性同一性障害の生徒の問題に向き合う 第 2 回 思春期における性同一性障害の子ども．高校保健ニュース．

虹色ダイバーシティ他．(2014)．LGBT と職場環境に関するアンケート調査．

日本性教育協会．(2013)．「若者の性」白書—第 7 回青少年の性行動全国調査報告．小学館．

日本精神神経学会・性同一性障害に関する委員会．(2012)．性同一性障害に関する診断と治療のガイドライン（第 4 版）．精神神経学雑誌，114(11)，1256-1257．

針間克己他．(2010)．性同一性障害と自殺．精神科治療学，25，245-251．

日高庸晴他 (2006)．ゲイ・バイセクシュアル男性の健康レポート 2．厚生労働省エイズ対策研究事業．男性同性間の HIV 感染対策とその評価に関する研究成果報告．

平田俊明．(2014)．レズビアン，ゲイ，バイセクシュアル支援のための基礎知識．針間克己・平田俊明編著．セクシュアル・マイノリティへの心理的支援．岩崎学術出版社．

マネー, J.・タッカー, P.（1979）．性の署名：問い直される男と女の意味（朝山新一他訳）．人文書院．

American Psychiatric Association (2013). Diagnostic and Statistical Manual of Mental Disorders, Fifth Edition. DSM–5. APA.

Blackless, M., Charuvastra, A., Derryck, A., Fausto-Sterling, A., Lausanne, K., Lee, E. (2000). How Sexually Dimorphic Are We? Review and Synthesis. *American Journal of Human Biology*, 12, 151–166.

Colapinto, J. (2000). As nature made him: The boy who was raised as a girl. New York, Harper Collings.

Diamond, M. (2006). Biased-Interaction Theory of Psychosexual Development: "How Does One Know if One is Male or Female?" Sex Roles, 55, 589–600.

Fausto-Sterling, A. (2000). *Sexing the Body: Gender Politics and the Construction of Sexuality*. Basic Books.

Gates, G. (2011). How many people are lesbian, gay, bisexual, and trangender? The Williams Institutes. UCLA School of Law.

Kirkendall, L. A.（1972）．現代社会における性の役割（波多野義朗訳）．日本性教育協会．性教育研究．133.

Le Vay, S. (1991). A Difference in Hypothalamic Structure between Heterosexual and Homosexual Men. *Science*, New Series, 253 (5023), 1034–1037.

LWPES/ESPE Consensus Group. (2006). Consensus statement on management of intersex disorders. 緒方　勤他訳（2008）．性分化異常症の管理に関する合意見解．日本小児科学会雑誌, 112(3)：565–578.

Money, J., et al., (1955). An examination of some basic sexual concepts: The evidence of human hermaphroditism. *Bulletin of the Johns Hopkins Hospital*, 97, 301–319.

Oakley, A. (1972). *Sex, Gender & Society*. Temple Smith (revised edition, 1985, Gower).

OHCHR (2012). *Born Free and Equal: Sexual Orientation and Gender Identity in International Human Rights Law*. United Nations.

PAHO/WHO/WAS (2000). Promotion of Sexual Health: Recommendations for Action. 松本清一・宮原　忍監修（2003）．セクシュアル・ヘルスの推進：行動のための提言．日本性教育協会．

WAS (2014). Declaration of Sexual Rights. 東　優子他監訳．性の権利宣言．は以下のURLで全文入手可
(http://www. worldsexology. org/resources/declaration-of-sexual-rights/)

WPATH (2011). *Standards of Care for the Health of Transsexual, Transgender, and Gender Nonconforming People*. 中塚幹也他監訳．トランスセクシュアル，トランスジェンダー，ジェンダーに非同調な人々のためのケア基準．は以下のURLで全文入手可（http://www. wpath. org/）

Zhou, J. N., Hofman, M. A., Gooren, L. J., Swaab, D. F. (1995). A Sex Difference in the Human Brain and its Relation to Transsexuality. *Nature*, 2(378), 68–70.

【注】
[1] 「性同一性障害」(Gender Identity Disorder) は DSM や ICD など，国際的診断基準に記載された疾患名である．しかし，米国精神医学会は最新の DSM-5 (APA, 2013) においてすでに「性別違和」(Gender Dysphoria) に名称変更しており，2017年までに大幅改訂が予定されている WHO の ICD-11 においても名称変更が検討されている．
[2] 戸籍上の性別変更には，性同一性障害の診断を受けていることに加えて，次の5要件を満たす必要がある．1) 20歳以上であること，2) 現に婚姻していないこと，3) 現に未成年の子がいないこと，4) 生殖腺がないこと又は生殖腺の機能を永続的に欠く状態にあること，5) その身体について他の性別に係る身体の性器に係る部分に近似する外観を備えていること．しかし，性別変更の要件として，生殖腺を切除するなどの手術を要件とすることについては，2014年に世界保健機関（WHO）などがこれに反対する共同声明を発表している．世界性の健康学会（WAS）「性の権利宣言」(WAS, 2014) においても，「自律性と身体保全」は権利であるとし，「性別，ジェンダー，性的指向，ジェンダー・アイデンティティやジェンダー表現，あるいは多様な身体のありようの関連する事由による（中略）断種／不妊・避妊・中絶の強制・強要など」が非人道的であると明記されている．
[3] 初出は明らかでないが，詳しくはハワイ大学医学部所属 Pacific Center for Sex and Society (http://www.hawaii.edu/PCSS/) を参照のこと．
[4] Stephen Lewis, UN Special Envoy on HIV/AIDS in Africa at the 2004 Microbicides Conference.
[5] メディアが取り上げる「肉食化する女子」というイメージに反して，日本の若者の性行動（性的関心や性経験）は全体的に「不活性化」しており，その傾向は高校生男子や大学生男子よりも女子に強いとされる（日本性教育協会，2013）．
[6] コラピント著『ブレンダと呼ばれた少年』の邦訳本は，2000年に無名舎から出版された．一時絶版だったが，ジェンダー・フリー・バッシングの広がった2005年に，産経新聞社系列の扶桑社から再刊された．その「あとがき」においてダイアモンドの主張が社会環境要因の影響を否定する本質主義者のように紹介されている．この不名誉な扱いに対する反論については，ダイアモンド著「現代日本文化の中の伝統主義者 vs. フェミニスト：〈自然 vs. 相互作用〉論争とその社会的意味づけ」（現代性教育研究月報，2006年1月号）を参照されたい．

第3章 いじめ・不登校・ひきこもりと発達

3.1 いじめの現状

(1) 新しい法律

近年，いじめは大きな社会的問題となっている．2011年に大津市で中学校2年生男子生徒がいじめを苦に自殺をするという痛ましい事件が大きく報道されてから，いじめ問題への意識や取り組みが問い直されてきた．

このような中，2013年6月に「いじめ防止対策推進法」が成立，9月に施行された．これは，国や地方自治体，学校がいじめ防止に取り組む責務を定めたもので，学校はいじめ防止に必要な組織を置き，いじめがあった際には調査と報告を行うことを義務づけている．この法律では，これまで明確に表現されてこなかった「いじめの禁止」が明記されている．また，全国の小中高校や特別支援学校の各学校には教職員や心理・福祉の専門家によるいじめ対策の組織を常設すること，道徳教育や体験学習を充実させること，また，いじめた子どもへの懲戒や出席停止措置についても盛り込まれている．そして，学校だけではなく，教育委員会，児童相談所，法務局，警察など関係機関と連携し対応することが定められている．

(2) いじめとは

この法律では，いじめを「児童生徒に対して，当該児童生徒が在籍する学校に在籍している等当該児童生徒と一定の人的関係にある他の児童生徒が行う心理的又は物理的な影響を与える行為（インターネットを通じて行われるものを含む）であって，当該行為の対象となった児童生徒が心身の苦痛を感じているもの」と定義している．

子ども間のいじめは，大人の目からは見えにくく，「いじめ」と「遊び」の境目がわかりにくい．加害者の子どもたちに「いじめ」という自覚がないこともある．しかし，被害者の子どもにとって，いじめのダメージは大きい．心が傷つき，自信をなくすばかりではなく，不安や恐怖を感じさせ，生活や勉強に悪影響を与え，孤立させることも少なくない．「いじめの禁止」は法律で定められたものであり，「心身に苦痛を感じるものがいじめである」と認識し，大人も子どもも理解を深めることが重要であろう．

3.2 いじめの特質

（1）現代いじめの特徴

国立教育政策研究所生徒指導・進路指導研究センターは，いじめの追跡調査を行っている．2006年度の小学校4年生が，2011年度中学校3年生にな

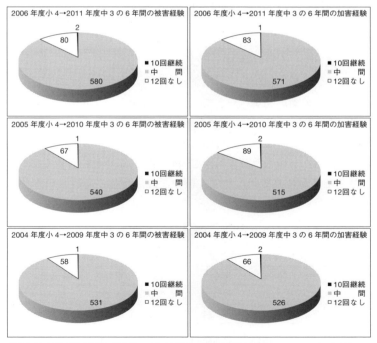

（国立教育政策研究所「平成25年7月 いじめ追跡調査2010-2012」より）

図3-1　小学4年生から中学3年生までの6年間12回分の「仲間はずれ・無視・陰口」経験の変化（被害・加害）

るまでの6年間,毎年2回ずつ計12回にわたる縦断的な調査である.いじめの典型的な行為である「仲間はずれ・無視・陰口」について,被害経験と加害経験を調べた.それによると,小学校4年生から中学校3年生までの6年間(12回分)で,いじめが「ぜんぜんなかった」と答えた子どもは,被害・加害共に13%未満であった.この結果は,この数年間でほぼ変化がみられない.

　つまり,いじめは,荒れた学級や学校において発生するものではなく,また特定の子どもだけが被害者や加害者になるのではないことがわかる.ほとんどの子どもたちが「いじめられた経験」と「いじめた経験」をしており,被害者・加害者が入れ替わりながら学校生活を送っていることがうかがえる.今や「深刻ないじめは,どの学校にも,どのクラスにも,どの子どもにも起こりうる」(1991年文部大臣の緊急アピール)ものであり,近年いじめが行われる場所にインターネットが加わってからは,さらに複雑化,深刻化しているといえよう.

(2) いじめ問題への取り組み

　いじめは,学校現場においてこれまでも大きな課題として取り組まれてきた.国もいじめの対応をすべくさまざまな調査を行い,対応のための指針を提示してきた.2006年には,いじめの「対応」以上に「把握」することが重要であるという見解から,調査の対象を「発生件数」から「認知件数」へと改めた.また,学校や教育委員会も積極的にいじめを把握するよう,定期的に子どもたちから直接状況を聞く機会を設けるなどの取り組みをしてきた.

表3-1　いじめの認知学校数の推移

	18年度	19年度	20年度	21年度	22年度	23年度
小学校	10,982	8,857	7,437	7,043	7,808	6,911
中学校	7,829	7,036	6,230	5,876	6,046	5,710
高等学校	3,197	2,734	2,321	2,100	2,332	2,133
特別支援学校(特殊教育諸学校)	151	132	119	107	149	140
計	22,159	18,759	16,107	15,126	16,335	14,894

(文部科学省「平成23年度 児童生徒の問題行動等生徒指導上の諸問題に関する調査」より)

そのような取り組みもあり，学校におけるいじめの認知件数は減少傾向にある（表3-1）．しかし軽視はできず，いじめが自殺や事件を引き起こす深刻なケースもあることから，ますます社会全体の問題として取り組み続ける必要がある．

3.3 いじめの原因

(1) いじめの発生

図3-2は，学年別のいじめ認知件数である．これによると中学校1年生の件数が急激に増加している．小学校6年生の件数から，2.9倍の増加である．

また，学校現場の声として，学校におけるいじめは4月に多いことが指摘されている．このことから，いじめと環境の変化には大きな関係があることがうかがえる．新たな人間関係を築いていく過程には，行き違いや誤解，トラブルが起こりやすく，その結果，いじめにつながることが考えられる．

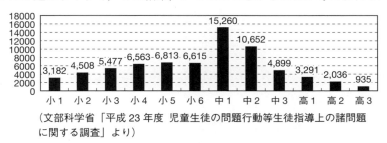

（文部科学省「平成23年度 児童生徒の問題行動等生徒指導上の諸問題に関する調査」より）

図3-2　学年別いじめの認知件数のグラフ（国公私立）

(2) いじめの構造

しかし，人間関係のトラブルが，いじめに発展するのはなぜだろうか．ときにはエスカレートしたり，いじめ集団の規模が大きくなり深刻化していくのはどのような背景があるのか．

いじめが深刻化するのは，「いじめの構造」が関係している．いじめは，「いじめられる子ども」と「いじめる子ども」だけの問題ではなく，それ以外の「観衆」や「傍観者」の4層から成り立っているという．観衆の子どもがおもしろがって見ていたり，傍観者の子どもたちが暗黙的に支持していることが，いじめを促進させることが考えられている（森田他，1986）．

さらに，いじめの構造が成立することの背景には，仲間同士のピア・プレ

ッシャー(同調しないと仲間はずれにされてしまうかもしれないという圧力)の影響が考えられる．子どもたちの多くは，楽しく学校生活を送るために必要な「仲良しグループ」から排除されることを恐れている．自分だけ違うことをすること，みんなとは違う意見を言うことを避ける傾向がある．こうした圧力が，いじめに対しても「逆らえば，自分がいじめられるかもしれない」という不安を与え，自分の気持ちや意見を表現することを困難にしている．

　また，こうした傾向はインターネットやSNS（ソーシャル・ネットワーキング・サービス）が普及したことにより，さらに深刻化している．いつでもつながれる（または，気軽につながりを切れる）便利さが，つながっていなければならない不安を助長させ，つながり方や関係性を複雑化させている．

(3) いじめの原因

　このような集団がもつ傾向とは別に，いじめの根本にあるものを理解するとき，その原因と背景には「児童生徒の問題」「家庭の問題」「学校の問題」の3つがあると考えられている（表3-2）．

　また，メディアの影響も懸念されている．子どもたちが目にするテレビや映画，ゲームにおいて，その登場人物が，いじめという誤った形で問題解決

表3-2　いじめの原因と背景

①児童生徒の問題 　・対人関係の不得手，表面的な友人関係，欲求不満耐性の欠如， 　　思いやりの欠如，成就感・満足感を得る機会の減少， 　　進学をめぐる競争意識，将来の目標の喪失，など
②家庭の問題 　・核家族，少子家族の増加→人間関係スキルの未熟さ 　・親の過保護・過干渉→欲求不満体制の習得不十分 　・親の価値観の多様化→協調性・思いやりの欠如，規範意識の欠如
③学校の問題 　・教師のいじめに対する認識不足 　・教師も生徒も多忙で，お互いの交流が不十分 　・知識偏重など，価値観が限られていると，差別の構造につながりやすい 　・生活指導や管理的な締め付けが強いと，集団として異質なものを排除しようとする傾向が生じやすい，など

（東京学校臨床心理研究所「いじめ対応のヒント」2003より）

をしたり，それが魅力的に描かれている場合，子どものいじめに対する認識に歪める可能性があるからだ．そのため，子どもの価値観や人格を形成するさまざまな情報や環境について，検討する必要があるだろう．

3.4 いじめへの対応

(1) いじめに気づいたら

いじめが起きていることがわかった場合，早急に介入することが必要となる．対応する優先順位は次のとおりである．

①いじめられている子どもの保護

まず最優先するべきことは，いじめられている子どもの保護である．一刻も早く安心感を取り戻せるように努める．

しばしば，いじめが発覚すると，いじめにあった子どもの気持ちを聞く前に，いじめについての情報を集めるなどして実態解明をしようとする場合がある．しかし，いじめられた子どもは，勇気をもって相談に来ていたり，すでに心が傷つき，不安や恐怖を感じている．そのため，子どもの心が置き去りにならないように，話をていねいに聴き，ねぎらい，「あなたのことは，必ずしっかり守る」というメッセージを伝えたい．そして，まずは，安心できる環境で過ごせるよう配慮し，子ども自身に「どうしたいか」「どのようなサポートがあったら安心できるか」などの意向を確認しながら，一緒に解決に向けて取り組むことが必要となる．

②対策チームをつくる

同時に，学校においては対策チームをつくることも重要である．被害側・加害側の子どもにかかわる教員，養護教諭，スクールカウンセラー，保護者なども含め構成する．複数の大人が，いじめられた子どもを守ると同時に，いじめた子どもが抱えている問題を理解し援助すること，いじめが再発しないように，観衆・傍観者の子どもへの働きかけをすることが必要となるからである．常に多くの目が子どもたちを見守ることが，いじめの解決と再発防止につながる．

③いじめた子どもへの対応

　いじめた子どもにも，しっかり話を聴く．説教や指導から入るのではなく，いじめた子どもの言い分を聴くことから始めたい．いじめた子どももまた問題を抱えていることもあるし，ピア・プレッシャーの中で仕方なくいじめを行っている場合もある．自分の気持ちを表現する方法がわからず暴力やいじめを行っている場合もある．子どもの成長をサポートできるように，気持ちや状況を聴き，一緒に考え，その上で「いじめは許されない行為である」ということを伝え，子どもが理解できるような支援をすることが必要である．

(2) いじめの防止と予防

　そして，いじめを防止するために不可欠なのが，クラス全体を視野に入れた働きかけである．いじめについて教師から指導をするばかりではなく，子どもたち同士が考え，話し合う機会をもつことが，観衆や傍観者をつくらない，安心できる学級をつくる．そのために，グループエンカウンターなどを取り入れることも効果的であろう．

　また，子どもをいじめから守り，深刻化しないために，子どもの「助けを求める力（被援助志向性）」を育てることや，アサーション・トレーニングをはじめとしたスキル・トレーニングも大切である．そして，周囲の大人は，子どもが安心して助けを求められるよう，日頃から子どもとの信頼関係を築くことを心がけたい．

(3) 海外におけるいじめ

　いじめは，日本だけが抱える問題ではなく，アメリカやイギリス，フランスなど海外においても深刻な社会問題になっている．

　アメリカでは，現在49州でいじめ防止法が導入されている．制定のきっかけは，1999年コロラド州での高校生銃乱射事件で，犯人の高校生はいじめに合っていた．アメリカでは，いじめの加害者が後に犯罪を犯す確率が高いことから，いじめ防止プログラムのほか，加害者への強制プログラム実施など，加害者への指導に重点を置かれる傾向がある．

　また，イギリスではいじめが原因で毎年推計15～26人の子どもが命を絶っているという．いじめの多くは学校で行われるため，学校には防犯カメラが設置され，いじめ防止教育プロジェクトなどが実施されている．キッド・

スケープという子どもをいじめや虐待から守る民間団体も設立され，いじめから自分を守るためのコミュニケーションのためのスキル・トレーニングなどもなされている．

フランスでは，2010年から国をあげていじめ防止や対策，啓蒙活動に力を入れている．いじめは犯罪とみなし，罰金や禁錮刑が科せられ，被害者は転校することも許されている．

近年，どの国でも共通の課題となっているのが「ネットいじめ」への対応であろう．これまでいじめのほとんどは学校で行われていたが，インターネットという目に見えにくい場所において展開されるいじめから，子どもたちを守ることは大きな課題となっている．

3.5 不登校の現状

(1) 不登校とは

不登校とは，「何らかの心理的，情緒的，身体的あるいは社会的要因・背景により，登校しないあるいはしたくともできない状況にあるために年間30日以上欠席した者のうち，病気や経済的な理由よる者を除いたもの」（文部科学省，2011）をいう．

不登校は，1960年代頃まではめずらしく，ジョンソンら（Johnson et al., 1941）が「学校恐怖症」と紹介したことで，精神医学の領域で治療されるべき問題であるという認識が一般的であった．しかし，1970年代以降，不登校が増加する中，不登校は学校における不適応行動の現れであり，学校や教育に要因があるという考え方が広がった．1995年には，スクールカウンセラーの導入が始まり，不登校の子どもの現状にはさまざまな要因が存在することが明らかになる中，登校拒否という呼称は不適切であるという見解もあり，1998年以降，公の報告書をはじめ，社会における呼称も「不登校」へとなっていった．

(2) 不登校とひきこもり

現代，不登校は「誰にでも起こりうる」（文部省，1992）問題と考えられている．そして，「ひきこもり」もまた現代社会が抱える問題となっている．ひきこもりとは「6ヶ月以上自宅にひきこもって，学校や会社に行かず，家族以外との親密な対人関係がない状態」（厚生労働省，2003）と定義している．

ひきこもりは，1990年代半ば頃から注目を集めてきたが，その数は現在69.6万人と推計されている（内閣府，2010）．全国の15歳から39歳以下を対象にした調査によれば，ひきこもりとなったきっかけは，多い順に「職場になじめなかった」（23.7％），「病気」（23.7％），「就職活動がうまくいかなかった」（20.3％），「人間関係がうまくいかなかった」（11.9％），「不登校（小学校・中学校・高等学校）」（11.9％），「大学になじめなかった」（6.8％），「受験に失敗した（高校・大学）」（1.7％）であった．しばしば，不登校が長引いた結果，ひきこもりになるという見方がされるが，調査からは不登校と関連があったひきこもりは，「大学になじめなかった」を入れても18.7％であり，他の要因が大きいことがわかる．

(3) 不登校児童生徒数の推移

小・中学校における不登校児童生徒は，1991年には6万6,817人（前児童数の0.47％）であったが，2001年には13万8,722人（1.23％）までに激増した．2002年以降は，全体数には大きな変動はないものの，小学校における不登校児童は減少，中学校における変動はほぼ見られず，2011年では全体数11万7,458人（1.12％）中，小学校は2万2,622人（0.33％）に対して，中学校では9万4,836人（2.64％）と，不登校は中学校においてより大きな課題となっていることがわかる．

また，注目するべきは，小学校6年生から中学校1年生にかけて，不登校児童生徒数が，急激に増加する点であろう（図3-3）．2011年では，小学

（文部科学省「平成23年度 児童生徒の問題行動等生徒指導上の諸問題に関する調査」より）

図3-3　学年別不登校児童生徒グラフ（国公私立）

校6年生の不登校児童は7,522名であるが，中学校1年生になると2万1,895人と約3倍になる．

小学校から中学校へ進学することは，子どもたちにとって大きな変化である．これは，いわゆる「中1ギャップ」とよばれるものであるが，環境の変化，新しい人間関係の構築とともに，勉強においても教科数や時間数が増加する上に，中学校は教科担任制となるなどの変化がある．

またこの時期，子どもたちは青年期の出発点にいる．身体的な変化とともに，「どうしてこの家に生まれたのだろう？」「私とは何者なのだろう？」という答えのない問いかけが起きるなど，精神的な変化も体験している．

中学校において不登校，そして前述のいじめの件数が著しく増加することの背景には，このようなさまざまな要因が関係していることが推察できる．

3.6 不登校の要因

(1) 調査から見えること

文部科学省の調査によると，小学校において不登校になったきっかけと考えられる状況として多かった順は，「不安など情緒的混乱」（33.4％），「無気力」（22.4％），「親子関係をめぐる問題」（19.8％），「家庭の生活環境の急激な変化」（10.2％），「いじめを除く友人関係をめぐる問題」（10.1％）である．また，中学校においては，「無気力」（24.9％），「不安など情緒的混乱」（24.9％），「いじめを除く友人関係をめぐる問題」（15.8％），「あそび・非行」（11.6％），学業の不振（8.9％）となっている．小学校中学校ともに，「個人にかかわる状況」が約半数を占めているのがわかる．

1993年に実施された調査では，多い順に「友人関係をめぐる問題」（45％），「学業不振」（28％），「教師との関係をめぐる問題」（21％）であるから，それと比較をすると「個人にかかわる状況」が不登校の大きな要因であるのは，近年における不登校の特徴といえる．

また，そのほかの近年における特徴として，不登校であることに「葛藤をしない」「悩まない」子どもが増加していることも指摘されている．このような子どもたちは，本当に葛藤していない場合もあるし，一見ただ怠けているだけのように見えていても，心の内では傷ついていたり，ストレスを感じていたり，自己否定感を抱えていることもある．

不登校やひきこもりにいたる要因は目には見えず，明確にすることは難し

い．当事者が感じている要因と周囲の家族や教員が考える要因が異なる場合もある．社会問題として，不登校やひきこもりの要因や背景を理解することが必要である一方で，個々のケースでは，目の前の子どもの気持ちを聴くこと，理解しようとすることが何よりも重要であろう．

(2) 発達障害と不登校・ひきこもり

また，高機能自閉症やアスペルガー症候群など発達障害や学習障害と診断された，またはその疑いのある子どもたちが不登校やひきこもりにいたるケースも珍しくない．きっかけと考えられる要因もさまざまであり，いじめ・からかい，友人や教師との関係，学校行事，クラス替え，学業不振，カリキュラムの変更，生活習慣の乱れなどがあるが，理由が明確ではないことも少なくない．また発達障害や学習障害の二次障害として精神疾患などを抱え不登校にいたることもある．

社会や学校における集団生活は，時間も活動も構造化されていることが多い．そのようなルールや秩序が複雑に存在する場所での集団生活では，発達障害や学習障害の子どもたちにとって安心できないこともあるし，学校という場に参加することに動機をもつことが難しい場合もあるだろう．学校に障害をもつ子どもたちが適応できるための支援だけではなく，こうした児童生徒の特性に沿った「学びの場」を設けることも必要であると考えられる．

3.7 不登校への対応

不登校の子どもたちは「学校に行っていない」という状態は一様だが，その要因や個々の状態や背景はさまざまである．

(1) 学校復帰までのプロセスとその対応

一般的に不登校は，学校復帰までにはおおよそ次の7つの段階をたどることが多い（諸富，1999）．

(a) 不登校開始期

不登校の前兆として，遅刻や早退が多くなる，欠席が増える，学習意欲が下がる，保健室に頻繁に行くようになる，朝に身体症状を訴えるなどがある．そして，次第に完全に学校を休み始めるようになるのがこの時期である．

前兆が現れたとき，早期にその異変に気づきサポートすることができれば，

第3章　いじめ・不登校・ひきこもりと発達　37

休みがちになりながらも，どうにか不登校にいたらずにすむ場合もある．
(b) 苦悶期

　学校を完全に休み始めると，学校に行かなければという焦り，自分を責める気持ちなどから気持ちが混乱し不安定になり，苦悶するのがこの時期である．そのため，昼夜逆転をしたり，イライラを家族に向けることもある．家族が子どもの不登校を理解できず過度に登校を促したり，非難する状況が続くと，不登校やひきこもりが長期化することもある．

　この時期，大切なのは「心の休息と安定」である．教員やカウンセラーはできれば本人や家族と会うことが望ましい．その際は登校を促すのではなく，「心配している．気持ちを理解したい」というスタンスで気持ちに耳を傾ける．そして，「心を休めるために，どうしたらよいか」（たとえば，子どもが「お母さんが学校に行きなさいと言うので心が休まらない」というのであれば，母親とも面談しサポートをするなど）を一緒に考え，支えることが必要になる．この時期は，不登校の長期化を防ぐためにも，周囲のサポートが大変重要となる．

(c) 無為期

　学校を休みながらも気持ちが安定し，心のエネルギーを補充するのがこの時期である．一見，元気そうに過ごしているようにも見えるが，心の中では不安や焦りも抱えており，学校にいく勇気がもてずにいることが多い．そのため，周囲は「学校に行けるはず．怠けている」と見るのではなく，エネルギーを補充していることを理解し見守ることが必要である．

　この時期，家族や周囲が子どもの不登校を理解せず登校刺激を続けたり，子どもの昼夜逆転，パソコン依存・ゲーム依存が続く場合は，苦悶期・無為期が長引くことがある．このとき，睡眠障害やうつ病の疑いもあることから，できれば医師に相談することが望ましい．

(d) エネルギー再活性化期

　無為期で心身のエネルギーが補充されてくると，エネルギーが活性化してくる．趣味を楽しんだり，友だちとの外出，習いごとをする，高校生や大学生ではアルバイトやボランティアを始めるなど，家から外に向けて活動を開始する時期になる．この時期，周囲はできるだけ，子どもがもっているエネルギーを活性化できるように理解し協力することが必要となる．

(e) 学校帰心期

　子どもの気持ちがふたたび学校に向き始める時期である．「学校」「勉強」「友だち」「先生」などの言葉を口にしたり，行事や学校の様子を気にし始める．この時期の対応として，子どもの変化を喜んで「明日は学校に行こうね」などと促すとプレッシャーとなり，学校への気持ちを削いでしまうことがある．

　子どもが学校復帰をするとき，学校（教室）へ戻る前に，たとえば，保健室，部活，習いごと，塾，地域のサークルなどの居場所を見つけることが多い．エネルギー再活性化期と学校帰心期の時期に，そこへ出向き，家族以外との人間関係や友人関係を再体験することが，子どもの気持ちだけではなく，体が自然と学校へ向かう力になる．

(f) 不完全登校期

　少しずつ学校や教室に行き始める時期である．数日登校したら，また休むことを繰り返すこともある．長い場合は，半年から1年くらいこの時期を過ごす子どももいる．

　この時期，子どもは大きな不安と緊張を抱えている．勇気を出して登校しても，教師や友だちから「頑張ればもっと早く来れたのに」「もう休んじゃダメだよ」などの心ない言葉を言われると元の状態に戻ってしまうこともある．そのため，学校や教師には，子どもが頑張って登校してくれたことに「うれしいよ」という気持ちを伝えながらも，無理をせずに安心して過ごせるような工夫と配慮をすることが求められる．

(g) 完全登校期

　不安や緊張を感じることなく，学校に通えるようになり，完全登校期をむかえる．

(2) さまざまな居場所

　近年，不登校の子どもたちは，自宅で過ごすばかりではなく，さまざまな場所で過ごす選択肢がある．たとえば，学校内では，別室登校（教室以外の別の部屋で過ごし，カウンセラーや教員などが対応する）や保健室登校という選択肢がある．学校内で過ごすことは，教員や関係のよい友だちと顔を合わせたり，コミュニケーションをはかる機会もあることから，教室復帰をしやすい利点もある．

　また，学校以外では，適応指導教室や教育支援センター（学校復帰を支援

するため，在籍校と連携をとりながら，個別カウンセリング，集団での指導，教科指導等を行っている）や教育センター（不登校の子ども，親を対象にした個別カウンセリングや心理的援助等を行っている）などがある．このほかにも，児童相談所や保健所，医療機関，フリースクール，サポート校などにおいて，不登校やひきこもりの子どもや，その親を支援する取り組みがなされている．

（3）不登校・ひきこもりの意味を考える

臨床場面において，個々の子どもたちの心の経過に寄りそっていると，不登校やひきこもりという体験は，自分を再構築し，自分らしい生き方を見つけていく時間にもなりうることが感じられる．学校では毎日「しなければならないこと」に追われ，自分を見失うこともある．そのとき，集団から離れて一人になることで，自分と向き合い，自分を取り戻す．不登校とは，そのような時間であるともいえよう．

学校復帰や社会復帰を果たすまでの時間は，葛藤や不安と向き合う辛い時間でもあるだろう．しかし，不登校やひきこもりにより自分と向き合い一歩を踏み出すことができたとき，それは子どもの成長へとつながる大切で必要な体験であった，という見方もできるかもしれない．

不登校やひきこもりの対応や支援を考えるとき，ただ学校復帰や社会復帰に促すのではなく，その子どもにとって不登校やひきこもりがどのような意味をもつのか考え，その子どもに必要な支援をすることが重要である．

［大竹直子］

課　題

1. いじめの防止と予防について調べ，具体的に述べなさい．
2. 不登校への対応について配慮するべき点を述べなさい．

【文　献】

厚生労働省．（2003）．ひきこもり対応ガイドライン．
国立教育政策研究所．（2013）．いじめ追跡調査 2010-2012．

東京学校臨床心理研究会．(2003)．いじめへの対応のヒント．文部科学省．
内閣府政策統括官．(2010)．若者の意識に関する調査（ひきこもりに関する実態調査）報告書．
森田洋司・清水賢二．(1986)．いじめ：教室の病．金子書房．
諸富祥彦．(1999)．学校で使えるカウンセリング（下）．誠信書房．
文部科学省．(2011)．平成23年度　児童生徒の問題行動等生徒指導上の諸問題に関する調査．
文部科学省．(2013)．いじめ対策推進法（概要）．
文部科学省初等中等教育局．(2001)．不登校に関する実態調査（平成5年度不登校生徒追跡調査報告書）．
文部科学省不登校問題に関する調査研究協力者会議．(2003)．今後の不登校への対応の在り方について．
文部省．(1992)．不登校への対応について．
Johnson, A. M., et al. (1941). School phobia. *American Journal of Orthopsychiatry*, 11, 702–711.

第4章 心の病と発達

4.1 精神疾患の現状

　現在，精神疾患の患者数は国内で320万人を超えており，これはがんの患者数の2倍以上である．厚生労働省では2011年から精神疾患をがん，脳卒中，心筋梗塞，糖尿病に加え5大疾病と位置づけている．しかし，これほど身近なはずの精神疾患については公の場で語られることが少なく，あるいは偏った状況においてしか語られることがないため，さまざまな誤解や偏見が少なからず存在する．精神疾患・精神障害についての正しい知識を得る機会が一般的には少ないのが現在の実情でもあるが，この機会に精神疾患・精神障害についての理解を深めてほしい．

4.2 統合失調症

　統合失調症は精神病の中で最も重要で多数を占める精神疾患であり，心の病というよりは原因不明の脳機能の疾患であり，誰でもなりうる病気である．

(1) 概要
(a) 100人に1人が発症する

　統合失調症の発病率は世界のどこでも約1％であり，これは他の精神疾患や，あるいは身体的疾患と比べても高い発病率であり，誰がなってもおかしくない病気である．

(b) 原因不明の脳機能の疾患

　統合失調症の病因はまだ明らかになっていないが，一卵性双生児の一致率が40～50％ほどであることから，遺伝的要因があることはわかっている．

しかし同時に一致率が100％ではないことから遺伝以外にも何らかの要因が働いていることも明らかで，ストレスやドーパミンなどの神経伝達物質が密接に絡んでいるという仮説が有力である．

(c) 偏見や差別の問題

わが国ではこの病気について公の場で語られることが少なく，多くの誤解，偏見，差別を不当に受けているのが現状である．これは報道のあり方にも問題があるが，多くの患者はおとなしく柔和であり，放っておくと犯罪を犯すといった世間のイメージは過ちであり，正しい認識を広げるためにもこの病気のことをよく知ってもらいたい．

(2) 症状

統合失調症の症状は大きく分けると陽性症状と陰性症状に分けられる．陽性症状は「健康であれば無いものがある」，陰性症状は「健康であればあるものが無い」とも説明できる．

・陽性症状：幻視，幻聴，妄想など
・陰性症状：意欲の低下，集中力の低下，感情鈍麻など

統合失調症は幻聴や幻視のような派手な症状ばかりに焦点が当てられがちだが，多くの場合，陰性症状が主たる症状である．

陽性症状の中で最も多い症状は幻聴と妄想であり，幻聴は自分についての悪口や批判あるいは行動命令などが聞こえることが多い．具体的には「馬鹿」「死ね」などの短い言葉や「みんなお前のことが嫌いなんだよ」「生きてても仕方ないだろ，隣のビルから飛び降りろ」など文章で聞こえることもある．また自分の考えに返答するような内容が聞こえたり，かなりはっきりとした声で聞こえることもあるため，自分の病気や症状についての理解（病識）がない場合，現実の声と区別がつかないことも多く，結果として客観的に奇異な思考や行動に映ることがある．

一般的にいわれる妄想（空想）と，症状としての妄想は本人にとっては現実と認識されるという点で区別される．妄想は1次妄想と2次妄想に分けられる．1次妄想とはその発生が了解不能なものであり，2次妄想は1次妄想や他の症状を説明するための妄想である．例えば，食事に毒が入れられている（1次）のに自分以外の人間が食べても平気なのは，自分の遺伝子をすべて調べ上げて自分だけに有効な毒を開発しているからだ．こんな大きな研

究をできるのは国家レベルの組織だ．きっと自分は政府から狙われているに違いない（2次）．

陰性症状には物事への関心や感情が鈍く，あるいは無くなる「感情鈍麻（感情平板化）」や，状況にそぐわない感情を抱く「感情の不調和」，自発性や積極性が低下し，無為自閉的な生活になってしまう「意欲減退」などがある．

(3) 症状と精神エネルギーの周期

統合失調症には時間の経過による症状や精神エネルギーの周期がある（図4-1）．

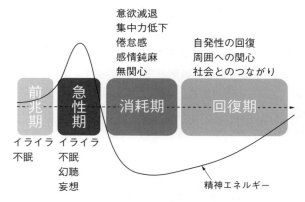

図4-1 症状と精神エネルギーの周期

(a) 前兆期

前兆期ではイライラや不眠などが現れるが，日常生活に大きな支障があるわけではなく「いつもと少し違うな」「今日は調子が悪いのかな」という程度にしか気づかれないことが多い．しかしこの前兆に早く気づくことでその後の治療や回復に違いが出る．

(b) 急性期

急性期では精神運動が活発になり激しくエネルギーを消費する．幻聴・妄想などの陽性症状が活発に現れるのもこの時期である（すべての人に現れるわけではない）．社会生活は困難になり，多くの場合入院治療を行うことになる．急性期の場合本人に病識がないことも多く，服薬や通院を拒否することも珍しくないため，治療に導入するには関係者の協力が不可欠である．

(c) 消耗期

　消耗期では精神エネルギーが枯渇した，いわばガス欠状態である．この時期はとにかく休息が必要で，周りの人間からするとサボっているようにも見えるが，その後の回復のための充電期間としてこの休息は必要なものである．

(d) 回復期

　回復期では自分以外の人・物・事に関心を持ち始め，社会とのつながりを持ち始める時期でもある．デイケア[1]などの日中活動に通い，再発防止・社会復帰のためのリハビリテーションを行う．回復というと病気の前の生活を取り戻すように思われがちだが，病気である自分を受け入れ，新しく自分らしい生き方を見つけていくことが大切である．

(4) 治療

　統合失調症は原因がはっきりしておらず，完治する類の病気ではない．したがって症状が収まっている「寛解状態」に向けて治療していく．治療には薬物療法だけでなく，精神療法，生活療法が重要である．

(a) 薬物療法

　精神薬の服用は統合失調症の治療の中心であり，医師の処方のとおりに服用することが必須であるが，薬に頼ってはいけないと思い自己判断で薬を減らしたり中断したりすることがある．これは予後や再発に大きな悪影響があるため避けるべきである．精神薬は血中に取り込まれて安定した効果を発揮するまでおおむね2週間ほどは様子を見る必要があるため，たとえ作用や副作用に不安があったとしても，必ず医師に相談し，自分にあった処方を見つけていくことが大切である．

(b) 精神療法

　統合失調症の精神療法は支持的精神療法が基本である．患者の悩みや不安をよく聞き，良いか悪いかの判断をするのではなく，支持的に関わり続けることが重要である．

(c) 生活療法

　生活療法は日常生活における，起床，洗面，更衣，入浴などのような生活動作を取り戻すための訓練を含む，当たり前の生活を送り続けることやその中に含まれるリハビリテーション効果を利用した療法である．朝起きて顔を洗い，食事をとり，日中活動に出かけ，人と関わり，心地よい疲れの中帰っ

て寝るという，ごく当たり前の生活を送ることが再発防止のために非常に重要である．

4.3 気分（感情）障害

(1) 概要

気分（感情）障害とはいわゆるうつ病や躁うつ病のことである．うつ病相，あるいは躁病相の片方だけのものを単極型，うつ病相と躁病相の両方を繰り返すものを双極型とよぶ．単極型はほとんどが単極型うつ病であり，単極型躁病の場合多くは双極型に移行することが知られている．また双極Ⅰ型がうつ病相と躁病相を繰り返すのに比べ，双極Ⅱ型ではうつ病層の合間に軽躁状態がたまに出ることで区別される．

(a) 脳の病気

心の病と思われがちなうつ病だが，実際は脳という臓器の疾患である場合が非常に多い．家族研究では気分障害の親族がいる場合の有病率がそうでない場合の有病率を大きく上回っているし，双生児研究でも二卵性の一致率に比べ一卵性の一致率が高いことがわかっており，このことからも生物学的要因があることは明らかである．

(b) ストレス－脆弱性モデル

しかしながら一卵性双生児の一致率は100％ではなく，生物学的要因だけが原因ではない．生物学的要因に精神的ストレスや身体面でのストレスが加わったときに発病すると考えられるが，同じライフイベントでも発病する人としない人がいることから，先天的・あるいは後天的なストレス脆弱性が発病に大きく影響していることも考えられる（図4-2）．

(2) うつ病相の症状

(a) 感情

悲哀感を伴った抑うつ気分で，何を見ても聞いても重く暗く沈み感情が動かない．自信喪失し，劣等感，罪責感，焦燥，苦悶感をもち，悲観・絶望し自殺を考えたり（自殺念慮），実行（自殺企画）しようとすることがある．内因性のうつ病の場合，抑うつ気分は朝が最も強く，夕方から軽減する傾向がある．

(b) 思考

記憶，判断，計算など頭が動かないと感じ，思考がまとまらない．考えようとしても何も浮かばず，決断することができない．

(c) 欲動

意欲が低下し動作も緩慢になる．人に会いたくない，話したくない，何もしたくない，などの意欲・行為の障害が出て，さらに強くなると話しかけても応答のないうつ病性昏迷状態となり，自発的な運動・動作がなくなる．

(d) 身体症状

身体にさまざまな不調を生じるが，特に消化器症状に強く表れる．食欲低下，便秘，口渇，また不眠も高頻度で現れる．

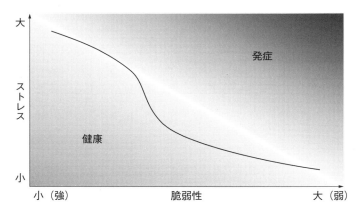

図 4-2　ストレス-脆弱性モデル　同じようなストレスがあってもすべての人が発症するわけではないことから，発症にはストレスに対する先天的・後天的な脆弱性が関係していることがわかる

(3) 躁病相の症状

(a) 感情

爽快で楽天的に物事をとらえ，万能感があり尊大な態度をとることもある．現実的な思考ができず，周囲が振り回されることもしばしばある．逆に怒りっぽくなり攻撃的な態度をとるタイプもある．

(b) 思考

新しい考えが次々に湧き起こる観念奔逸が典型的である．多弁であり，話の内容が移り変わりまとまりがなく，何を話しているのかわからなくなる．

(c) 欲動

　落ち着きがなく多動で，思いついたことをすぐに行動に移す．重度になると精神運動興奮状態となり，金銭面や性的側面など多方面で社会的逸脱行為が起きうる．

(d) 身体症状

　不眠症状が典型的であるが，本人にとっては苦痛ではなくむしろ疲れないようになり活動性が増す．

(4) 治療

　薬物療法が中心となるが，精神療法や生活療法を併用していくことが望ましい．うつ病患者と接する場合，安易な励ましや慰めは逆効果になることも多く，助言ではなく本人が「どのように感じているのか」を受け止めるようにするとよい．また離婚や退職などの重大な決断は病気が良くなってから決断するように先延ばしする．躁病患者と接する場合，その態度に治療者・援助者が振り回され十分な信頼関係を築けないことがある．しかし，躁病患者の傲慢で横柄な態度も症状の一部として受け取り，患者につられて怒ったりせず冷静に接する必要がある．

(a) 診断

　気分障害の診断は，病因ではなく臨床症状をもとに行われる．アメリカのDSM-IVという精神障害と統計の手引きでは，症状がそろっているか，それらが2週間以上続いているかなどの項目を満たしているかによって診断するようになっている．図4-3はDSM-IVによる大うつ病の診断基準から抜粋したものである．

(b) 心理検査

　うつ病には国際的な診断基準だけでなくさまざまな心理検査，スクリーニングテストがあり簡易的に自己診断を行うことも可能である．表4-1にその代表例としてツングのうつ自己評価尺度をあげる．

(c) 薬物療法

　単極型のうつ病になる患者はもともと頑張り屋で几帳面な性格の人が多いため，症状が少し良くなると職場復帰を急いだり，薬に頼ってはいけないと思い服薬を中断することもある．しかし不規則な服用では薬の効果が得られないため，薬の作用と副作用についてきちんと説明し理解してもらう必要が

> A）以下の症状のうち5つ以上が2週間の間存在する．少なくとも一つは抑うつ気分，または興味や喜びの喪失である．
> 　① ほとんど1日中，ほとんど毎日の抑うつ気分
> 　② ほとんど1日中，ほとんど毎日の興味・喜びの著しい減退
> 　③ 著しい体重減少または増加，あるいは食欲の減退または増加
> 　④ ほとんど毎日の不眠または睡眠過多
> 　⑤ ほとんど毎日の精神運動性の焦燥または抑止
> 　⑥ ほとんど毎日の易疲労性，気力の減退
> 　⑦ ほとんど毎日の無価値観，または過剰であるか不適切な罪責感
> 　⑧ 思考力や集中力の減退，または決断困難
> 　⑨ 死についての反復思考，自殺念慮（自殺について考える）または自殺企図（自殺を企てる）
> B）症状は混合性エピソードの基準を満たさない．
> C）症状は著しい苦痛あるいは社会的，職業的な機能の障害を引き起こしている．
> D）症状は，薬物の乱用や身体疾患（内分泌疾患など）によるものではない．
> E）症状は死別反応ではうまく説明されない．すなわち，愛するものを失った後，症状が2ヶ月を超えて続くか，または著名な機能不全，無価値観への病的なとらわれ，自殺念慮，精神病性の症状，精神運動抑止があることで特徴づけられる．

図4-3　大うつ病診断基準

ある．

　薬物療法は再発予防のためにも回復後しばらく継続する必要がある．ここでも服薬の自己中断が起こりやすいが，早すぎる断薬は再発率を激増させるためリハビリ期間が必要であることについても説明しておく．

(d) 精神療法

　うつ病治療に用いられるポピュラーな精神療法として認知行動療法がある．うつ病では認知の偏りが見られ，物事を否定的にとらえる特徴があることに着目し，それが現実とどの程度食い違っているのかを検証することによって思考のバランスを取り戻す．また行動療法の技法を使い，日常生活の中の行動や趣味活動等を計画し実際に行うことで自信や自己コントロールを回復していく経過を実感させていく．

(5) 新型うつ

　最近では「新型うつ病」という言葉が広く知られるようになった．単極型うつ病とは違い，「職場では抑うつ状態になるが帰宅後や休日には趣味や好きなことに没頭できる」「うまくいかないことがあると他人や会社のせいに

表 4-1 ツングのうつ病自己評価尺度（Zung, 1965）

項目	めったにない	時々そうだ	しばしばそうだ	いつもそうだ
1. 気分が沈んで憂うつだ	1	2	3	4
2. 朝方が一番気分がいい	4	3	2	1
3. 些細なことで泣いたり，泣きたくなる	1	2	3	4
4. 夜，よく眠れない	1	2	3	4
5. 食欲は普通にある	4	3	2	1
6. 性欲は普通にある（異性の友人と付き合いたい）	4	3	2	1
7. 最近やせてきた	1	2	3	4
8. 便秘している	1	2	3	4
9. 普段より動悸がする（胸がドキドキする）	1	2	3	4
10. なんとなく疲れやすい	1	2	3	4
11. 気持ちはいつもさっぱりしている	4	3	2	1
12. いつもと変わりなく仕事や身の回りの事ができる	4	3	2	1
13. 落ち着かず，じっとしていられない	1	2	3	4
14. 将来に希望（楽しみ）がある	4	3	2	1
15. いつもよりイライラする	1	2	3	4
16. 迷わず物事を決める事ができる	4	3	2	1
17. 自分は役に立つ人間だと思う	4	3	2	1
18. 今の生活は充実していると思う	4	3	2	1
19. 自分が死んだ方が他の人は楽に暮らせると思う	1	2	3	4
20. 今の生活に満足している	4	3	2	1

評 価 基 準		
39 点以下 抑うつ傾向は乏しい	40〜49 点 軽度の抑うつ傾向あり	50 点以上 中度の抑うつ傾向あり

する」などの違いがある．表 4-2 はその違いを示したものである．

　まず年齢層については従来型が中高年層が多いのに比べ新型は 20 代を中心とした比較的若い年代に多い．また従来型のうつ病患者は真面目で責任感が強く几帳面，ひとつの物ごとにこだわりも強く完璧主義のようなところも多く見られるのに対し，新型うつ病患者は他罰的で周囲からの指摘に打たれ弱く，秩序に対して否定的で不適応である．また従来型のうつ病患者は自分

表 4-2　従来のうつ病と新しいタイプのうつ病

	従来型うつ病	新型うつ病
年齢層	中高年層	青年層
関連する気質	執着気質	退却，無気力
病前性格	社会的秩序，配慮，几帳面	自己愛，秩序への否定
症候学的特徴	焦燥，疲弊，自責感	不全感，他罰的，衝動的
薬物への反応	多くは良好	多くは部分的効果
症状の持続	最低2週間以上毎日（治療しなければ数ヶ月以上）	不安定
症状の変化	日内変動	日によって異なる

が病気であることを認めたがらずもっと頑張ろうとするのに対し，新型うつ病患者は自分はうつ病だからと主張し，仕事や責任から外れたがろうとする．

このように，新型うつ病は一見すると無責任で自己中心的な性格の問題として映ることも多く，周囲の理解を得るのは難しい病態でもある．これらを理解するためには気分障害としての視点のみでは不十分であり，知能指数が70～80程度の境界知能や適応障害と合わせて理解する必要がある．

4.4　神経性障害，ストレス関連障害および身体表現性障害

不安障害やパニック障害，強迫性障害などのさまざまな障害があるが，これらの多くが心理的原因と関連がある．これらのうち主な障害をひとつずつ紹介していく．

(1) 恐怖性不安障害

通常危険でない明確な状況や対象によって不安が引き起こされ，それらを回避するための行動や思考によって社会生活に支障がでる．一般的に考えて，その状況や対象が危険ではないことを知っても不安は軽減せず，恐怖症を生じる状況を想像しただけでも予期不安[2]を生じ，またしばしば抑うつ状態と合併する．薬物療法と認知行動療法が主な治療方法となる．

(a) 空間恐怖症（広場恐怖症）

広場恐怖症の名前で知られるが，広い場所が怖いというわけではなく特定の空間をさし，自宅などの安全な場所にすぐに戻ることが困難であるような

場所にいる恐怖である．具体的には満員電車，特急電車，地下鉄，バス，飛行機などの乗り物や，教室，会議室，エレベーターなどの閉所状況もよく見られる．普通電車は乗車可能だが特急電車は乗車困難という例は，乗車ドアの開く間隔によって違いがある例で，すぐに抜け出すことが困難な状況で恐怖が起きるというこの障害の特徴をよくあらわしている．

(b) 社会恐怖症（社交不安障害）

一般的にいう対人恐怖症と類似している．人が怖いというよりも人と接する場面に対する恐怖であり，人前で話をする場面で緊張して声が震えてしまう，顔が赤くなってしまう，頭が真っ白になるなどの誰にでも起こりえたような体験から生じる不安障害である．発症は思春期前後が多い．

(c) 特定の恐怖症

高所恐怖症や先端恐怖症などでよく知られる恐怖症である．そのほかにも，雷，閉所，暗所や特定の食物，動物，疾病の罹患などに対する恐怖がある．これらの恐怖症はきわめて特異的な状態に限定して見られ，通常小児期ないし成人早期に発症し何十年も持続することがある．

(2) パニック障害

満員電車のようにすぐに逃げ出すことが困難な状況突然，動悸，息苦しさ，めまいなどに襲われ，このまま死んでしまうのではないかという強い恐怖が生じ，これをパニック発作という．このパニック発作と予期不安が二つそろうとパニック障害と診断される．薬物療法と認知行動療法が主な治療法となるが，「薬をもっている」という事実がお守り的な安心感をもたらし，効果がある．

(3) 強迫性障害

自分自身でもばかばかしいと思っている考えが繰り返し頭に浮かんでくる強迫観念と，その行為を繰り返さないと気が済まない強迫行為がある．代表的なものには手洗いを繰り返し行う不潔恐怖があるが，ほかにも戸締りや水道，ガス栓などの確認が止められない確認強迫も多い．薬物療法と認知行動療法が主な治療方法となる．

(4) 重度ストレス反応および適応障害

ストレスへの反応として全般性不安を中心とした精神症状が起きるもので，ストレスの強さや発症のタイミングなどで急性ストレス反応，外傷後ストレス障害，適応障害に分けられる．精神疾患の診断は通常発症の原因は問わないが，この障害については原因を問う．また，原因となるストレス体験をした人がすべて発症するわけではないことから，個人のストレス脆弱性や対処能力がこの障害の発症に関わっていることがわかる．

(a) 急性ストレス反応

激しいストレスに反応して現れ，通常数時間から数日以内で治まる一過性の障害である．この障害の原因となるストレスはたとえば地震，レイプ，暴行，戦争など通常誰が考えても重大な脅威であり，生活上のストレス，たとえば離婚，解雇，死別などの場合は (c) の適応障害に分類する．症状としては意識や注意の狭窄，失見当識を伴う「困惑」，その後周囲からの引きこもりの増強，あるいは激越と過活動が見られる．自律神経兆候（頻脈，発汗，紅潮）が認められるのが普通である．

(b) 外傷後ストレス障害（PTSD）

激しいストレス体験から数ヶ月の潜伏期間を経て発症することもあるストレス性の障害で，阪神・淡路大震災の後マスメディアによって多く取り上げられ，一般にもこの名称が広く知られることになった．症状は情動の麻痺，外傷を想起させる活動や状況の回避，フラッシュバック，過覚醒状態などがあげられる．またほぼ間違いなく抑うつ状態とパニック発作を併発する．時間はかかるものの多数の症例で回復が期待できる．

治療法は支持的精神療法が一般的で，「一人ではない」「支えられている」という安心感・安全感を取り戻すことが大切であり，そのためには個人精神療法だけではなく，周囲の支援体制の調整などが必要である．抗不安薬を併用して使うことも多いが，基本的に対処療法であり依存に注意する必要がある．

(c) 適応障害

急性ストレス障害や外傷後ストレス障害が激しいストレスが原因であるのに対し，適応障害の場合は日常，あるいは生活上起こりうる社会的ストレスに対して起こる不適応な反応である．このためストレス脆弱性や個人の対処能力がこの障害の発症や症状に及ぼす影響は，他の障害よりも大きい．症状

は多彩であり，抑うつ状態や不安などにより，生活上起こりうる日常的な問題に対処できない状態に陥る．

適応障害はそのまま自然に治まることも多いが，周囲の対応の仕方によっては症状を繰り返すこともあるため疾病利得[3]についての理解が必要である．また，個人の年齢，知能，性格，環境などを考慮し，ストレッサーへの適応能力，対処能力の訓練をするか，ストレッサーから離れるような環境調整をするかを考える必要がある．薬物療法は不安への対処療法として補助的に使用する．

(5) 解離（転換）性障害

以前はヒステリーとよばれた障害で，精神的ストレスや心理的葛藤が原因で起きる．記憶や同一性に障害が現れた場合「解離」とよび，運動系や感覚系に障害が現れた場合を「転換」とよぶ．なお，けいれん発作や意識障害を起こす「てんかん（epilepsy）」と区別し英名「転換（conversion）」でよぶことが多い．

(a) 解離性健忘

器質的な問題がなくストレスなどの心理的要因によって起きる，いわば記憶喪失である．しかし一般的にイメージされる記憶喪失と違い，多くの場合その範囲は選択的である．

(b) 解離性遁走

解離性健忘の特徴を備えつつ，明らかに意図的な，家庭や職場から遠ざかる旅をする．健忘状態でありながら，切符を買ったり，信号を守ったりするなど身辺管理は保たれている．

(c) 解離性同一性障害

解離性障害の中でも最も有名であり，アメリカのDSM-IVでは多重人格障害とよばれる．主に幼少期の虐待などの激しいストレスから人格(同一性)を守るため，一人の人物の中に複数の人格が現れる．それぞれの人格はおのおの独立した記憶，行動，好みなどをもった完全な人格である．実在する人物を取り上げた本（図4-4）により，全世界にその病名が知られることになった．

ビリー・ミリガン（Billy Milligan, William Stanley Milligan, 1955-2014）は，アメリカ合衆国生まれの男性で，オハイオ州の強盗強姦事件で逮捕・起訴されたが，彼は解離性同一性障害（多重人格障害）を患っていると主張，精神科医による診察やその後の調査により，彼はビリー（基本的人格）以外に合計23人の人格をもっていることが明らかとなった

図 4-4　解離性同一性障害の実例

(6) 身体表現性障害

身体的には何ら問題がないにもかかわらず，執拗に症状を訴えるものである．患者本人からするとたしかに身体的苦悩があるため，検査所見が陰性だったり医師から心理的原因を指摘されても本人は納得しないことが多い．

4.5　アディクション

(1) 概要

アディクションとはアルコール依存症をはじめさまざまな依存症，あるいはそれに関連した問題である．アディクションは日本語では「嗜癖」と訳され，厳密にいえば依存症とは違うものであるが，ある特定の「もの」「こと」を特別に好み，執着し，習慣化してしまう癖のことである．似たような言葉に「中毒」があるが，中毒というのは食中毒という言葉でわかるように，悪い物を飲食したりすることでその毒性に中（あ）ってしまうことである．

表 4-3　アディクションの分類

物質依存	行為・過程依存	
・アルコール ・薬物（違法，脱法，処方） ・ニコチン　　　　　　　　etc…	・ギャンブル　・セックス ・仕事　　　　・仕事 ・拒食・過食　・インターネット ・買い物　　　　　　　　　etc…	
人間関係依存		
・（被）虐待　・男性　　・家族 ・恋愛　　　　・女性　　・共依存　　etc…		

※「物質」「行為・過程」「人間関係」の境界はあいまいで，両方にまたがっていることも多い

アディクションは表4-3のように「物質依存」「行為・過程依存」「人間関係依存」の3つに分けて説明されるが，実際はこのようにはっきり分類されるものではなく境界線はあいまいであり，両方にまたがっていることも多い．たとえば拒食や過食は行為・過程依存に分類されているが，「食べ物」という視点からみれば物質依存と解釈することもできる．

(a) 物質依存

ある物質を体の中に接収することで引き起こされる変化や快感によって，その物質に執着，依存するものである．代表例はアルコールや薬物依存症であり，薬物の中には覚醒剤をはじめ，コカイン，ヘロイン，アヘン，大麻などの違法薬物のほか，医師が処方する精神安定剤や睡眠薬などの処方薬，最近では危険ドラッグなどもこれに含まれる．その他シンナーなどの揮発性溶剤やニコチン，カフェインなどが物質依存に含まれる．

(b) 行為・過程依存

ある行為の始まりから終わりまでの過程の中で得られる快感に執着してしまうもので，代表例はギャンブル依存症である．競馬やパチンコに数千万円もつぎ込んでしまう例も珍しくない．毎年夏になると，パチンコ店の駐車場の車内に置き去りにされた子どもが熱中症で死亡する例が後を絶たないが，これもギャンブル依存症との関係が深いと考えられる．その他，後先を考えずに物を買ってしまう「買い物依存症」や仕事をしていないと落ち着かない「仕事依存症（ワーカホリック）」などが含まれる．

(c) 人間関係依存

ある特定の人との間の人間関係に強く依存するものであり，その典型的な形は共依存の関係で，例えるならアルコール依存症の夫とその世話をする妻の関係である．一方が問題行動を起こすのに対して，もう一方はその問題におびえながらも関係の継続に執着し，相手の世話をしたり庇ったりする．このような関係は家庭内暴力や虐待にもみられ深刻な問題となりうる．

(2) 特徴

(a) 強迫的・反復的・衝動的・貪欲的

ある考えが頭にこびりつき，それを抑制しようとしてもできない状態であり（強迫的），同じ対象や行為を繰り返す（反復的）．たとえやめようと思っても，思いついたことをすぐに行動に移し（衝動的），冷静に考えることが

できないため同じ失敗を何度も繰り返してしまう．また対象に貪欲にこだわり，追及・探索（貪欲的）する．
(b) 進行性の病である

　この病気は進行すると性格や社会性に変化をきたし，依存行為を続けるためなら大切な人でも裏切り嘘をつき，何を犠牲に払ってでも依存行為を続けようとする．病気が進行すると，結果としてもはや社会の中では生きられなくなり最終的に死や自殺に行きつく．
(c) 家族の病である

　依存症は本人だけでなく，家族を巻き込んで病んでいくことが特徴である．アルコール依存症の夫とその妻を例にあげれば，夫が毎晩酒を飲んで問題を起こすようになっても，妻は精神的にまいりながらも，自分がしっかり支えなければと働き，いつの間にか夫が酒を飲むことを可能にしている．このような存在を依存を可能にする人という意味で「イネーブラー（enabler）」とよぶ．
(d) 体の病気

　依存行為は多くの場合体を壊したり，傷ついたり障害を起こしたりする．アルコールでいえば肝臓障害をはじめ全身の臓器障害を引き起こすし，ドラッグは脳の障害，リストカットは体に傷跡を残す．
(e) こころの病
① 否認

　病識が欠如しているため，医師が依存症であると診断してもなかなか認めようとしない．否認には「俺は依存症なんかじゃない」「俺はいつでもやめられる」など直接的なものから「あなただって飲んでるじゃないか」など話をそらすものなどさまざまな否認がある．
② 抑制（コントロール）の欠如

　自分の依存行為のことで頭がいっぱいになり，周囲の人には「もうしない」といいながら，自分で抑制することができなくなる．風邪の人が咳を我慢できないのと同じで，依存行為を我慢することができないという症状である．
③ 依存的性格（依存と攻撃）

　性格の面でみると，依存行為にのめり込む人は未熟なパーソナリティの持ち主であるといえる．大きなことを言いながら，責任ある行動がとれない．情緒不安定でいつも誰か，あるいは何かに頼ろうとする．そうした甘えが受

け入れられず，不平不満がうっ積したり，どうしていいかわからなくなると，依存行為にのめり込み，あげくに周囲の人間に対して攻撃するようになる．このような「依存と攻撃」が依存的性格の特徴である．
④ 言葉と心，行動がばらばら
　本人が「もう依存はやめる」といっても，またそれを繰り返してしまう．これは本人が嘘をついているというより，言葉とこころと行動がばらばらの状態になっているからである．患者の言葉をうのみにして裏切られることもしばしば起こりうる．

(3) 治療
(a) 体の治療
　アディクションによって引き起こされるさまざまな身体症状を治療しなければならない．全身の臨床検査を行い，病気の発見・診断につとめる．同時に身体の治療を行う．
(b) こころの治療
　身体症状の治療が終わっても，元気になってまた依存行為に戻っては意味がない．医療機関や自助グループやなどで継続した治療・リハビリが必要になる．アディクションの治療法としてはミーティングなどの集団精神療法やマトリックスプログラムなどの認知行動療法が一般的である．
① 初期
　みずからアディクションをやめようという人はほとんどいないため，心の中には家族や医療に対しての恨みや不平不満がうっ積していく．医者の診断は間違っている．家族が大げさに言うからいけない，など自分の問題を認めず，聞く耳をもたない．しかし治療・教育を受け自助グループに出席して，先輩や仲間の話を聞いているうちに数ヶ月から半年以上も経つと仲間の話が心に入ってきて，彼らの頑なな心もほぐれて，迷いだしてくるのである．
② 中期
　やめて2～3年以上経つと次第に回復への気持ちも固まり，攻撃的言動も薄れ，謙虚な態度を示すようになってくる．気分は不安定できわどい状態が続いているが，多少なりとも距離をもって依存行為をみられるようになっている．しかし，3年，5年やめた人がアディクション行為に走ってしまうこともあるなど，油断は禁物である．

③　回復・社会復帰

　回復して10年ともなれば，謙虚で礼儀や常識をわきまえた社会人となって，それ相応の地位を保っている．しかしそれでもなお心の中ではアディクションへの思いはくすぶっている．毎日その気持ちと戦っているが，かなりクールに距離を保ってアディクションを見つめることができるようになる．

4.6　おわりに

　精神科のケアには医師，看護師のような医療スタッフだけでなく，心理士，作業療法士，精神保健福祉士のような多職種の関係者がそれぞれの視点をもち，本人のQOL[4]向上のために関わる必要がある．精神疾患について学び，理解をすることは大切だが病気，あるいは病人であることはその人の一部でしかなく，どのような病気をもっていても，我々と同じ一人の生活者であることを忘れてはならない．　　　　　　　　　　　　　[榎本　稔・松島崇将]

【注】
[1] デイケア：精神科リハビリテーションのひとつで，医師・看護師などのスタッフがいる安全な環境で作業療法やレクリエーション，スポーツなどの日中活動を提供している．ケアを行う時間によって他にもショートケア，ナイトケア，デイナイトケアなどの種類がある．
[2] 予期不安：パニック発作などの症状がまた起きるのではないか，という強い不安に駆られる症状．
[3] 疾病利得：病気によって得をすること．誰かに構ってもらえたり，補償金をもらったりすることなどをさす．
[4] QOL：Quality Of Life（生活の質）のことで，健康であることや物理的な豊かさだけでなく，その人の生活が本人にとってどれだけ自分らしく満足のいくものかといった精神面を含めた生活の豊かさのこと．

第5章

自殺の実態と予防
──いのちのつながりをはぐくむ

　世界保健機関（WHO）は，自殺を公衆衛生上の主要課題であると位置づけ，対策によって減らすことができる予防可能な課題であるとしている（世界保健機関，2014）．日本の自殺者数は，1998年に前年と比較し8,472人も増加し，3万人を突破した．1年間で35％も急増する世界に例のないできごとであった．自殺者数は14年間連続で3万人を超え続ける異常な状態が続いた．しかし，さまざまな対策が取られた結果，2012年には，ようやく3万人を割り込んだ．

　本章では，自殺の実態，自殺の危機経路と保護因子，自殺対策の経緯，多角的なアプローチからの予防対策，遺族のケア等についてスケッチし，自殺とその予防について，読者の理解を深めてもらうことを意図している．自殺は，心理学的視点だけで語ることができない，社会的，経済的要因等が複雑にからむ社会現象である．したがって，本章の記述は心理学の守備範囲を逸脱する内容が多いことをあらかじめお断りしておく．

5.1　日本における自殺の概要

(1) 自殺の経年変化

　図5-1は，1978年から2012年にかけての日本における自殺者数の推移を示している．男女を比較すると，男性は女性の約2倍程度の自殺者数を示している．1998年に自殺者が急増した際には，女性より男性の増加が顕著となっていた．2012年には自殺者は3万人を切るまで減少したが，日本の自殺率は，10万人当たり約24人（2012）と，国際的になおきわめて高い水準にとどまっている．男性の自殺率が，OECD諸国（先進国）では，韓国，ハンガリーに次いで3位（世界で10位），女性の自殺率は，OECD諸国で

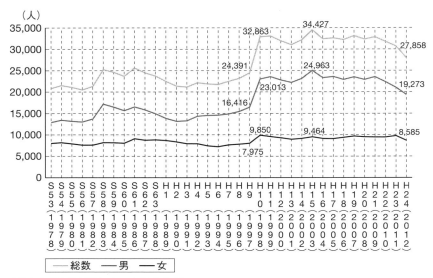

（警察庁「自殺統計」より内閣府作成）

図 5-1　日本における自殺者数の経年推移

は韓国に次いで 2 位（世界で 3 位）という深刻な状況である[a) b)].

(2) 男女別年代別自殺者数

　図 5-2 は，男女別年代別自殺者数（2012）を示している．自殺者数は，男性では，40 代から 60 代にかけて，女性では 60 代にピークがあり，若年層ではそれらの年代より少なくなっている．しかし，若年層では，亡くなる人の全体の数が少ないこともあり，亡くなる人全体に占める自殺者の割合が高くなっていることに留意する必要がある．

(3) 自殺の原因・動機

　図 5-3 は警察省「自殺統計」による原因・動機別の自殺の死亡率を示す．健康問題が最多で，次いで，経済・生活問題，家庭問題，勤務問題，その他，男女問題，学校問題の順に多くなっている．1998 年の急増時には，特に「経済・生活問題」を動機とする自殺者の増加が顕著であった．これは，当時起こった金融危機に伴い，金融機関が「貸し渋り」「貸し剥し」を行ったこと，中小零細企業の倒産，失業の増加等に関連していることが知られている（澤

第5章 自殺の実態と予防——いのちのつながりをはぐくむ　　61

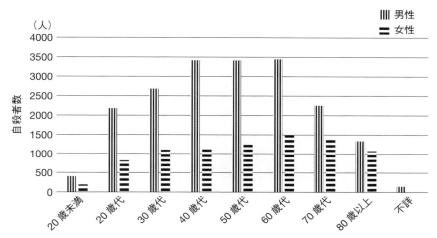

（厚生労働省「平成24年人口動態統計」より作成）

図5-2　男女別年代別自殺者数（2012年）

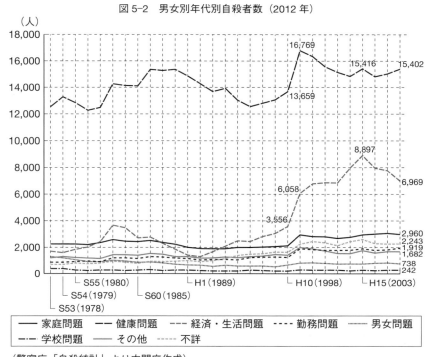

（警察庁「自殺統計」より内閣府作成）

図5-3　原因動機別自殺死亡率の経年変化

田他，2013a）.幸い「経済・生活問題」を動機とする自殺者数は，対策の進展に伴い，その後減少に転じている.

5.2 自殺対策の経過

1998年の自殺者の急増を受け，日本の自殺対策は，厚生労働省が2000年に策定した「健康日本21」[1]において，「休養・心の健康づくり」の問題として始まった（清水，2009）.同じ年に，あしなが育英会[2]が「自死遺児ミーティング」を開催した.自死遺児[3]たちはそれまで語ることのできなかった大切な人の死を語り合い，『自殺って言えない』（自死遺児編集委員会，2002）を発刊して声をあげ始めた.2001年には，NHKの番組「クローズアップ現代」で，自死遺児が顔と名前を公表し初めて肉声で思いを語った.さらに，当時の首相と面会し，「これ以上同じ思いをする人を増やしたくない」との思いから自殺対策の必要性を訴えた.2004年にはNHKで自死遺児の思いをディレクターとして報道した清水康之らが，NPO法人自殺対策支援センターライフリンクを設立し，以後の自殺対策法制化で大きな役割を果たすことになった.2005年には，参議院厚生労働委員会が「自殺総合対策」決議を挙げた.さらに，自殺対策関係省庁連絡会議が設置されるとともに，自殺対策に関する政府方針も策定された.2006年に入り，「自殺対策の法制化を求める要望書」について，自死遺族とライフリンクなどの民間団体が中心となり10万人署名を集めた.超党派の国会議員団との連携が行われ，議員立法により，自殺対策基本法が6月に制定された.10月に施行されるとともに，内閣府に自殺対策推進室が設置された.日本の自殺総合対策は，「語れない死」であった自殺について，自死遺族みずからが語ることでスタートが切られたのであった（清水，2009；反町，2013）.

自殺対策基本法制定とそれを受けて策定された自殺総合対策大綱（2007年制定）では，自殺の多くは個人の自由な意志や選択によるものではなく「追い込まれた末の死」であること，自殺は社会的な取り組みを含めた総合対策により減らせること，そして自殺対策は，国や自治体の責務であることなどの基本認識が示された.総合対策の実施にあたっては，地域におけるさまざまな機関の協働が必要とされた.また，自治体が自死遺族のサポートにも責任を負うことも明記された（清水，2009；反町，2013）.

内閣府は2009年度に「地域自殺対策緊急強化基金」を創設した.この基

表 5-1　自殺総合対策の基本的な考え方

1．社会的要因も踏まえ総合的に取り組む
2．国民一人ひとりが自殺予防の主役となるように取り組む
3．段階ごと，対象ごとの対策を効果的に組み合わせる
4．関係者の連携による包括的な生きる支援を強化する
5．自殺の実態に即した施策を推進する
6．施策の検証・評価を行いながら，中長期的視点に立って，継続的に進める
7．政策対象となる集団毎の実態を踏まえた対策を推進する
8．国，地方公共団体，関係団体，民間団体，企業及び国民の役割を明確化し，その連携・協働を推進する．

(「自殺総合対策大綱」(平成 24 年 8 月 28 日閣議決定) より)

金は自殺対策に取り組む都道府県や市町村に対する補助金として使われ，それまで自治体により取り組みにばらつきのあった自殺対策が，本格的に全国展開されることとなった．2012 年に改定された自殺総合対策大綱に示されている「自殺総合対策の基本的な考え方」は表 5-1 のとおりである[a]．

5.3 自殺の危険因子，危機経路，自殺へと傾く人の心

(1) 自殺の危険因子と危機経路

自殺の危険因子として知られているものには，①自殺未遂歴や自傷行為歴(リストカット等の自分を傷つける行為のこと)，②喪失体験(死別体験など)，③職業問題・経済問題・生活問題など，④苦痛な体験(学校問題，家庭問題など)，⑤身体疾患やそれらに対する悩み，⑥精神疾患(うつ病，アルコール依存症や薬物依存症，統合失調症，パーソナリティ障害など)，⑦自殺につながりやすい心理状態(自殺念慮，絶望感，衝動性，孤立感，悲嘆，諦め，不信感など)，⑧ソーシャルサポートの不足(支援者がいない，社会制度が活用できないなど)，⑨自殺手段への容易なアクセス(農薬を所持している，容易に薬物を入手できるなど) 等が知られている (桑原他，2009)．

人はどのようにして自殺へと心が傾いていくのだろうか．「自殺の危機経路」を，ライフリンクと自死遺族や研究者が連携して結成された「自殺実態解析プロジェクトチーム」が，遺族への聞き取り調査と警察庁による自殺統計の詳細分析を実施することにより明らかにしている (図 5-4)．自殺にいたった事例は，うつ病等の精神疾患だけでなく，過労，職場環境の変化，事

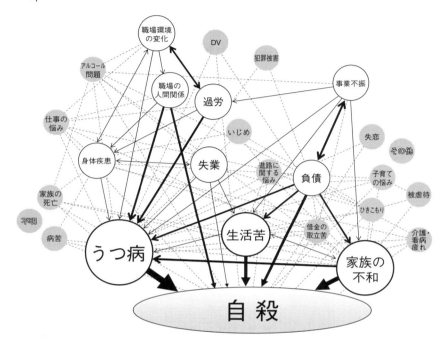

（自殺実態解析プロジェクトチーム『自殺実態白書2008』より抜粋）

図5-4　「1000人実態調査」から見えてきた自殺の危機経路

業不振，職場の人間関係，負債，身体疾患，生活苦，家族の不和等，さまざまな要因が関係しており，自殺者は，平均約4つの危機要因を抱えていたということである（自殺実態解析プロジェクトチーム，2009）．このことは，うつ病等の精神疾患に対する精神保健的なアプローチや医療だけでなく，社会・経済・労働問題への対応も含めた自殺総合対策が必要である論拠となっている．また，経済社会的な状況が悪化しても，自殺に追い込まれないような社会的セーフティネットの改善が必要であることをも示唆している．なお，この調査により，自殺の危機経路は，有職か無職か，職業上の立場等によってかなり異なり，それぞれ特徴的なパターンがあることもわかった（自殺実態解析プロジェクトチーム，2009）．

(2) 自殺へと傾いた人の心理

　自殺に傾いた人は，無力感，絶望感にとらわれていて，孤立無援感に陥り

やすく，自分には価値がないと思いがちである．心理的な視野狭窄に陥り，物事の見方に柔軟性がなくなり，抱えている問題を合理的に解決することが困難になりがちである．そして，自殺によって，「終わらせる」こと，あるいは困難から「抜け出す」ことが唯一の解決方法だと思い込んでしまう傾向がある（「死にたい」と決意するというよりは，「終わらせたい」「抜け出したい」と思うようである）．自殺を考える一方で，「生きたい」という気持ちが同時に存在し，誰かに助けてもらいたいという思いを抱いている．そのことを態度や言葉，仕草などで伝えていることがある．精神不安定な状態や不快な気持ちをもつ中で，不安を取り除くためにアルコールや薬物を乱用することで，冷静な判断ができなくなったり，衝動性を高めたりして，自殺が企図されることもある（桑原他，2009）．

（3）自殺に傾いた人への接し方と相談窓口

死にたい気持ちを打ち明けられると，動揺したり不安を感じたりするかもしれない．死にたい気持ちは，誰彼なく伝えられるわけではなく，信頼できると思う相手を選択して伝えられるので，話をはぐらかしたりしないで，真剣にとらえてほしい．まずは，相手の話にじっくりと耳を傾け，良し悪しの判断を保留して話を傾聴することが大切である．そして，相手を責めたり，批判的な態度をとったりせず，むしろ，相手のこれまでの苦労や，死にたい気持ちを打ち明けてくれたことをねぎらうべきである．本人は自分としてはできるだけのがんばりをしているにもかかわらず，絶望的な状況から抜け出すことができないと感じ，死にたいと訴えている．したがって，安易な励ましは，絶望感と孤立感を強めてしまう（桑原他，2009）．十分に傾聴した上で，医療機関や相談窓口に相談するようにすすめてみよう．一緒に相談に行こうと奨めることも安心につながる．温かく寄り添いながらじっと見守ることも大切である．もう一歩踏み込んだ対応を知りたい人は，内閣府自殺対策ホームページにある「誰でもゲートキーパー手帳」[c]を見てほしい．

内閣府自殺対策ホームページの相談窓口情報の中から，①さまざまな悩みに対応する窓口を紹介するサイトと，②悩み別に相談窓口情報を紹介するサイトいくつかをピックアップし，表5-2に紹介するので，身近に困っている人がいれば，活用してほしい．サイトを読み進むと，身近なところで受けられる相談窓口につながるように工夫されている．

表 5-2 相談窓口情報

【①さまざまな悩みに対応する窓口を紹介するサイト】		
サイトの名前	運営組織	サイトの URL
いきる・ささえる相談窓口	国立精神・神経医療研究センター・自殺予防総合対策センター	http://ikiru.ncnp.go.jp/ikiru-hp/ikirusasaeru/index.html
いのちと暮らしの相談ナビ	NPO 法人自殺対策支援センターライフリンク	http://www.lifelink-db.org/
【②悩み別 相談窓口情報等を紹介するサイト】		
サイトの名前	運営組織	サイトの URL
10 代・20 代のメンタルサポートサイト こころもメンテしよう	厚生労働省	http://www.mhlw.go.jp/kokoro/youth/index.html
いじめ相談の窓口	文部科学省	http://www.mext.go.jp/a_menu/shotou/seitoshidou/06112210.htm
働く人のメンタルヘルス・ポータルサイト こころの耳	厚生労働省	http://kokoro.mhlw.go.jp/index.html
みんなのメンタルヘルス総合サイト	厚生労働省	http://www.mhlw.go.jp/kokoro/index.html
返済に困った場合の相談窓口一覧	金融庁	http://www.fsa.go.jp/soudan/index.html
配偶者からの暴力被害支援情報	内閣府	http://www.gender.go.jp/e-vaw/index.html
暮らしの相談窓口のご案内	内閣府	http://www.cao.go.jp/soudan/soudan.html
人権相談―ひとりで悩まずにご相談ください	法務省人権擁護局	http://www.moj.go.jp/JINKEN/index_soudan.html

(内閣府「自殺対策 URL」[a] より抜粋. 表中のサイトは,すべて 2014 年 11 月 2 日に最終アクセス)

5.4 自殺予防の取り組み

(1) 自殺予防対策の進展プロセスと重点施策

　自殺対策基本法制定以前に,自殺予防対策が北東北では先行して,開始された.心の健康に関する普及啓発を行い,住民全体の心の健康度を改善するとともに,心の病に苦しむ人たちに気づき,つなぎ,見守る活動であり,心

表5-3 自殺総合対策大綱に記載されている当面の重点施策

1．自殺の実態を明らかにする
2．国民一人ひとりの気づきと見守りを促す
3．早期対応の中心的役割を果たす人材を養成する
4．心の健康づくりを進める
5．適切な精神科医療を受けられるようにする
6．社会的な取り組みで自殺を防ぐ
7．自殺未遂者の再度の自殺企図を防ぐ
8．遺された人への支援を充実する
9．民間団体との連携を強化する

(「自殺総合対策大綱」(平成24年8月28日閣議決定) より)

の健康づくりとよばれるものであった (本橋・渡邉, 2005).

その後, 自殺対策基本法制定後に, 社会的経済的な対策を含む包括的自殺総合対策が推進された. 現在, 全国で自殺対策大綱にある「当面の重点施策」 (表5-3) に従い, さまざまな対策が展開されている. ここではその中から一部をピックアップして紹介する. さらに詳しいことを知りたい読者は, 2007年から毎年発行されている「自殺対策白書」[d] を参照してほしい.

(2) 北東北で先行して行われた心の健康づくり

地域での心の健康づくりとは, 心の健康に関する普及啓発活動を地域ぐるみで取り組む活動である (本橋・渡邉, 2005). 住民には次のようなことを学んでもらう. ①自殺の多くは追い込まれた末の死であることを理解する. ②自殺の多様な危険因子 (精神的要因だけでなく, 社会的経済的な要因を含む) と危機経路を理解する. ③自殺は特別な人の問題ではなく, 誰にとっても身近な問題で他人事ではないことを理解する. ④悩みを一人で抱え込まず, 相談や援助を求めることで解決への道筋がつくことが大切であるということを理解する. ⑤うつ病やアルコール依存症など, 自殺に関係する心の病についての基本を理解する. ⑥自殺を考えている人のサインに家族や身近な人に気づき, 相談につなげ, 見守ることで自殺を減らせることを理解する.

北東北での取り組みの中から, 青森県における地域づくり型自殺予防対策について紹介する (反町・新井山, 2012). 県精神保健センター, 県保健所, 市町村保健センター等が連携した取り組みであった. 保健所は管内市町村の

自殺死亡率を算出し，把握した自殺率の高い市町村に対して，予防対策をとるよう働きかけを行った．県精神保健センターは，市町村保健師の研修等，人材養成にかかわる部分の技術援助を担当した．多くの市町村では，住民を対象とする心の健康調査が行われた．調査結果とあわせ，うつ病に対する知識だけでなく，心の健康を増進する保護因子をも記したリーフレットが全戸配布された．ヘルスボランティアによる寸劇や紙芝居を用いた住民啓発活動も展開された．これらは，うつ病に対する医学的知識だけでなく，「自殺は勇気ある行動ではなく，避けられるものである」「悩みを語ることは恥ずかしいことではく，人生を幸せにする」「地域の力（連帯）で，自殺は減らすことができる」などのメッセージを伝えることでもあった．

次に，岩手県久慈地域での取り組み（岩手県障害福祉課，2009）を紹介する．2003年に，精神科医，看護師，保健所・市町村保健師，ケアマネージャー，消費生活相談員，ボランティア等により，久慈地域メンタルヘルスサポートネットワークが設置された．2006年には，地域傾聴ボランティア団体「こころ」が結成され，紙芝居やグループ回想法を行ったり，検診の待ち時間を利用した傾聴活動，老人保健施設等での傾聴活動等が行われた．また，同年には，ボランティアルームサロン「たぐきり」が開所され，一般住民を対象とした語りあいの場が提供されるとともに，心の個別相談や紙芝居等，さまざまな活動が展開されている（岩手県障害福祉課，2009）．なお，久慈地域を含む岩手県沿岸地域では，東日本大震災後も，ゲートキーパー[4]研修を含む豊富な心の健康づくり活動が展開されている．

なお，岡（2013）は，自殺稀少地域（全国と比較してきわめて自殺が少ない）である徳島県旧海部町（現・海陽町）の調査から，個人のストレスが低く抑えられたり，困ったときに助けを求めやすい地域社会のあり方が，自殺の危険因子を抱いた人を自殺から遠ざける保護因子となることを見出している．このことは，地域における心の健康づくりが必要である理由の一つを示しているとも考えられる．心の健康づくりは，現在は，全国各地で取り組まれている．

(3) 児童生徒に対する取り組みやいじめを苦にした自殺の予防

文部科学省は2009年に「教師が知っておきたい子どもの自殺予防」マニュアルを作成し，学校や教育委員会に配布している．このマニュアルには，

①子どもの自殺の実態，②子どもの自殺の直前のサインと自殺の危険が高まった子どもへの対応，③自殺予防のための校内体制づくりや校外の医療機関等との連携のあり方，④不幸にして自殺が起きてしまった場合の学校の対応等について記載されている．また，学校における健康相談等の充実やスクールカウンセラー等を活用した教育相談体制の充実も進められている．子どもの心の問題や，虐待や発達障害に対応するため，子どもの心の診療体制の整備が進められている（内閣府，2013a）．また，2013年に法制化されたいじめ防止対策推進法が，いじめの予防やいじめを受けた子どもの救出に役立つことが期待されている．

(4) 相談しやすい体制の整備

従来から各種の問題に対する相談窓口は設置されていたが，縦割りの弊害により連携が十分ではなかった．自殺の危機に陥っている人は，たくさんの困難な問題を抱えており，それぞれの問題について別々の窓口を訪れる必要があった．しかし，心身ともに疲弊し心理的視野狭窄に陥っている人にとっては酷な話であり，現実的ではなかった．したがって，地域の側，行政の側が連携体制を組み，多様な悩みを抱えて自殺を考える人が，どこかの相談窓口を訪れたら芋づる式に必要な相談を受けられるような地域連携体制をつくる必要がある．

(a)「いのちと暮らしの相談ナビ」

いのちと暮らしの相談ナビ[e]は，自殺へと心が傾いている人でも，このサイトにさえアクセスすれば，簡単に必要な相談機関につながるように工夫された総合検索サイトである．多重債務や過労，いじめや生活苦など，さまざまな問題を抱えている人たちのニーズや条件（土日祝日に対応しているかどうか，メール相談か面談かなど）に合った相談先を検索できる．ここでは，多部門の行政機関，企業，民間団体の協働により，縦割りや専門分野の壁が克服され，支援策のパッケージ化が行われている．ITリテラシーが相対的に高い，若年層の自殺予防に役立つと期待されている．

(b)「よりそいホットライン」

よりそいホットラインは，仕事の悩み，心の悩み，生活の悩み，家庭の悩み，セクシャルマイノリティや外国人差別に関することなど，あらゆる相談を24時間フリーダイアルで受け付けている電話相談である（遠藤，2013）．

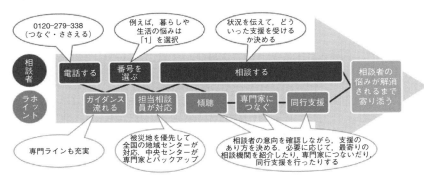

(内閣府「平成24年度版自殺対策白書」第3章自殺対策の実施状況, p.108より抜粋)

図5-5　よりそいホットラインの相談プロセス

一般社団法人社会的包摂サポートセンターが運営し，約3,000人の相談員による体制で実施されている．これまでの電話相談と異なるのは，相談者の話に傾聴したり，アドバイスしたりすることにとどまらず，必要に応じて各地に設置された地域センターと連携を取り，福祉事務所での生活保護申請に同行支援をするなど，直接支援も行っている点が一つである．また，行政サービスではなかなか脱却できない縦割りも克服し，どんな相談も門前払いされることなく，相談を受けることができることも画期的な点である．図5-5は，よりそいホットラインでの相談プロセスを示している．2012年3月11日に開設されてからの1年間で，約1,000万件のコールがあり，そのうち約100万件が自殺を考えている人からのコールだと推定されている（遠藤，2013）（※回線数と比較して，コール数が非常に多いため，電話がつながりにくいことが最大の問題点である．岩手県，宮城県，福島県からの電話については，別途回線を増やして受け取り率を向上させている）．「よりそいホットライン」は，その取り組み規模の大きさから，2012年における自殺者の減少に寄与していることも推測される．

(c) 多重債務対策や法テラスによる支援

「多重債務問題改善プログラム」(2007年策定)が，①相談窓口の整備，②借りられなくなった人に対するセーフティネット貸付，③多重債務者発生予防のための金融経済教育の強化，④ヤミ金融の撲滅に向けた取り締まりの強化，を柱として進められている（内閣府，2013a）．多重債務の相談窓口は，すべての都道府県および約95％の市町村（2011年9月時点）で整備されて

いる．多重債務者への相談では，まず，丁寧に事情を聴き債務整理の解決方法の相談を行う．その上で，必要な場合には，低利の貸付（セーフティネット貸付）の活用がなされている．消費者向けには生協等が，事業者に対しては日本政策金融公庫が，セーフティネット貸付を進めることで，多重債務者の支援を行っている（内閣府，2013a）．なお，法的トラブル（多重債務を含む）を抱えているが，経済的な理由のため，弁護士や司法書士の法的援助を受けることが難しい人に対しては，日本司法支援センター（通称：法テラス）が無料で法律相談を行っている．

(5) 自殺未遂者への働きかけ

　自殺未遂歴をもつ人は，最も高い自殺リスクをもつ．したがって，自殺未遂者に対する自殺予防対策はその必要性が高い．横浜市立大学医学部付属病院では，2002年より高度救命救急センターを拠点として，自殺未遂者に，再び自殺を企図しないように働きかけを行っている（河西他，2007）．精神科医，ソーシャルワーカー，臨床心理士，看護師，薬剤師等多職種のチームワークにより行われているケースマネジメントとよばれる取り組みである．未遂直後から，傾聴を基本として未遂者との関係性の構築を行う心理的危機介入および精神医学的評価に基づく精神科治療（心理教育，精神療法，薬物療法等）の導入が行われている．さらに，何が未遂者を自殺に追い込んだのかを個別的に心理社会的に評価した上で，問題解決の糸口となる社会資源のコーディネートを行うソーシャルワークが行われている．未遂者の追跡調査が行われ，再企図率の著しい低下が確認されている（河西他，2007）．

　東京都荒川区では，2010年から医療機関等を通して区が把握した自殺未遂者で相談の同意が得られた人を対象に，保健師が病院や生活保護担当課などの関係機関に出向いて，面接または訪問により，緊急に対応をしている．医療・福祉・就労等にわたり継続的に支援する取り組みを行い，自殺未遂者を地域で支える試みを実施している（氏原他，2013）．

(6) 社会経済的危険因子への対策を中心とする自殺総合対策の先進例

　自殺へのプロセスには，多くの場合いくつかの社会経済的な危険因子がかかわっているので，自殺を減らすためには社会経済的な危険因子への対策が必要である．東京都足立区では，さまざまな生きづらさを抱える人に対する

生きる支援としての総合的な自殺対策が 2009 年頃から推進されている[f].さまざまな関係機関が集い「足立区心といのちの相談支援ネットワーク」が設立され,関係機関に共通する相談紹介票「つなぐ」シートを用いて相談者が自殺に追い込まれないための生きる支援として行われている.

また,相談窓口担当者を主たる対象者として,債務,過労,生活支援,遺族支援,傾聴の仕方,緊急雇用対策等,生きる支援に関連するさまざまな問題についての多分野合同研修が頻回に開催されている.研修でできた自殺対策への共通認識に基づき,当事者に対する支援として,雇用・生活・こころと法律の総合相談会が行われている.相談された個別ケースについて,関係部局による検討会が開かれた上で,個別支援が行われている.

遺族支援施策として,自死遺族分かち合いの会も開催されている.区民への啓発・周知として,図書館での広報や YouTube を使った取り組みの紹介が行われている.

青少年に対する対策として,内閣府のキャンペーンソング「あかり」を歌う音楽バンドワカバを区内の高等学校に招き,音楽を使った心の健康づくりが行われている[g].2011 年には,前年と比較して約 2 割自殺者数を減らしている[f].足立区の取り組みは,都市部における自殺対策の良きモデルとして,評価されている.

(7) インターネットに関連する自殺予防対策

過去において,インターネットを用いた集団自殺や硫化水素を用いた自殺が起こり,社会問題化した.このような事態に対応するため,警察庁では,2006 年 6 月より,インターネット上の違法・有害情報について,サイト管理者等に削除を依頼するインターネット・ホットラインセンターを開設した.同センターは,「硫化水素ガスの製造を誘引する情報」や「自殺の場所や方法等を記載し,集団自殺を呼びかける情報」を受けた時は,サイト管理者等に削除を依頼し,緊急を要する場合には警察に通報している(内閣府,2013a).

(8) 自殺を減らすマスコミ報道のあり方

自殺の報道に反応して,それを模倣した自殺行動が生じることが知られている(高橋,1999).そこで,WHO は,「自殺予防 メディア関係者のため

第5章 自殺の実態と予防——いのちのつながりをはぐくむ

表 5-4 メディア関係者のためのクイック・レファレンス

- 努めて，社会に向けて自殺に関する啓発・教育を行う
- 自殺を，センセーショナルに扱わない．当然の行為のように扱わない．あるいは問題解決法の一つであるかのように扱わない
- 自殺の報道を目立つところに掲載したり，過剰に，そして繰り返し報道しない
- 自殺既遂や未遂に用いられた手段を詳しく伝えない
- 自殺既遂や未遂の生じた場所について，詳しい情報を伝えない
- 見出しのつけかたには慎重を期する
- 写真や映像を用いることにはかなりの慎重を期する
- 著名な人の自殺を伝えるときには特に注意をする
- 自殺で残された人に対して，十分な配慮をする
- どこに支援を求めることができるのかということについて，情報を提供する
- メディア関係者自身も，自殺に関する話題から影響を受けることを知る

(世界保健機関(WHO)「自殺予防 メディア関係者のための手引き2008年改訂版日本語版」訳：河西千秋（横浜市立大学医学部精神医学教室）より)

の手引き」を提示している（表5-4）．

　他方，メディアによる自殺報道が適切になされることにより，自殺者数が減少することも知られている．Etzersdorferら（1992）は，ウィーンの地下鉄における自殺報道に関して，報道ガイドラインを導入しセンセーショナルな報道を減らしたところ，地下鉄による自殺を75％減少させたばかりでなく，ウィーンのすべての自殺を20％減少させたことを報告している．

　マスコミに対しては，自殺を減らすために積極的な行動をとることが期待される．具体的には，自殺報道により，自殺に心が傾きかけた人に大きな影響を及ぼすことがあることを自覚し，自殺の原因を単純化したり，センセーショナルに報道したりすることは避けることが大切である．また，自殺に関する報道をする場合には，どこに相談すれば支援が受けられるかをセットにして報道するようにすることである．マスコミには，自殺について，社会に向けて積極的に予防の普及啓発を進め，自殺者の減少に寄与することが期待されている．

5.5 自死遺族のケア

(1) 自死遺族の置かれている状況

　自殺で家族を失ったとき，遺された人の悲しみやつらさは計りしれない[h]（大塚他，2009）．自死遺族は，死全般に共通する悲嘆に加え，その死が突然であるため，家族の死を否認し（「まさか，自分の家族が．何かの間違い

ではないか……」),すぐには受け入れられないこともしばしばである．また，自殺を防ぐことができなかったことへの自責の念や，みずからの無力感に対する怒り，一人で逝ってしまった故人や助けてくれなかった他者（専門家や関係機関を含む）に対する怒りなどを抱くこともよくみられる．そのような思いを抱きながらも，自殺に対する社会の偏見や無理解から，自分の家族が自殺で亡くなった事実や，みずからの思いを語ることができにくくなっている．そして，死の事実と自分の感情を押し殺すことになりがちである．その結果，社会的に孤立したり，必要な生活上の支援を受けることも困難な状況に追い込まれかねない[h]（大塚他，2009）．

（2）遺族へのケア

そこで必要となるのが自死遺族へのケアである．全国各地で遺族向けの分かち合いの会が開催されている[i]．分かち合いの会は，家族を自殺で亡くしたという同じ体験をした人同士の語り合いの場であり，「大切な人の死」を誰からも批判されず，自分の思いを安心して話せるような場として企画されている．簡単には癒されない苦悩と混乱の中で，「同じ体験をした人の話を聴きたい」「自分の気持ちを話したい」「分かり合える人に出会いたい」との思いから参加される．参加しているうちに，自分は一人ぼっちではないこと，今の自分が，そのままの姿でよいと思えたり，自分自身を客観視するきっかけが得られたり，異なった視点や情報が得られたりする．そして，人が本来もっている，回復力を増すきっかけが得られる場合がある[h]（大塚他，2009）．

遺族の中には，借金，雇用，相続等の生活上の危機に直面している人もいる．また，病気や，家族・親族の不和，子育ての困難等に苦しんでいることもある．したがって，遺族のケアについては，「分かち合い」だけでなく，このような生活上の困難に対する相談体制の整備や情報提供も求められている[h]（大塚他，2009）．

5.6 自殺対策の効果とまとめ

図5-6は，2009年から2012年にかけての都道府県別の自殺死亡率の変化を示している．先駆的に自殺対策に取り組んできた秋田県，青森県，岩手県では自殺率の減少幅が大きいことがわかる．また，程度の差はあるがほとん

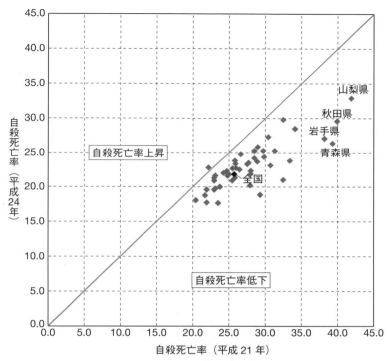

(警察庁「自殺統計」，総務省「人口推計」より内閣府作成)

図 5-6 自殺対策の効果—都道府県別自殺死亡率の変化 (2009-2012 年の比較)

どすべての都道府県で自殺率が低下していることがわかる (内閣府，2013b). どの対策が効果的であるかについての検討も始まっている (澤田他，2013b；清水，2013).

　自殺対策は，生きづらさを抱えた人が生きるための支援である. したがって，本章で取り上げた狭い意味での自殺対策だけでなく，さまざまな社会保障政策なども広い意味での自殺対策といえる. 自殺者を少しでも減らすことができる社会は，生き心地のよい社会といえる. 行政ばかりでなく，企業や民間団体，そして住民一人ひとりが，生き心地のよい社会をつくるための努力が求められていることを指摘して，本章を締めくくることにする.

[反町吉秀]

> **課 題**
>
> 1 自殺を減らすには，心理学的なアプローチだけでは不十分であるのはなぜか．その理由を説明しなさい．
> 2 自殺の心配がある人を救うには，相談しやすい環境をつくる必要があるが，その理由を説明しなさい．

【文　献】

岩手県障害福祉課他（2009）．事例紹介 12 岩手県久慈地域における医療関係者と地域住民が参加する自殺対策．平成 21 年度版自殺対策白書．内閣府．

氏原将奈他（2013）．荒川区における自殺未遂者支援：行政の保健師と救急医療機関等との連携．第 36 回日本自殺予防学会総会抄録集，p.111．

遠藤智子．（2013）．コラム 5　100 万本の重み（よりそいホットラインにおける取組）．内閣府．平成 25 年度版自殺対策白書，pp.104–105．

大塚俊弘他（2009）．自死遺族を支えるために：相談担当者のための指針：自死で残された人に対する支援とケア．平成 20 年度厚生労働科学研究補助金こころの健康科学研究事業自殺未遂者および自殺者遺族等へのケアに関する研究．

岡　檀．（2013）．生き心地の良い町：この自殺率の低さには理由がある．講談社．

河西千秋他（2007）．救命救急センターを拠点とした自殺予防への取り組み．Depression Frontier, 5, 42–47.

桑原　寛他（2009）．自殺に傾いた人を支えるために：相談担当者のための指針．平成 20 年度厚生労働科学研究補助金こころの健康科学研究事業　自殺未遂者および自殺者遺族等へのケアに関する研究．
〈http://www.mhlw.go.jp/bunya/shougaihoken/jisatsu/dl/02.pdf〉

澤田康幸他（2013a）．第 2 章 自殺の社会経済的要因．自殺のない社会へ：経済学・政治学からのエビデンスに基づくアプローチ，pp.43–68．有斐閣．

澤田康幸他（2013b）．第 6 章 自殺対策の運用と成果．自殺のない社会へ：経済学・政治学からのエビデンスに基づくアプローチ，pp.161–200．有斐閣．

自殺実態解析プロジェクトチーム．（2008）．第 1 章 自殺の危機経路．自殺実態白書 2008, pp.9–69．NPO 法人ライフリンク．

自死遺児編集委員会・あしなが育英会（編）．（2002）．自殺って言えなかった．サンマーク出版．

清水康之．（2009）．コラム 7 自殺対策基本法の成立過程．内閣府．平成 19 年版自殺対策白書．

清水康之.（2013）.「誰も自殺に追い込まれることのない社会」をめざして. 特集自殺論. 現代思想, 41(7), 44-55.
世界保健機関.（2014）. 自殺を予防する世界の優先課題. 自殺予防総合対策センター（翻訳・発行）.
反町吉秀.（2013）. 日本における自殺総合対策の経過と現状. 心と社会, 152, 48-54.
反町吉秀・新井山洋子.（2012）. セーフティプロモーションとしての自殺予防. 日本セーフティプロモーション学会誌, 5(1), 1-8.
高橋祥友.（1999）. 青少年のための自殺予防マニュアル. 金剛出版.
内閣府.（2013a）. 第2章 自殺対策の基本的な枠組みと実施状況. 平成25年度版自殺対策白書.
内閣府.（2013b）. 特集自殺統計の分析. 平成25年度版自殺対策白書.
本橋 豊・渡邉直樹.（2005）. 自殺は予防できる. スピカ書房.
Etzersdorter, E., Sonneck, G. & Nagel-Kuess, S.（1992）. Newspaper reports and suicide. *N Engl J Med*, 327, 502–503.

《参考サイト》
a) 内閣府自殺対策ホームページトップ 〈http://www8.cao.go.jp/jisatsutaisaku/〉
b) 自殺予防総合対策センター. 自殺の統計.
   〈http://ikiru.ncnp.go.jp/ikiru-hp/toukei/index.html〉
c) 誰でもゲートキーパー手帳第2版. 内閣府自殺対策ホームページ.
   〈http://www8.cao.go.jp/jisatsutaisaku/kyoukagekkan/pdf/gatekeeper2_oritatami.pdf〉
d) 内閣府. 平成19年版〜平成25年版自殺対策白書.
   〈http://www8.cao.go.jp/jisatsutaisaku/whitepaper/index-w.html〉
e) NPO法人自殺対策支援センターライフリンク. 生きる支援の総合検索サイト いのちと暮らしの相談ナビ. 〈http://lifelink-db.org/〉
f) 足立区. 心の健康・自殺対策.
   〈https://www.city.adachi.tokyo.jp/kokoro/fukushi-kenko/kenko/kokoro.html〉
g) ワカバ. Youtube あかり. 〈http://www8.cao.go.jp/souki/move/01.html〉
h) 全国自死遺族総合支援センター（グリーフサポートリンク. 自死遺族支援とは？）.
   〈http://www.izoku-center.or.jp/supporter/about.html〉
i) NPO法人自殺対策支援センターライフリンク.「自死遺族のつどい」全国マップ.
   〈http://www.lifelink.or.jp/hp/tsudoi.php〉
j) NPO法人全国自死遺族総合支援センター. 自死・自殺のガイドライン：「言い換え」でなく「使い分け」を. 〈http://www.izoku-center.or.jp/guideline201310.pdf〉
※上記の引用・参考サイトは，すべて2014年11月9日に最終アクセス

【注】
[1] 健康増進法に基づき策定された「国民の健康の増進の総合的な推進を図るための基本的な方針（平成15年厚生労働省告示第195号）」.
[2] 病気や災害，自死（自殺）などで親を亡くした子どもたちや，親が重度後遺障害で働けない家庭の子どもたちを物心両面で支える民間非営利団体.
[3] 自死・自殺という表現について：これまで，行為そのものを表現するときは「自殺」という言葉が用いられてきた．一方，遺族に関する表現については，行為が焦点となっているわけではないため，自死遺族，自死遺児という言葉が用いられてきた．ところが，近年，行為の予防についても，自殺ではなく自死を使うべきとの意見が出てきている．しかし，「自死」という表現は，過酷な現実がオブラートに包まれる印象があり，受け入れやすい表現に変えると死に対するハードルが下がりかねない．「「自死」だと「死」の原因を美化しているように聞こえる」，「「自死」では「自殺」という事の重大さが伝わらない」との意見も出されている．そこで，これまでどおり①行為を表現するときは「自殺」を使うこと，②遺族や遺児に関する表現は，「自死」を使う，という「使い分け」を行うことに加え，③多くの自殺は「追い込まれた末の死」としてプロセスで起きていることを理解し，「自殺した」ではなく，「自殺で亡くなった」と表現することを奨めるガイドライン[j]が提唱された．
[4] ゲートキーパーとは，悩んでいる人に気づき，声をかけ，話を聴いて，必要な支援につなげ，見守る人のことである．現在，全国で，自治体の窓口職員や，住民（民生委員・児童委員，さまざまな保健ボランティア，理容師・美容師等）を対象に，ゲートキーパー研修が行われている．ゲートキーパー研修の方法については，内閣府の自殺対策ホームページに詳しい資料がある．
[5] 多くの自殺の背景には，社会的排除がある．東日本大震災の後，さまざまな困難を抱えながら支援にたどり着けずにいる人や，社会的に排除されがちな人（生活困窮者，高齢者，外国人，セクシュアルマイノリティ，DV・性暴力被害者，障がい者，ホームレス，多重債務者，ひとり親世帯など）への多角的な支援事業等を通して，誰もが「居場所」や「出番」を実感できる社会の実現のニーズが顕在化した．このようなニーズにこたえるため，被災地自治体の首長やさまざまな分野の民間団体等が協働して設立されたのが社会的包摂サポートセンターである．そして，その活動の中心が，「よりそいホットライン」である．

第6章

発達のつまずき

6.1 発達のつまずきとは

　まず始めに「発達のつまずき」について定義しておきたい．発達には段階説，螺旋階段説，輻輳説，認知理論などさまざまな視点があるが，いずれも発達過程や段階的な状態像がそれぞれの時期に示されている．そこで「発達のつまずき」とは，発達過程における問題や障害あるいは，不適応症状のように何らかの社会的および対人的問題を呈する状態と定義しておく．

　次に，発達の領域あるいは次元はいくつかあり，たとえば言語領域の問題，認知面の問題など，その障害の程度や質の違いによって，表出する状態は異なってくる．そして，表出する問題のみならず，その根本にある要因あるいは内面の基本的問題なども考慮に入れておかなければならない．むしろこの後者の内的な問題こそが，発達のつまずきそのものともいえる．「つまずき」は一瞬のできごとかもしれないが，瞬間の姿勢の「立て直し」に失敗すれば転んでしまい，大怪我をするかもしれない．人は最初からしっかり歩くことはできない．ヨチヨチ歩きの子どものように，何度も転びながらそしてさまざまな部位を傷つけながら徐々にうまくバランスを保ち，転びそうになっても立て直し，継続的な歩行ができるようになっていく．

　発達初期における対人関係や社会性の発達が，その後の自我形成に大きな影響を及ぼすことは，近年目覚ましく発展した乳幼児精神医学の領域においてもさまざまな研究報告（フォナギー，2011）がなされている．スターン（1989）によれば超早期からの母子交互的交流は，無様式（a modal）の認知に基づいており，形や言語といったコミュニケーション手段としての象徴的形態の発信と読み取りではなく，非言語的な形式である．無様式の認知に

は，色や匂いや模様，暖かさや強さや居心地のよさ，雰囲気など無数の感覚的・情緒的情報が含まれており，この時期の体験が愛着形成の基盤となっているといわれる．

このように母子交互的交流が発達の超早期にもたらす情緒発達の重要性を念頭に置いてその後の発達を概観していくと，交互的関係を阻害する要因が母子間に介在あるいは介入した場合，それがいかなる些細なものであっても，重大な問題を引き起こす要素となり得ることが理解できるだろう．

発達初期は，中枢神経系の急激な発達を基盤に情報伝達の正確さと速さ，そしてネットワークを構築する時期でもある．誕生後，子宮の中では決して得られない愛着行動（ボウルビィ，1991）への応答，情緒的関わり，marked mirroring（フォナギー，2011）によって，人と人とを繋ぐ絆（Bond）（ボウルビィ，1991）の形成が始まり，情緒のつながりを基盤に，やがて有意味の音声刺激に呼応することによって有意味のサインを両者が共有できるようになる．発達初期のこの1年半のできごとは，生理的に早産（ポルトマン，1961）で未熟な状態で生まれるヒト特有のものであり，非常に巧妙かつ緻密なプロセスの上に成り立つ．一方で，この関係は非常に融通性があり多様な形で形成される．たとえば生理的微笑が社会的微笑に発展するためには，養育者が赤ちゃんの微笑に絶えず情緒的に反応し，それにより赤ちゃん自身が顔面筋（表情筋）の緊張がもつ意味を感じ取るミラーリングの体験が必要である．この交流の機会がすべての赤ちゃんに等しくあるわけではないが，定型発達児は社会的微笑を1歳までに獲得するのである．一方，愛着対象を喪失した幼児には社会的微笑は見られないか，見られたとしてもそれは虐待を受けた幼児のように自己の身を守るための媚の微笑であったり，愛着対象喪失の不安（お母さんはどこかに行ってしまうかもしれない）に基づいた歪んだ表出であったりする．

〈発達を阻害する要因〉

ここで，母子の交互的交流を阻害する要因としては，一次的要因と二次的要因が考えられる．もともと認知の障害をもつ一群の幼児がいるとすれば，その特徴を明らかにし，それによって生起するさまざまな関係形成上の問題を理解しておく必要があるだろう．

一次的要因は，上述した発達初期の重要な時期において欠かすことのできない情緒交流を阻害するものであり，こだわりや感覚過敏などがあげられる

だろう．感覚過敏や鈍麻はすべての感覚に起こり得るもので，視覚，聴覚，味覚，触覚，嗅覚などがある．視線を合わせない，抱っこを嫌がる，強い偏食，衣類へのこだわりなど，乳幼児期から青年期そして壮年期にいたるまで，形や対象をさまざまに変えながら見られ，社会生活や教育上支障となることも多々ある．そして，二次的要因としては，劣悪な養育環境やいじめであるが，自閉スペクトラム症（ASD）児はその特徴を理由にいじめや虐待に遭うことも多く，その結果，被害者意識や対人恐怖など，精神病理的な二次障害を引き起こすケースも少なくない．

では，発達のつまずきについて，大まかな障害の分類に基づいてそれぞれの実態と対処法を探っていこう．

現在世界中で最も広く使用されている診断基準は，「国際疾病分類」（ICD–10：世界保健機関）であるが，それと並んで精神医学領域の診断基準としては，日本でも「Diagnostic and Statistical Manual of Mental Disorders（精神疾患の診断と分類の手引き）」（DSM–IV：アメリカ精神医学会）が1994年以来一般的に使用されてきた．ここでは，2013年に改訂されたDSM–5について，大きく変更された発達障害の分類基準について触れておきたい．なぜなら発達とそのつまずきを考えていく際に，障害を鑑別する症状を特定することは非常に重要なことであり，治療と教育あるいは療育の基本となるからである．

次に，知的能力障害，自閉スペクトラム症，学習症，注意欠如・多動症等について，その「つまずき」と配慮点についてDSM–IVとDSM–5を参考に述べていきたい（診断名は日本精神神経学会で作成されたDSM–5症名・用語翻訳ガイドライン（2014）に基づいた）．

6.2 知的能力障害

知的能力障害は，DSM–5では「知的能力障害と知的発達障害：Intellectual Disability（Intellectual Developmental Disability）」とあり，診断基準としては知的障害に伴うコミュニケーションにおける言語理解力や表現力，学力，社会性，集団適応，対人関係などの問題となる．カッコ付きで「知的発達の障害」とあるように，発達の遅れの程度に応じた問題が，年齢に伴い生じてくることが予測される．たとえば，5歳児で発達水準が全領域2歳ぐらいの子どもが，2歳前後の子どもたちと関わり遊びをする場面では，身体

の大きさの違いによる体力差などを除いては，コミュニケーションや遊びのレベル，関係性等には支障なく，単純な模倣ややり取りをしながら並行的に遊ぶことができるだろう．しかし，この子どもが5歳児クラスの環境に適応できるかといえば，5歳レベルの課題は理解できないだろう．一方，可塑性のある粘土や折り紙，描画，音楽など，さまざまな知的レベルの子どもがそれぞれの能力に合わせた参加の仕方が可能な課題であれば，適応可能かもしれない．このように知的能力障害があることによる適応上の問題というのは，状況や環境によって一概には判断できないものであり，配慮や環境調整によって適応可能な範囲は拡大するものである．

　しかし，社会通念に照らし不可能な課題や，状況への適応が困難な状態を障害（disable）と定義し，それを「つまずき」とするならば，最初にしなければならないことは，アセスメントを行う際に個々の発達の遅れの領域を適切に把握し，そのつまずきがいかなる要因で生じているのか，改善の方法はあるのかを知ることであろう．アセスメントツール（検査用具）には知能検査（WISC，WAIS，田中ビネー式，K–ABC）や，幼児を対象とする発達検査（新版K式発達検査），乳幼児精神発達診断法のような評価尺度等があり，クライエントの問題の種類によって適切に組み合わせたり使い分けたりする必要がある．それらの評価結果により，遅れのある領域とその背景や経過を考慮に入れた課題を策定し，今後の指導方針を考えていく．一定期間の指導の後その成果を再評価し，結果を次の指導にフィードバックすることによって，より効率的な改善が期待できるだろう．

　個々の育ってきた環境の違いや，生まれ持った素因，障害の種類等によって，その後の発達の経過はさまざまである．たとえば21番目の染色体の異常（ダウン症候群）により発達の遅れはあるが，親から愛情深く育てられている子どもと，幼児期から繰り返し虐待を受け適切な養育環境を与えられなかった子どもとでは，同レベルの知的水準であっても，予後は異なる可能性がある．特に養育環境は，幼少期においては重要な影響要因となるだろう．障害に伴う知的な遅れがあったとしても，正しくアセスメントを受け，遅れの著しい領域には特に配慮をするとともに，発達プロフィールにそって個々に合わせた最近接領域の課題を用意することで，本人のモチベーションの高揚と達成感の獲得につながるだろう．

　知的能力障害の重度な子どもは，興味や意欲が著しく低く，課題に向かう

ことすら非常に難しいため，指導や教育の成果が得られにくい場合が多い．また脳性麻痺があり難治性のてんかんを合併している場合などは，投薬の副作用などでさらに意識や感覚，覚醒レベルが下がり指導の難しさを感じることが多い．根気よくじっくりと，気長に待つ姿勢で小さな育ちを見逃さずに関わっていくことが重要であろう．重症心身障害児の療育に最初に携わり「福祉の父」といわれている第二びわこ学園の糸賀一雄とともに，その一生を知的障害の子どもたちと過ごした近藤益雄は「のんき，こんき，げんき」という言葉で，重度の障害をもつ人たちの療育に携わる姿勢を表した．重い障害をもつ人たちの発達の速度は一般の人と比べて何倍もの時間と関わりの量が必要である．遅々とした歩みを大切に一歩一歩踏みしめながら，根気よく繰り返し愛情を持って関わっていくことが大切である．そして，子どもも周囲の大人も，明るく元気にいつまでも末長く関わることができることが重要であり，決して近道をしようとして焦ったり急かしたりしないことが原則である．

6.3 自閉スペクトラム症

2013年5月にアメリカ精神医学会より新しい診断基準としてDSM-5が発表された．DSM-IVにおける「広汎性発達障害」は，ここでは神経発達症群（Neurodevelopmental Disorders）の下位分類として「自閉スペクトラム症」（Autism Spectrum Disorder：ASD）とされた．

DSM-5におけるASDの診断基準には「persistent deficits in social communication and social interaction across contexts（社会的コミュニケーションおよび相互交流の欠如）」と「restricted, repetitive patterns of behavior, interests, or activities（限定され繰り返される行動，興味，活動）」と記されている．これらASDの特徴に対しては長期的な展望をもちながら，対人関係の形成や集団適応さらに人格形成をも視野に入れた対応策を検討していく必要がある．

また，ASDの診断基準の下位項目がどのような構造を成しているのかを確認しておくことは，子どもの指導上重要なことである．どのような特性が問題となるのか，どのような状態がnormalといえるのかを知っておかなければ，治療や指導のための見立てをしたり方針を立てたりすることはできない．そして，子どもの療育や教育にあたっては，まずアセスメントを行い子

どもの問題となる特性や発達の状態などから，課題の策定と治療あるいは教育方針を立てていく必要がある．しかしASDの特性については，それが障害特性なのか，あるいはその人の個性としての特性なのかを，慎重に検討する必要がある．

ここでASDの特性について若干あげてみると，会話が噛み合わない，空気が読めない，パターンに固執する，収集癖，などである．こうしたASDの特性そのものが必ずしも悪いわけではなく，その行動が問題となるのは，度が過ぎる，場面にふさわしくない，修正できないなど，周囲との関係性においてがほとんどだろう．文化や慣習，時代によってもその基準は大きく異なり，異常あるいは病理性の判断も非常に流動的である．また，一つひとつの行動を取り上げると異常な状態であっても，他の診断基準を同時に満たさなければ，それはASD以外の原因を考慮しなければならない．つまり興味の偏りや固執傾向の強い人であっても，対人関係には大きな問題がなく社会的に自立している人や，反対に対人関係の問題を抱えていても，こだわりの目立たない人はASDとは診断されないだろう．

6.4　学習症（学習障害）

学習症（学習障害）とはDSM-5では，「Specific Learning Disorder」として診断分類される障害で，いわゆる「読み」「書き」「算数」障害といわれるものである．障害特徴としては，書くことができるのに読めない，努力して言葉を探しながらでないと読めない，反対に，読めるのに書けない，言葉の意味や文脈，文章の深い意味が理解できないなどである．また，算数の計算や数的理解，数的課題解決の困難といった問題をもつ．これらの困難はASDや知的能力障害など，他の障害によるものではなく特異的な学習の障害である．

就学年齢になると，以上のような学習面におけるさまざまな問題が明確になり，学習症と診断されるが，幼児期においては，発達の遅れや発達障害あるいは注意欠如・多動症として扱われるケースも多い．

幼児期に，学習症の可能性をアセスメントできる検査としては，新版K式発達検査があげられるが，そのほかに人物画や樹木画などを組み合わせて見ていくのもいいだろう．できるだけ早期に学習症の特徴を把握するためには，発達のプロフィールにおいて数的処理や図形模写，言葉の理解など，他

の発達と比べて大きく落ち込む部分がないかどうか，他の障害の可能性の有無とあわせて，その後の経過を就学前後にわたり詳細に観察していく必要がある．

　学習症の早期発見は，さまざまな学習上の重要な能力を阻害する要因を少しでも改善し，本人の学習意欲や興味の阻害要因を減少させる意味で非常に重要である．学習症児の発達上の「つまずき」は読み書き算数能力の障害に起因するものであり，学習症をもつこと自体がつまずきではない．つまり，読み書き算数障害という学習を阻害する要因があるために起こる学習の失敗がつまずきであり，その失敗に起因する自尊心の低下やいじめなどによる情緒的な問題が二次障害である．これらは基本的な困難を改善するための学習上の工夫により，克服できる可能性は十分にある．しかし，十分な改善が見込めないタイプもあり，その場合は他の能力で代償するかたちで克服できる可能性もあるだろう．たとえば，キーボードを打つことができれば文字をうまく書けなくても文章を書くことができるし，人の話の内容を聞いて理解できない人は，文字媒体をフルに活用できるIT環境も整ってきているなど，最近のさまざまなコミュニケーションツールを活用することが可能である．それゆえに，学習上の不振による劣等感や意欲の低下，周りからの強制や過剰な介入によりメンタル面の問題など，二次的な「つまずき」を形成してしまわないような配慮が重要である．

　世界的な映画監督やテレビで活躍しているタレントなどにも，自身の幼いころのエピソードから学習症であることを告白している人がいる．ある有名タレントは，台本を読んでも台詞が覚えられないなどの具体的エピソードをあげ，計算困難や読書困難などの学習症について著書の中で言及している．こうした人たちが現在，さまざまな状況を乗り越え社会的な地位を得ていることから，著書や手記などには重要な示唆が含まれていると考えられる（黒柳，1981；2004）．

6.5　注意欠如・多動症

　注意欠如・多動症（Attention-Deficit/Hyperactivity Disorder）は，注意の集中や保持，統制が困難なために，人の話を継続的に聞くことができない，また，他の刺激の介入によって容易に注意が途切れてしまい，ものごとの因果関係や文脈・ルールの理解ができないなどにより，社会性や対人関係の形

成に問題を抱える要因となってしまう障害である．

　幼児期においては落ち着きがなく絶えず動いており，集団適応が困難な状態が続く．年齢とともに落ち着きは出てくるが，不注意が目立ち，忘れ物や失くし物が多い．整理整頓や片づけ，情報の整理が苦手な子どもが多い．そのため，大人からの注意や叱責を絶えず受け，悪い自己イメージが形成され，それがさらに心的な反応となって暴力や反抗などの行動を引き起こすといった悪循環に陥りやすい．大人からの叱責や友だちからのいじめなどによる二次的な障害を形成しないような配慮が必要である．つまり，集中しやすい環境の工夫と，強い叱責を避け，できるだけほめること，悪いことをした時には，その行動には注目せず，一度だけ注意してしつこく叱らないなどの対応が効果的である．何よりも周囲の大人が，子どもの落ち着きのなさや不適応行動はこうした障害によるものという認識をもち，子どもへの理解を示すことで，子ども自身が失敗感や罪悪感をもつことがなくなるような環境作りと調整を行っていくことが重要である．

6.6　おとなの発達障害

　発達障害者の青年期から成人にいたる様態は実にさまざまであり，幼児期，学童期とは異なる問題を呈するケースも多々認められる．基本的な障害特徴は社会性の障害やこだわり，固執傾向等であるが，上述したようにその後の集団生活やさまざまな対人関係において，成長を遂げる部分と二次的な障害が形成される場合がある．ASD児は幼児期において，いじめやトラブルに巻き込まれるなどにより，トラウマや被害念慮を抱くなど対人関係の回避や恐怖感をもつ者も少なくない．2005年に発達障害者支援法が施行されるまでの長い間，集団の中で「気になる子」としてさまざまな問題を呈するが，特別な配慮もされず放置されたり，「親の養育の問題」として養育方法に重点をおいた指導をされたりしてきた．そして，適切な配慮がなされないままに，集団不適応から生じるさまざまな対人的問題や学習成果の問題を抱える結果になり，その後さまざまな精神病理や社会適応上の問題を抱えることになるケースが，現代における成人期ASDの問題として浮かび上がってきているのが現状である．

　不登校の多くがその根底に発達障害をもつといわれる．上にも述べたように8〜9割のASD児がいじめに遭っており，対人的な不信や不安，恐怖感

をもち，回避感情をもつようになる（杉山，2011）．

　就職をしても適応できずに，職を転々とするケースも多い．トラブルを繰り返し，やがて鬱や躁状態などさまざまな精神症状を呈する者もあり，心理相談や精神科受診を必要とする者も少なくない．

　しかし，中には非常に優れた業績を残す科学者や芸術家，あるいは芸能界で活躍する者もいる．個々の優れた才能を十分に発揮し，社会的・学術的・芸術的な成果を残すことができた人たちもいる．優れた成果で社会に貢献できた人たちは，適切な養育環境と，療育や教育環境に恵まれた人たちであろう．あるいは，さまざまな困難を乗り越えることができるような支援を得られた人たちかもしれない．

　近年では，障害特性が対人関係や社会適応上の阻害要因にならないような配慮と，優れた能力を何らかの成果につなげていくための適材適所の人員配置によって，特定の専門領域で能力を発揮できるようなさまざまな工夫がなされるようになってきている．就職後しばらくジョブコーチが雇用先での適応を支援するといった制度も徐々に普及してきている．

　40代になって初めて自分が発達障害であることがわかったという相談も最近しばしば見られるようになってきた．「頑固で自己の意思を曲げない，子どもにはほとんど興味がなく仕事から帰ってくると部屋に閉じこもりパソコンゲームをしている」といった夫の様子に疑問をもち相談に行き，夫が発達障害であることがわかったケースなどもあり，能力的に高いケースでは社会的な不適応問題が起きなければ長年障害がわからない場合もある．しかし一方で，発達障害をもちながら家族を養ってきたという事実は非常に重要なことである．障害特性を改善していく努力も大切であるが，よりよく生きて行くために，周りの理解を得ながらそれらをそのまま受け止めていく姿勢も必要であろう．

6.7 あいまいな診断基準

　発達心理学領域の障害や精神病理に関する診断は，アメリカ精神医学会が発行しているDSM-5（2013～）と世界保健機関（WHO）のICD-10がその診断基準として広く利用されている．DSM-IIIで「広汎性発達障害」という概念が初めて使われた1980年以降，その診断基準は数年ごとに改訂が加えられ，時代の変遷に伴う文化的背景の変化に対応するように版が重ねら

れてきた.

　この中で，発達障害の診断基準は改訂ごとに大きな変更が加えられ，その概念のあいまいさがうかがえる．このことからASDの特徴については，それが障害特性なのか個性としての特性なのかについて，慎重な検討を要するところである．

　DSM-IVにおいては，大分類として「広汎性発達障害（PDD）」があり，下位分類の診断名として，小児自閉症やアスペルガー障害，レット障害，小児期崩壊性障害，特定不能群，非定型自閉症が含まれていたが，DSM-5ではこれらの診断分類が包括的に「自閉スペクトラム症（ASD）」（レット障害は除外）となり，「発達の遅れによるものでない」ことを前提に，「社会的コミュニケーションおよび相互交流の欠如」と「限定され繰り返される行動，興味，活動」といった二つの特性により診断されることになっている．

　スペクトラムとはガラスのプリズムを通った光がそれぞれの境界を持たずに7つの色に連続的に変わっていく状態をいう．自閉症の診断もクリアーカットポイントがある訳ではなく，その特徴が連続的な状態を示すという意味でスペクトラムといわれる．つまりASDという障害単位そのものが境界線のないあいまいなものであることがわかる．

　さて，ここで一つ疑問が浮かび上がる．病理的な次元での病態の軽症化は，健康な人の特性の程度の強い状態と同一のものなのだろうか．特性がスペクトラムとするならば「abnormalな程度」が高いのが病理的状態なのだろうが，abnormalな程度を見極めることは，高度な専門的判断を要すると考えられる．

　次に，それぞれの分布の端に位置する人たちは，その特徴的行動を以てASDと診断されるわけであるが，それはまた，文化的背景や価値観，慣習によっても評価が分かれるだろう．ある国では一般的なことが他の国では非常に珍しい行動と評価されることもある．線路を固定する釘一本にまで強い関心をもつ鉄道マニアも趣味なのかこだわりなのか，その区別は難しい．また，発達の時期に関しても，ICD-10では「発達年齢に見合った」という定義が設けられているが，発達年齢にふさわしい関わりがいかなるものかを判断するのは非常に難しいだろう．

　つまり，さまざまな特徴的行動はその傾向の強さや頻度において山型の分布を成し，一方では病理的なものから，他方では単なる性格傾向まであると

いうことになる．たとえばこだわり行動をとってみると，虫や石に非常に強い興味をもつ少年がやがてその分野の学者になったという話はよく聞くエピソードである．一方，マンホールのふたを踏む，看板の前で一部を読み上げる，決まった位置に寸分のズレもなく脱いだ靴を置くなど，儀式的行為を繰り返し，その行為をしなければ，そこを通過できないというある子どもの場合，そのこだわり行動の強度は連続的な分布をなしているのだろうか．マンホールのふたを踏む行為が5回であれ50回であれ，その質的な問題に変わりはない．対象を特定しない「こだわりの強さ」一般で見ると，その強度は連続的な分布を示すのかもしれないが，対象を特定すれば必ずしもそうではなく，そのこだわりは質的に病理性を示すものがあるのではないだろうか．

スペクトラムの両極に位置する状態を DSM-5 では，abnormal（social approach），excessive（resistance to change），abnormal（in intensity or focus），unusual（interest in sensory aspects of environment）といった表現で記している．abnormal, excessive, unusual が示す内容は，統計学的な正規分布の両極の状態を表現するものであり，質的な異常あるいは病理的な状態を表すものではないと考えられる．なぜなら DSM-5 は，診断と同時に研究のための統計上の分類手引きとして作られているため，行動特性も程度を表す表現がとられ，障害の状態も同一次元上の程度で表されていると考えられるからだ．

6.8 なぜ発達障害は急増したのか

岡田（2012）もその著書の中で述べているように，かつて発達障害が親の養育態度や養育環境によって形成されるといわれ，60年代頃まで親が指導の対象になっていた時代があった．中には罪悪感をもち育児に自信を得られず，鬱状態になって親子心中を図る親さえもいた．しかし，その後，発達障害が脳機能障害であるといったラターらの研究によって，心の重荷を下ろした親がどれほど多くいただろう．一方，「反応性愛着障害」が1980年にDSM-III で初めて診断分類として記され，その後，杉山らの研究報告からも幼児期の反応性愛着障害の状態と発達障害の状態が酷似しており，両者の判別がつきにくいということが学会などで論議されるようになった（杉山，2007）．また，友田らは虐待を受けた子どもの脳に起こる異変を MRI によって実証的に提示している（友田，2012）．つまり，幼児期における愛着形

成に大きなダメージを受けた幼児は脳に不可逆的な変性が生じ，それにより発達障害と同じような症状を呈する可能性が示唆されたわけである．このような研究からも脳の機能障害が発生上の問題によってのみ起こるといった考え方が揺らいできているのが現状である．

1980年以前は，診断名が「自閉症」に限定されていたため，症例が今ほど多くなかったのは当然である．ところがDSM–IIIで「広汎性発達障害」という概念が登場して以来，症例数は激増した．これは，すでにいた人たちがその行動特性から診断分類されたことによる増加である．その後，「アスペルガー障害」の概念が一般化したことも，この増加に拍車をかけた一因だと考えられる．このようにしていわゆる「発達障害」の子どもたちはその後も年々増加している（坂爪，2012）．

その他，子どもの鬱病や双極性障害，摂食障害なども90年代前後から急激な増加の一途をたどるなど，精神科領域の病理は，近年の社会的背景の急激な変化とともに急増してきている．また，養育環境の劣悪化によって，反応性愛着障害や被虐待などの子どもの問題が増加していることも報告されている．虐待とまではいかなくても，長時間のゲームやDVD，携帯端末の使用，親の応答性の悪さや家族間の交流の希薄化，子どもたちの現実体験の激減なども養育環境の悪化といえる．自然との触れ合いがなくなり，ゲームに耽る子どもたちの心には，現実から乖離した感覚や認知が形成されていくことは間違いないだろう．

ASDの原因ははっきりと特定されていないが，遺伝要因と環境要因が複合的に関与しているといわれる．多くの人たちがASDの診断基準にあるような，こだわりや感覚過敏，孤立感，コミュニケーション能力の低さを多少なりとも保持して生まれてくるとするならば，その後の情緒を育む社会文化的な環境の劣悪化によって「発達障害」が増えることも十分納得のできる推察であろう．

6.9 安易な診断や治療への警鐘

医療的診断は治療のために行うものであり，治療につながらない診断はほぼあり得ない．患者の抱える病理が何に起因するのか，症状からその原因を探り病因を推定して科学的検証を行い，特定できた結果により診断を行う．このようにして下された診断名には本来治療法が情報として蓄積されていな

ければならない．疾病によっては治療法がまだ確立されていないものも多くあるが，その時点でできる最善の処方はなされる．しかし，臨床心理や精神科領域では内科や外科のような標準治療はなく，試行錯誤的な投薬や治療がなされている．ASD の治療や訓練もかつては TEACCH プログラムや ABA（応用行動分析）が普及し，最近は SST（Social Skills Training）やペアレント・トレーニングが使われている．しかし効果はまちまちであり，万人に合う技法は開発されていないのが現状だ．

　治療に結びつかない診断名に固執するよりも，さまざまな症状がいかなる要因で起こってきたのか，その症状によってどのような支障が生じているのかなどについて，長いスパンで見ていく必要がある．そして，その症状が自己や他者に不利益をもたらしたり，発達の阻害要因になっていたりすれば，それを取り除く，または改善する方法を考えなければならないだろう．早期に安易な診断名をつけて，特異な行動や症状をすべて「発達障害」のせいにして子どもの個性や優れた能力さえもスポイルしてしまうようなことは絶対に避けなければならない．

6.10 発達のつまずきへの対応

　すでに述べたが，障害そのものはつまずきではない．ここで再度つまずきとは何かについて振り返ってみると，障害によって二次的に起こる困難を，不適切な対応や環境あるいは怠慢やあきらめによって上手く解決したり乗り越えたりすることができない状況の中で，結果として生起する問題を「つまずき」というのではないだろうか．

　そして，つまずきを乗り越えるためには，障害そのものに関してさまざまな改善策を工夫したり，代替方法を探り適用したり，さまざまな情報を収集したりすることも一助になるだろう．保健所や保健センター，発達障害者支援センターなどの専門機関に必要な支援を求めることも重要な助けとなる．専門医療機関での治療・訓練（感覚統合などの作業療法，言語訓練，プレイセラピーなどの心理療法等）や児童発達支援センターでの集団療育など，地域のさまざまなサービスやつながりを大切にし，近隣の人たちと積極的に交流していくことは，長い年月をそこで気持ちよく暮らし，互いに育ち合う環境を作ることにつながる．家族やきょうだいのみでなく，周囲の人たちが協力し合って，発達障害のある子どもを守っていく視点が大切である．

また，発達障害のある子どもが地域で安定した生活を送るためには，家庭と学校，学校と専門機関との連携も欠かすことができない．学校は，勉学と同時に社会的な体験を通して対人関係を結ぶ基礎を身につける場でもある．多くの発達障害児が教師から厳しく叱責されたり，友だちからいじめを受けたりする体験をもち，いじめが原因の不登校も年々増えている．すでに小学校から学級崩壊が起こっている学校もあり，発達障害児のみならず子どもたちが安心して学校生活を送れるよう，教師のクラス運営能力も非常に重要となる．このような教育現場における多くの問題についても，今後検討がなされなければならない．　　　　　　　　　　　　　　　　　　　　　［廣利吉治］

課題

1. 発達の「障害」と「つまずき」の違いについて述べなさい．
2. 精神医学領域における診断基準 DSM が 2013 年に改訂されたが，特に，発達障害児の診断基準が大きく変わった．DSM–IV の「広汎性発達障害」が DSM–5 でどのように改訂されたのか，その内容を正確に記述しなさい．
3. 「診断」について，その目的と意義について述べなさい．

【文献】

糸賀一雄．(1972)．愛と共感の教育．柏樹新書．
岡田尊司．(2012)．愛着崩壊．角川選書．
黒柳徹子．(1981)．窓ぎわのトットちゃん．講談社文庫．
黒柳徹子．(2004)．小さいときから考えてきたこと．新潮社．
近藤原理他（編）．(1975) 近藤益雄著作集 5 のんき・こんき・げんき．明治図書．
坂爪一幸．(2012)．発達障害の増加と懸念される原因についての一考察：診断，社会受容，あるいは胎児環境の変化？　早稲田教育評論，26(1)，21-32．
杉山登志郎．2007．子ども虐待という第四の発達障害（学研のヒューマンケアブックス）．学習研究社．
杉山登志郎．(2011)．そだちの凹凸（発達障害）とそだちの不全（子ども虐待）．日本小児看護学会誌，20(3)，日本小児看護学会．
スターン，ダニエル．(1989)．乳児の対人世界理論編（小此木啓吾・丸田俊彦，監訳）．岩

崎学術出版社.
友田明美. (2012). 新版 いやされない傷：児童虐待と傷ついていく脳. 診断と治療社.
廣利吉治. (2009). 広汎性発達障害児のアセスメントと自我形成-テストバッテリーの構成と検査結果の臨床的応用. 東海心理臨床研究（東海学院大学大学院付属心理臨床センター紀要）4, 43-51.
フォナギー, P.・アレン, J. G. (2011). メンタライゼーション・ハンドブック：MBTの基礎と臨床（狩野力八郎, 監修, 池田暁史, 訳）. 岩崎学術出版社.
ベイトマン, A.・フォナギー, P. (2008). メンタライゼーションと境界パーソナリティ障害：MBTが拓く精神分析的精神療法の新たな展開（狩野力八郎・白波瀬丈一郎, 監訳）. 岩崎学術出版社.
ボウルビィ, J. (1991). 母子関係の理論. 岩崎学術出版社.
ポルトマン, A. (1961). 人間はどこまで動物か：新しい人間像のために（高木正孝, 訳）. 岩波書店.
DSM-5病名・用語翻訳ガイドライン. (2014) 精神神経学雑誌, 116(6). 429-457.
Lorna Wing. (1981). Asperger's syndrome：a clinical account. *Psychological Medicine*, 11(1), 115-129.

第7章

虐待・トラウマと発達

　虐待やネグレクトなどの不適切な養育が子どもに与える心理・精神的影響をとらえる際には，トラウマ概念が用いられることが一般的である．たしかに，不適切な養育が，子どもにとってトラウマ性の体験となることはまず間違いないといえよう．しかし，今日の精神科の診断体系において，虐待やネグレクトなどの反復的，継続的なトラウマ性体験が子どもに与える影響を適切にとらえることができる診断概念は不在であるように思われる．

　米国精神医学会のDSMやWHOのICDなどの国際的な診断体系において，トラウマに関連する障害として公式に採用されている唯一の診断は，その前駆症状であると考えられるASD（急性ストレス障害）を除けば，PTSD（外傷後ストレス障害）のみである．

　PTSDは，DSM-IIIに初めて採用されて以来，さまざまな問題点が指摘されてきている．こうした問題点の一つは，トラウマ性の出来事を体験した年齢（発達段階）に関するものであり，今一つが，その体験の質に関するものである．

　PTSDの診断基準は，主として，1970年代のアメリカの最大のトラウマ性体験であったヴェトナム戦争を経験した帰還兵の反応・症状に準拠して作成されたため，発達の途上にある幼い子どものトラウマ性の症状は適切に把握されない可能性が高い．また，基本的には時間限局性という性質を有する戦争体験と，慢性的・反復的な性質を備えた幼少期の虐待やネグレクトとでは，その影響が異なる可能性がある．

　2013年5月に刊行されたDSM-5（APA, 2013a）では，「幼児期の子どものPTSD」（Posttraumatic Stress Disorder for Children 6 Years and Younger）[1] が採用されたが，これは，上記の問題点の一つの解決，すなわ

ち発達途上の子どもへのトラウマ性の体験の影響の把握をめざしたものであるといえよう．また，DSM-5 では，この PTSD とその前駆症状である ASD に，反応性アタッチメント障害（reactive attachment disorder），脱抑制的社会関係障害（disinhibited social engagement disorder），および適応障害を加えた 5 つの疾患からなる「トラウマおよびストレッサー関連障害」（Trauma- and Stressor-Related Disorders）という新たなチャプターが設けられた．反応性アタッチメント障害と脱抑制的社会関係障害では，子どもの成育歴におけるネグレクト等の環境因との関連が重要な意味をもつとされており，トラウマに関連した障害とアタッチメントに関連した障害が同一のチャプターに含まれたことは，虐待やネグレクトなどの不適切な養育が子どもに与える影響をより包括的にとらえようとの試みの表れであると考えられ，一定の評価ができよう．

そこで本章では，まず，幼児期の子どもの PTSD，反応性アタッチメント障害，および脱抑制的社会関係障害という新たな，あるいは改訂された診断基準が，虐待やネグレクトなど不適切な養育にさらされた子どもの精神症状をどの程度適切にとらえうるかを検討する．

その上で，本章では，虐待やネグレクトなどの慢性的なトラウマ性の体験が子どもの発達に与える影響を検討する．最近，アスペルガー障害などの高機能広汎性発達障害（上記の DSM-5 では，「自閉症スペクトラム障害」［autistic spectrum disorder］という新たな診断分類が採用されている）などの発達障害や ADHD などの診断を受ける子どもが増加しており，こうした子どもたちの中には，不適切な養育にさらされているものが少なくないとの臨床的印象がある．しかし，こうした発達障害と不適切な養育の関連についてはほとんど検討されてきていないため，本章において若干の検討を試みるしだいである．

7.1 幼児期の子どもの PTSD

先述のとおり，DSM-5 では，幼児期の子どもの PTSD という新たな診断分類が採用された（表 7-1）．

診断基準 B の侵入性症状として，従来は「トラウマ性の出来事のテーマあるいはある側面を表現する反復的な遊び」という記述であったものが，トラウマ性体験の「遊びによる再現」（play reenactment）として概念化され

表 7-1　幼児期の子どもの外傷後ストレス障害

A. 6歳以下の子どもが，以下に示した様態の一つ（あるいはそれ以上）で，実際の死もしくはその脅威，深刻な受傷，性的暴力にさらされた．
   1. トラウマ性の出来事を直接体験した．
   2. 他者，とりわけ子どもの養育者が，その出来事を体験しているのを個人的に目撃した．
      注：電子的なメディア，テレビ，映画あるいは写真のみの場合には，「目撃」には含まれない．
   3. 親や養育者の身に，トラウマ性の出来事が起こったことを知った．
B. その出来事の後にはじまった，トラウマ性の出来事に関連した侵入性症状があり，それが以下のうちの一つ（あるいはそれ以上）に該当する．
   1. トラウマ性の出来事に関連した，反復的，非意図的で，侵入性の，苦痛をもたらす記憶．
      注：自発的で侵入的な記憶は，必ずしも苦痛をもたらしているようには見えないことがある．また，それが遊びにおける再現という形をとる場合がある．
   2. トラウマ性の出来事に関連した内容あるいは感情を含む反復的で苦痛をもたらす夢．
      注：恐怖を与える内容とトラウマ性の出来事の関連性が確認できない場合もある．
   3. トラウマ性の出来事が，あたかも現時点で再現されているかのように子どもが感じたり，あるいはそのように振る舞ったりする解離性の反応（例えば，フラッシュバック．こうした反応にはその程度に強弱があり，もっとも激しい場合には，現在の環境に対する意識がまったく失われてしまう）．こうしたトラウマに特定された再現が遊びの中で生じる場合もある．
   4. トラウマになった出来事のある側面を象徴するような，あるいはそれに類似した内的・外的なきっかけに触れることによって生じる，強烈な，あるいは長期におよぶ心理的苦痛．
   5. トラウマとなった出来事の想起につながる刺激への顕著な生理的反応．
C. トラウマ性の出来事の後にはじまった，あるいは悪化した，トラウマ性の出来事に関連した刺激の持続的な回避と，トラウマ性の出来事に関連した認知および気分の否定的な変化とを示す，以下の症状のうちの一つ（あるいはそれ以上）が存在すること．
   〈刺激の持続的な回避〉
   1. トラウマとなった出来事の想起につながるような活動，場所，もしくは物理的な刺激（リマインダー）の回避，あるいは回避の努力．
   2. トラウマとなった出来事の想起につながるような人，会話，もしくは対人関係状況の回避，あるいは回避の努力．
   〈認知の否定的変化〉
   3. 否定的な情緒状態（例えば，恐怖，罪悪感，悲しみ，恥の感覚，情緒的混乱）になる頻度の明らかな増加．
   4. 遊びの抑制を含む，重要な活動への関心や参加の明らかな減少．
   5. 社会的なひきこもり行動．
   6. 肯定的な感情の表現の持続的な減少．
D. 出来事の後にはじまったり悪化した，トラウマとなった出来事に関連した覚醒および反応性の変化で，以下の二つ（あるいはそれ以上）に該当する．

1. 典型的には人や物に向かって表出される（挑発などがほとんど，もしくは全くない）怒りにもとづく行動や怒りの爆発（極端なかんしゃく行動を含む）．
  2. 過剰な警戒．
  3. 過剰な驚愕反応．
  4. 注意集中の困難．
  5. 睡眠障害（例えば，入眠困難，途中覚醒，浅眠）．
E. 障害の期間が一ヵ月以上であること．
F. 障害が，親，きょうだい，友人，その他の養育者との対人関係，および学校における行動に，臨床的に問題となる程度の苦痛もしくは妨げを生じていること．
G. 障害が，物質（例えば，薬物やアルコール）の生理的影響や，その他の身体医学的な状態によるものではない．
〈該当する場合は特定すること〉
解離性症状をともなう場合
  1. 離人症状
  2. 現実感の喪失
〈該当する場合は特定すること〉
遅延性発症

注：解離性症状との合併および遅延性発症の記述は省略した．

ている．また，フラッシュバック症状が解離性の反応（dissociative reaction）として位置づけられ，さらに，解離性症状との合併が下位分類に含まれており，これまで不明瞭であった PTSD と解離性症状との関係について，一定のつながりを認めた形となっているといえよう．

　従来は回避・麻痺性の症状を合わせた診断基準 C が，新たな診断基準では回避性症状と，否定的な認知および情緒状態を中心とした症状に分類され整理されている．

　過覚醒症状である診断基準 D では，「怒りにもとづく行動」「怒りの爆発」「極端なかんしゃく行動」と，従来よりも詳細に記述がなされている．怒りの爆発や極端なかんしゃく行動は，虐待やネグレクトなどを経験した子どもに多くみられる行動特徴であり，その意味で，本診断分類は，従来の PTSD について指摘されている問題点の一部の解決する可能性があるといえる．しかし，DSM-5 の草稿の時点では過覚醒症状に含まれていた「危険を顧みない行為および自己破壊的行動」が最終的には削除されることになった（草稿段階では，「現時点でこれらの項目を含めることに関してコンセンサスは得られていない．これらを含めるか，あるいは除外するかにかかわるデータを収集している」との注記が添えられていた）．筆者は，こうした行動は不適切な養育を受けた子どもの典型的な臨床像であると考えているが，それが，

子どもにかかわる臨床家や研究者の間でも「コンセンサス」を得られなかったということになる．

7.2 アタッチメント（愛着）に関連した障害

(1) 反応性アタッチメント障害

前項で見てきたように，幼児期の子どものPTSDという新たな診断分類は，トラウマ性の出来事が子どもに与える精神的影響をとらえることを目的として新設されたが，虐待やネグレクトを経験した子どもの状態をとらえるものとしては不十分であるとの印象を拭い得ない．こうした問題を少しでも解消する可能性があるのが，PTSDとともに新たなチャプターである『トラウマおよびストレッサー関連障害』に含まれることになった『反応性アタッチメント障害』と『脱抑制的社会関係障害』である．

従来は，反応性愛着障害の二つの下位分類であった抑制型と脱抑制型が，DSM-5では上述のように反応性アタッチメント障害と脱抑制的社会関係障害という，二つの異なった障害として分類されることになった．これら二つの障害の病因は同一であり，それは「社会的ネグレクト」（social neglect）であるとされている．筆者の知る限り，社会的ネグレクトは初出の概念である．DSM-5では，この社会的ネグレクトが子ども期における適切な養育の欠如であると説明されており，ネグレクトを中心とした不適切な養育という環境因とアタッチメントの問題の関連性がより強調された形になっている．また，後述するように，施設における集団養育なども，この適切な養育の欠如に含まれることになった．

DSM-5の反応性アタッチメント障害の診断基準Aは，「成人の養育者に対して一貫して示される，抑制的で，情緒的に引きこもった行動のパターン」であり，それは「子どもが，苦痛を覚えた際に慰めをほとんど，もしくは最低限しか求めない」や「子どもが，苦痛を覚えた際の慰めに対して，ほとんど反応しない，もしくは最低限の反応しか示さない」ということで明らかになるとされている．また，診断基準Bは，「他者に対する社会的，情緒的反応性が最低限しか見られない」「肯定的な感情の表現が抑制されている」「成人の養育者との，脅威を与えるようなものではないやり取りにおいてでさえ，説明がつかない怒り，悲しみ，あるいは恐怖を露にするというエピソードがある」といった特徴をもつ「持続性の社会的，情緒的混乱」となっている．

これらの症状は，DSM-IV の反応性愛着障害の抑制型をほぼ踏襲したものとなっているものの，「説明のつかない怒り，悲しみ，恐怖を露にするというエピソード」は DSM-5 において新たに追加されたもので，アタッチメントの障害が感情や情緒，特に否定的な感情・情緒の調節の問題と関連しているとの認識を反映したものであるといえよう．

　また，今回の改訂では，診断基準 C に若干の修正が行われている．DSM-IV の診断基準 C では，診断基準 A および B の原因であると考えられる「病的な養育」(pathogenic care) の存在をあげ，その内容として，子どもの①基本的な情緒的欲求（心地よさ，刺激，愛情）に対する継続的な無視，②基本的な身体的欲求に対する継続的な無視，③主たる養育者の交代の繰り返しの 3 つが示されていた．それに対して DSM-5 では，「子どもが極端なパターンの不十分な養育を経験している」とされ，その具体的な内容として，先述したように「社会的ネグレクトもしくは剥奪」という概念が登場している．そして，この社会的ネグレクトの内容としては，「成人の養育者による基本的な情緒的欲求の満足の継続的な欠如」と記述されている．つまり，DSM-IV に記載されていた「基本的な身体的欲求」の問題は省かれ，「情緒的な欲求満足の欠如」の重要性が強調された形となっているわけである．これは，子どもの精神的な問題の発生機序における情緒的欲求の未充足の問題の重要性を指摘したものであり，情緒的ネグレクトや心理的虐待と本障害の関連性を強調した形となっているといえよう．また，診断基準 C に「選択的なアタッチメントの形成の機会を著しく制限するような通常ではない環境における養育」が追加され，その例として，「養育者である成人の人数に対する子どもの人数の比率が高い施設」があげられている．つまり，DSM-IV に例示されていた「里親家庭の頻回の変更」に加え，わが国の児童養護施設などにおけるような集団養育自体が，反応性アタッチメント障害の原因となりうると明記されたことになる．

　今回の改訂における最も重要な点の一つが鑑別診断に関する記述にあると，筆者は考えている．DSM-IV では，鑑別診断が必要な障害として，まず知的発達遅滞があげられ，次いで，自閉性障害とその他の広汎性発達障害とされていたが，DSM-5 ではこの順序が逆転し，自閉症スペクトラム障害が最初の示されている．これは，反応性アタッチメント障害と自閉症スペクトラム障害の症状が混同されやすいことへの認識が高まった結果であると推

測される．また，その鑑別について，「この2つの障害は，ネグレクトという特異的な成育歴の存在，および，制限された関心もしくは儀式的行為や，社会的コミュニケーションの特異的な不足と，選択的なアタッチメントの存在に基づいて鑑別することが可能である」としている．鑑別診断における成育歴上のネグレクトへの言及はDSM-IVではなされておらず，また，鑑別項目の第一位にあげられていることから，ネグレクトという環境因の重要性への認識が高まったとみることができる．多少厳格な言い方をすれば，子どもの成育歴にネグレクトの既往がないことが確認されない限り，自閉症スペクトラム障害の診断は保留にすべきであるということになろう．

(2) 脱抑制的社会関係障害

先述のように，DSM-5では，従来の反応性愛着障害の脱抑制型が，アタッチメント障害とは異なる脱抑制的社会関係障害という独立した診断分類となった．本障害の診断基準Aは「子どもが，見知らぬ成人に対して，積極的に接近し相互関係をもつという行動パターン」とされており，その具体的な内容としては，「見知らぬ成人に対して接近しかかわる際に遠慮がまったくない，もしくは少ないこと」「言語的もしくは身体的に過剰に馴れ馴れしいこと」「見慣れない場所であっても，『冒険』にでかけた後に，養育者の元に帰ってきて確認することが少ない，もしくはまったくないこと」「見知らぬ成人と出かけることにほとんど，もしくはまったく躊躇がないこと」という4項目があげられており，「無差別的な社交性によって示される拡散したアタッチメント」とされていたDSM-IVに比べてより詳細かつ具体的な記述になっている．そして，診断基準Cは，反応性アタッチメント障害とまったく同様，子どもが極端に不十分な養育を経験していることがあげられている．

今回の改訂で本障害が反応性アタッチメント障害から分離された理由として，「反応性アタッチメント障害が『内在化された障害』(internalizing disorders)により類似しており，本質的に，養育者である成人に対する選択的なアタッチメントが欠如している，もしくは不十分にしか形成されていない状態である」のに対して，「脱抑制的社会関係障害はADHDにより類似しており，必ずしもアタッチメントが欠如しておらず，安定型のアタッチメントが形成されている子どもにも生じる可能性がある」と説明されている

(APA, 2013b). 安定型のアタッチメントが形成されている子どもに，実際に本障害のような状態が認められる場合があるのかについては，今後，臨床的な観察や調査によって詳細に検討する必要があると思われるが，ここではADHDとの類似性の指摘に注目したい．DSM-5の診断基準Bにも，診断基準Aに掲げた行動（見知らぬ成人への過剰な馴れ馴れしさなど）が，ADHDの場合に見られるような衝動性に限られたものではないことについて言及されている．その背景には，脱抑制的社会関係障害とADHDとの鑑別が重要であり，かつ困難であるとの認識があると推測される．そして，こうした，ADHDと類似した状態が，社会的ネグレクトや剥奪といった環境因によって生じることが示された点は，臨床的に重要な意味をもつといえよう．反応性アタッチメント障害と自閉症スペクトラム障害との鑑別と同様，子どもの成育歴におけるネグレクトの存在が除外されない限り，ADHDの診断は保留すべきではないだろうか．

　以上，見てきたように，今回のDSM-5においては，社会的ネグレクトや剥奪が原因となって生じる反応性アタッチメント障害と脱抑制的社会関係障害という二つの障害が分類された．先述したように，後者がアタッチメントと必ずしも関係がないという指摘については，今後の検討が必要であろう．また，反応性アタッチメント障害と感情・情緒の調節の問題との関連が示されたが，この点は，アタッチメントに関連した障害とトラウマに関連した障害の関係を考える上で重要な意味をもつ．というのは，虐待やネグレクトなどの慢性的トラウマ体験に起因するものとして，後述するように，NCTSN（全米子どものトラウマティックストレス・ネットワーク）が提唱している診断概念である『発達トラウマ障害』（原書：Developmental Trauma Disorder, van der Kolk et al., 2009）が，感情調整障害を含むさまざまな調節障害をその中心的な特徴としているためである．今後は，こうした診断概念を手がかりにすることで，トラウマ関連障害とアタッチメント関連障害の統合が可能となるかもしれない．また，反応性アタッチメント障害と脱抑制的社会関係障害，および自閉スペクトラム障害とADHDとの鑑別の重要性と困難さ，さらには，鑑別の際の子どもの成育歴におけるネグレクトの既往の有無の重要性が明示されたことには，大きな意味があるといえよう．

7.3 不適切な養育が子どもの発達に及ぼす影響

現在のPTSDという診断分類は，虐待などのトラウマ性の体験が子どもに与える影響をとらえきれない可能性があり，それに対して，幼児期の子どものPTSDという新たな診断分類が提示されたことは前述のとおりである．しかし，この新たな診断分類でも，不適切な養育がもたらす心理・精神的影響を包括できるとはいいがたいように思われる．こうした問題の中心には，不適切な養育という慢性的，反復的なトラウマ性体験が，子どもの発達に影響を与えるという視点の欠落がある．

発達への影響という視点をもつためは，発達精神病理学（Developmental Psychopathology）がその理論的枠組みを提供してくれる可能性がある．発達精神病理学は，対人関係で生じる暴力などのトラウマ性体験や，その子どもを保護すべき養育システムの破綻（たとえば，ネグレクト）が，子どもの感情調節，注意，認知，知覚，および対人関係の発達に与える影響に関する実証的研究を主たるテーマとしている（Maughan & Cicchetti, 2002）．Cicchetti & Rogosch（1994）によれば，発達精神病理学は，「発達を，人間の成長に伴って生じる，生物学的システムおよび行動システムの質的な再組織化の連続として概念化するという，組織化の観点を採用する」（p.760）としており，こうした再組織化の連続である子どもの発達に，養育システムの破綻や慢性的なトラウマ性体験がどのような影響を与えるかという視点を与えてくれることが期待される．

NCTSNは，この発達精神病理学の観点に基づき，虐待やネグレクトなどの不適切な養育を受けた子どもを対象とした調査研究を行ってきている．たとえば，Spinazzolaら（2005）は，トラウマに焦点づけた治療を受けた1,699人の子どもを対象とした調査を行った．その結果，これらの子どものうちで，PTSDの診断基準を満たした子どもは25％程度に過ぎず，半数以上の子どもに，感情調節障害，注意および集中の問題，否定的な自己イメージ，衝動制御の問題，攻撃性および危険を顧みない行動の問題など，PTSDには含まれない症状や行動が認められた．NCTSNは，こうした調査結果に基づき，子どもの生理，感情，行動，自己感，対人関係などの諸領域における調節の問題を中心とした発達トラウマ障害という診断概念を提案している（表7-2）．以下に，この発達トラウマ障害について検討する．

第7章 虐待・トラウマと発達　103

表7-2　発達トラウマ障害（DSM-5への提案）

A. 曝露：小児期および思春期の子どもが，継続して，あるいは反復的に有害な出来事を経験させられたり，目撃してきている．その経験は，小児期もしくは思春期早期に始まり，少なくも1年間以上継続している．
　A.1. 人間関係における深刻で反復的な暴力のエピソードを直接経験する，もしくは目撃する．
　A.2. 主たる養育者の交代の繰り返しによって，保護的な養育（protective caregiving）に深刻な阻害が生じる．

B. 感情調整および生理的調整の困難
興奮の調整の関する子どもの通常の発達的能力が阻害されており，以下の項目のうち少なくとも二つに該当する．
　B.1. 極端な感情状態（例えば，恐怖，怒り，恥辱など）を調整したり，堪えたりできない．あるいはそうした感情状態から回復できない．
　B.2. 身体的機能の調節の困難（例えば，睡眠，摂食，排泄に関する慢性的問題；身体接触や音に対する過剰反応性もしくは過少反応性；ルーティンとなっている行動の移行期における混乱など）
　B.3. 感覚，情緒，身体状態への意識の低下もしくは解離
　B.4. 情緒や身体状態を表現する能力の問題

C. 注意および行動の調整障害：注意の持続，学習，ストレスへの対処に関する子どもの通常の発達的能力が阻害されており，以下の項目のうち少なくとも3つに該当する．
　C.1. 脅威に対して過剰にとらわれている，あるいは，脅威を認識する能力に問題がある．安全や危険を示すサインの誤認も含む．
　C.2. 自己防衛の能力の低下．危険を顧みない（risk-taking）行動やスリルを求める（thrill-seeking）行動も含む．
　C.3. 自分をなだめる（self-soothing）という意図で，不適応的な行為がある（例えば，ロッキングなどの体のリズミカルな動きや強迫的なマスターベーションなど）．
　C.4. 習慣性（意図的もしくは自動的），あるいは反応性の自傷
　C.5. 目標に向かう行動を開始できない，もしくは継続できない．

D. 自己および関係性の調節障害：個人的な自己感（sense of personal identity）と対人関係の領域における子どもの通常の発達的能力に問題がある．以下の項目のうち，3つ以上に該当すること．
　D.1. 養育者やその他の子どもの愛情の対象者の安全性について過剰にとらわれている（「早熟な面倒見の良さ」[precocious caregiving] を含む）．あるいは，そうした対象との分離後の再会に困難がある．
　D.2. 自責（self-loathing），無力感，自己無価値感，無能感，欠損感など，否定的な自己感が継続して見られる．
　D.3. 大人や子どもとの親密な関係において，極端な不信感や反抗が継続して見られたり，相互関係が欠如している．
　D.4. 子ども，養育者，その他の大人に対し，何らかの刺激に反応して身体的暴力，あるいは言葉による暴力が見られる．
　D.5. 密接な関係（それに限定されるわけではないが，性的もしくは身体的親密さが中心となる）を持とうとする不適切な（過剰，もしくは年齢に不相応な）意図がある．または，安全や安心を他の子どもや大人に過剰に頼る傾向がある．

> D.6. 共感的興奮（empathic arousal）の調整能力の問題．他者の苦痛の表現に対する共感性が欠如していること，あるいはその表現に耐えられないこと，もしくは過剰な反応性を示すことで明らかとなる．
> E. トラウマ後症状スペクトラム（Posttraumatic Spectrum Symptoms）：子どもに，PTSDの3つの症状群（PTSDの診断基準のB〜D）のうちで，二つ以上の症状群に，各群に最低1項目の症状項目に該当する．
> F. 障害の期間：上記のB〜Eの症状が6ヵ月以上継続している．
> G. 機能の問題：以下の領域のうち二つ以上の領域で，症状のために問題が生じている（学習面，家族関係，子ども関係，法的，身体健康面，職業面）

7.4 発達トラウマ障害について

(1) トラウマ性体験への曝露

　診断基準Aは，トラウマ性の出来事への曝露体験に関するもので，家族内における慢性的な暴力的な体験（身体的虐待やDVの目撃など）が中心となっている．さらに，主たる養育者の交代の繰り返しによる養育環境の不全が生じた場合にも，発達トラウマ障害が生じる可能性があるとされている．

(2) 発達トラウマ障害の各症状群の特徴

　診断基準はB〜Eの4つであるが，そのうち3つまでは調節に関する問題となっている．これら3つの領域を俯瞰するなら，発達トラウマ障害の主たる特徴は，広い意味での「自己調節」（self-control）の障害という概念にあたるといえる．つまり，虐待やネグレクトなどの不適切な養育は，主として，子どもの調節能力や調節機能の発達に影響するとの認識がもたれていることになる．

　診断基準Bは，睡眠や摂食などの生理的レベルの調節機能に関する障害と，感情や情緒の調節の障害（感情爆発，情緒的不安定さ，感情の安定化困難），および，感情，情緒，身体感覚の認識や言語化の困難という特徴からなっている．こうした生理的レベル及び感情の調節困難という状態は，不適切な養育を受けた子どもに特徴的にみられることが従来の臨床研究においても指摘されている（例えば，Spinazzola et al., 2005）．

　診断基準Cは，注意を含む行動の調節障害に関する項目からなっている．この項目に関しては，ADHDの症状との関連を検討する必要があろう．Cの下位項目であるC.1〜C.4を見ると，発達トラウマ障害における注意や多

動の問題は,「脅威への過剰なとらわれ」に起因するものであるとの理解があると考えられる．つまり,虐待経験を有する子どもの「過剰警戒状態」が,臨床的には注意や多動の問題として表れる可能性がある事を指摘していると言える．また, C.5 の「目標に向かう行動を開始できない, もしくは継続できない」も, ADHD における遂行機能の障害との関連が想定される内容となっている．さらに,「安全や危険を示すサインの誤認」(C.1) と「危険を顧みない行動やスリルを求める行動」(C.2) は, 衝動性の問題との関連が考えられよう．このように, 診断基準 C に示された行動の調節障害は, 従来は ADHD の症状として考えられてきた特徴を, 別の文脈でとらえるものであるといえよる．

C.3 の「自分をなだめるための不適応的な行為」と C.4 の「習慣性・反応性の自傷行為」は, 臨床的には不快な感情や感覚への対処行動として生じることが多いと考えられ, むしろ, 診断基準 B の感情や感覚の調節障害との関連を検討する必要があろう．

診断基準 D は, 自己感および対人関係における調節障害に関するもので, 自己に対する否定的なイメージ (D.2), 他者への基本的不信感 (D.3), および, それらに起因する他者への反抗 (D.3) や攻撃性・暴力 (D.4) が中心的な特徴となっている．また, 一方で, 他者への過剰もしくは不適切な親密性や依存性という特徴が記述されている (D.5)．こうした, 一見相反するような自己イメージや他者との関係性を併せもつという点が, 自己感および対人関係の調節障害として概念化されていると考えられる．

なお, D.6 の「共感的興奮の調整能力の問題」は, D の他の症状項目とはやや異なったものである．共感能力の問題は, 特にアスペルガー障害などの発達障害との関連で重要な意味をもつと考えられるため, 後述する．

(3) 自己調節障害の精神病理

前項で見たように, 発達トラウマ障害の主たる特徴は自己調節能力の発達の障害だといえる．そこで問題となるのが, 不適切な養育が子どもの全般的な調節障害をもたらすのは, いかなる精神病理によるのかという点である．

こうした精神力動あるいは精神病理に関しては, いまだ実証的なデータは存在しないため, 理論的な推論の域を出ないものの, その重要性から一定の試論を提示したい．

乳児には自己調節能力は備わっていない．したがって，不快な状態に陥ったり不快感をもった場合には，それを「泣く」という行動によって周囲に知らせる．泣き声を聞いた養育者は，乳児に近寄り，声をかけたり身体に触れたり，あるいは抱えて（いわゆる「抱っこ」）あやすことで，自己調節能力が備わっていない乳児が泣きやむことができるように，つまり不快な状態を脱して快な状態を回復できるように援助するわけである．出生直後から，おそらくは3歳頃まで，乳幼児が不快な状態に陥るたびに養育者はこうした援助を提供し続ける．その結果，およそ3歳頃に，幼児にある変化がみられるようになる．それまでは，不快な状態になるたびに泣き声で養育者をよび，あるいは「抱っこ」を要求して援助を求めていた子どもが，養育者の援助なしに自力で「泣きやもう」と努力するようになる．この自力で泣きやもうとする意志や努力が，養育者の援助なしに快な状態を回復しようとする自己調節能力の萌芽の表れであるといえよう．それまでの養育者の援助や，その結果としてもたらされた快な状態への回復の記憶が，子どもの心に蓄積され，それがこの萌芽として結実するのだと考えられる．

　このように考えると，虐待やネグレクトなどの不適切な養育を受けた子どもに自己調節の障害が生じる精神力動の理解は比較的容易となろう．子どもが泣きやまないという事態で養育者の身体的な暴力などの虐待行為が生じやすいことはよく知られたことである．これは，言い換えれば，子どもが不快から快の状態に戻ることができるように，養育者が子どもを適切に援助できないことを意味する．その際，養育者は，子どもが「泣きやめるよう」に援助するのではなく，子どもを「泣きやまさせよう」とし，その方法として力を行使するわけである．その結果，子どもは泣きやむかもしれないが，「泣きやんだ」という状態は，上記の「快な状態への回復」と類似しているもののそのプロセスは全く異なったものとなる．力を行使された子どもは，恐怖や痛みのために，不快な状態をいわば抑圧したに過ぎない．その結果，子どもには，養育者の援助によって不快な状態から快な状態に回復したという経験は蓄積されず，したがって，自己調節能力の萌芽は生まれないことになる．

　また，ネグレクトにさらされてきた乳幼児の場合には，不快な状態に陥って泣いたとしても，養育者が泣き声を無視したり，あるいは周囲に存在しないことで，不快な状態のままで経過することになる．こうした乳幼児は，やがて，「泣く」という行為自体を放棄するようになる．極端なネグレクト環

境におかれ，やがて乳児院などで養育されている乳児の中には，どのような事態でもほとんど泣き声をあげないものがいる．あるいは，児童養護施設で生活している子どもの中には，出血するような怪我をしながらも平気で走り回っている幼児がいる．こうした子どもたちは，ネグレクト環境に適応するために，痛みの感覚や不快な感情を遮断しているかのように思われる．このように，そのプロセスには多少の違いがあるものの，ネグレクト環境もまた，自己調節能力の形成を阻むことになる．

ここでは，自己調節のうちで感情や感覚の調節の問題を取り上げて説明を試みたが，同様のことが生理的な調節や行動の調節に関してもいえる．要するに，さまざまなレベルで調節能力が未形成の乳幼児に対して，養育者が他律的に調節を提供する中で，子どもの調節能力が次第に育まれるわけである．したがって，養育者が適切な調節を提供しない虐待やネグレクト環境におかれた子どもの場合には，こうした調節能力の適切な発達が阻害されることになると考えられる．

7.5 いわゆる発達障害について

前項では，虐待やネグレクトなどの不適切な養育環境によって生じる発達トラウマ障害について検討した．その中で，発達トラウマ障害の症状の一つである行動の調節障害がADHDと類似している可能性を示した．一方で，ADHDとともに近年増加しているとの印象があるアスペルガー障害や高機能広汎性発達障害に関しては，先述したアタッチメントの問題との関連を検討する必要があると思われる．上述のように，DSM-5では反応性アタッチメント障害と自閉症スペクトラム障害との鑑別が重要視されているが，これも，両障害の関連を示唆するものであるといえる．

アタッチメントには，子どもが情緒的に不安定な状態になったときに，親などのアタッチメント対象への接近・接触によって情緒的安定性や安心感を回復するというアタッチメント行動の他に，アタッチメント関係という要素がある．このアタッチメント関係の中心的な構成要素の一つが内的ワーキングモデルである．内的ワーキングモデルとは，心理的に内在化されたアタッチメント対象と，自己，および両者の関係性に関する表象である．この内的ワーキングモデルは，幼児期には，現実のアタッチメント対象の不在時にも子どもに安心感や安定感を提供するという機能をもち，さらに，就学期以降

には，子どもの行動の内的な準拠枠として機能すると考えられる．不適切な養育を受けた育った子どもの場合，このアタッチメントが適切に形成されない可能性が高く，その結果，就学期以降には，行動調節に関する問題が顕著になる傾向があると考えられる．

アタッチメント理論を体系化したボウルビィにとって，この内的ワーキングモデルの機能の一つは，アタッチメント行動を適切に遂行させることにあった．学校で嫌なことがあり，学校が終わった後，母親に話を聞いてもらって慰めを得ようと一目散に家に帰った子どものことを例にあげよう．子どもが帰宅してみると，たまたま母親不在であったとしよう．母親との接触を求めていた子どもは「ママ，どこに行った！」と，一時的にパニック状態に陥るかもしれない．しかし，上記の内的ワーキングモデルが適切に形成されている子どもであれば，「今，この時間だから，ママは夕食の買い物に行っているじゃないか」と，目の前にいないアタッチメント対象の行動を推測することが可能となる．このような推測のもとで「ママ」をスーパーに探しに行く子どもは，そのような推測ができないがゆえに家の周りを闇雲に探しまわる子どもよりも，ママに会える，すなわちアタッチメント行動を成功裏に完了させる可能性が高くなるわけである．

筆者は，こうした内的ワーキングモデルの機能，つまり，不在時のアタッチメント対象の行動の推測は，共感性の構成要素の一つである視点取得（登張，2000），つまり他者視点の獲得に関連しているのではないかとの仮説を立てている．現時点ではこの仮説を実証できるデータ等は不在であるため全く推論の域は出ないものの，アタッチメントの問題が他者視点の獲得の阻害要因であるとすれば，不適切な養育に起因するアタッチメント関連の障害と，アスペルガー障害を含む自閉症スペクトラム障害との関連性を検討する上で，一つの視点を提供することが可能になるといえよう．

7.6 適切な診断概念の必要性

児童相談所への虐待通告件数が年々急増しており，現時点では天井知らずといった状況を呈していることは周知のとおりである．こうした急増が，これまで潜在していたものの顕在化を意味しているのか，あるいは虐待やネグレクトを受ける子どもの実質的な増加を表しているのかは不明であるものの，不適切な養育を受けていると社会が認識する子どもの数が増え続けてい

ることは事実である．こうした子どもに対して，社会が，適切な治療やケアを提供する義務を負うことは，わが国も批准している子どもの権利条約にも明記されている．しかし，本章で見てきたように，こうした治療やケアの前提となるべき，虐待やネグレクトが子どもに与える影響を包括的に理解する概念が整っていないのが現状である．とりわけ，虐待やネグレクトが子どもの発達にどのような影響を及ぼすのかに関しては，一部の研究者や臨床家から，本章で紹介した発達トラウマ障害などの診断概念が提案されているものの，いまだ本格的な検討は行われていない．今日，医療のみならず教育や福祉などさまざまな領域でアスペルガー障害を含む高機能広汎性発達障害との診断を受ける子どもの数が急増しているとの印象があり，本章では，それが虐待やネグレクトなどの不適切な養育と関係しているとの試論を提示したが，今後，実証データの収集を含めた検討を筆者自身の課題としたい．

［西澤　哲］

【文　献】

登張真稲．（2000）．多次元的視点に基づく共感性研究の展望．性格心理学研究, 9(1), 36–51, 2000.

American Psychiatric Association. (2013a). Diagnostic and Statistical Manual of Mental. Disorder, 5th Edition: DSM–5. American Psychiatric Publishing.

American Psychiatirc Association. (2013b). Highlights of Change from DSM–IV–TR to DSM–5. American Psychiatric Publishing. (http://www.dsm5.org/)

Ackerman, P. T., et al., (1998). Prevalence of post traumatic stress disorder and other psychiatric diagnoses in three groups of abused children (sexual, physical, and both). *Child Abuse & Neglect*, 22(8), 759–774.

Cicchetti, D. & Rogosch, F. A. (1994). The toll of child maltreatment on the developing child. *Child and Adolescent Psychiatry Clinics of North America*, 3, 759–776.

Green, B. L., et al. (2000). Outcomes of single versus multiple trauma exposure in a screening sample. *Journal of Traumatic Stress*, 13(2), 271–286.

Maughan, A., & Cicchetti, D. (2002). Impact of child maltreatment and interadult violence on children's emotion regulation abilities and socioemotional adjustment. *Child Development*, 73(5), 1525–1542.

Putnam, F. W., et al. (1997). Psychobiological effects of sexual abuse. A longitudinal study. In *Psychobiology of posttraumatic stress disorder*, pp.150–159. New York Academy of Sciences.

Spinazzola, J., et al. (2005). Survey evaluates complex trauma exposure, outcome, and intervention Among children and adolescents. *Psychiatric Annals*, 35(5), 433-439.
van der Kolk, B.A., et al. (2009). Proposal to include a Developmental Trauma Disorder Diagnosis for Children and Adolescents in DSM-V. (http://www.traumacenter.org/)

【注】
[1] 正確な訳語は『6歳以下の子どものPTSD』であるが，本章では『幼児期の子どものPTSD』とした．

激変するメディア環境と子どもの発達

8.1 電子メディア・ネットによって激変した子どもの環境

(1) "電子メディア漬け"の人体実験

　人間の子どもを"電子メディア（メディア）漬け"にして育てると，からだや心，コミュニケーション能力の発達にどんな歪みや遅れが現れるのか——子どもたちは今，人類史にかつてなかった人体実験のただ中にいる．

　この50年間，我々は豊かさを追い求め，快適で便利な環境を着々と実現してきた．そして，テレビ，ビデオ，テレビゲーム，パソコン，ケータイ[1]，スマートフォン（スマホ）など電子機器の発達は，日々の暮らしを多彩なものに変えてきた．しかし，そのことは同時に，日本の子どもたちの，からだも心も健やかに成長する条件や環境を壊し，言葉の力を育てることも含めて，子どもにとってかけがえのない機会を奪うことでもあった．

　「食育も，学力も，体力も人間関係づくりも，突き詰めていくと，すべてメディア漬け，メディア依存に突き当たるように感じます．つまり，現今の教育の最も大きな課題ではないかと思っています」

　これは，ある地方都市の教育長から届いた手紙の一節である．

　今，全国各地で，教育長や学校長，学校医が先頭に立って，養護教諭やPTAとともに「子どもとメディア対策」に乗り出している．ここ数年，いろいろな調査で明らかになった"メディア漬け"の実態，パソコンやケータイ・スマホによる"ネット依存"が知られるようになり，手をこまねいてはいられなくなったのである．

(2) 世界一の"メディア漬け"

テレビの普及以来ゲーム機,スマホなどと新しい電子メディアが登場するごとに,子どもたちのメディア接触の「早期化」「長時間化」に拍車がかかり,今や日本の小学校高学年〜中学生の半数以上が,平日・休日を平均すると1日6時間以上という,世界に例のない"電子メディア漬け"状態に陥っている。

学力の国際調査である,IEA (International Association for the Evalua-

表 8-1 小学生・中学生の所持率

調査年度	2010年	2013年			
所持率	携帯電話合計	従来型携帯電話	スマートフォン	機種不明	携帯電話合計
小学校	29.8%	37.0%	12.8%	3.3%	53.1%
中学校	50.1%	27.7%	34.5%	1.9%	64.1%

(福岡市教育委員会・NPO法人 子どもとメディア共著「小中学生のメディアに関する生活・意識調査2010」2013より)

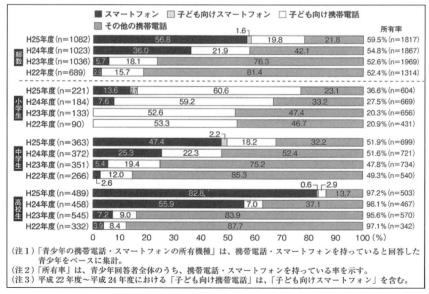

(内閣府「平成25年度青少年のインターネット利用環境実態調査」より)

図 8-1 青少年の携帯電話・スマートフォンの所有率及び所有機種

tion of Educational Achievement：国際教育到達度評価学会）の 2003 年，2007 年，経済協力開発機構（OECD）が実施した「生徒の学習到達度調査」（PISA）2009 年の結果，いずれの調査でも日本の子どもたちの電子メディアへの接触時間は世界一長いということが明らかになった．

そして，ここ数年パソコンやケータイ・スマホが子どもたちに急速に普及し，電子メディア接触時間はさらに長くなる傾向にある．低価格帯のスマホが相次いで販売され，普及が進むと，この傾向は一層加速される恐れがある．特に注目しなければならないのが，依存症というべき極端な長時間接触の子

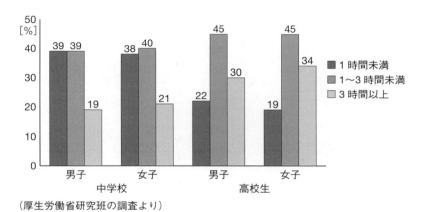

（厚生労働省研究班の調査より）

図 8-2　ネットを使用している時間

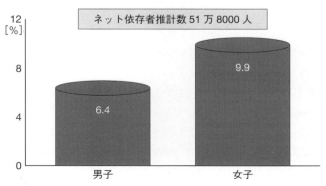

（厚生労働省研究班の調査より）

図 8-3　中高生におけるネット依存の割合

どもたちである．

　2012年秋に，厚生労働省研究班が行った，全国の中学生や高校生約10万人を対象にした実態調査では，中高生におけるネット依存者の割合が8.1%（男子6.4%，女子9.9%），約51万8,000人と推計された．わが国における中高生を対象とした，ネット依存症に関する初の大規模調査のショッキングな結果であった．

(3) 広がる"スマホ育児"

　乳幼児期のメディア接触の「早期化」・「長時間化」も急速に進む．生まれたときに茶の間にテレビがあった"テレビ世代"，子ども期にテレビゲームを経験した"ゲーム世代"が子育てを始めた1990年代以降，その流れは加速した．

　ネットが社会の隅々まで浸透する現在，子育ての風景も大きく変わりつつある．若い親たちを中心に，スマホやタブレット端末を子育てに使うことが急速に広がっている．

　子育てアプリは数多くあり，「育児・子育ての記録用」のジャンルには，電子版母子手帳や，成長記録・写真整理に使えるもの，予防接種のスケジュール管理のできるものなど，子育てに役立つものもある．

　しかし，「赤ちゃんをあやすことを目的にしたもの」「幼児・子ども向け知育・遊び用」「しつけ用」には，弊害がおおいに懸念されるものもある．たとえば，言うことを聞かない子が聞くようになると人気が高いしつけ用無料アプリ「鬼から電話」は，赤鬼などのキャラクターが「公共の場で騒いだとき」「嘘をついたとき」などのシチュエーションで，おどろおどろしく叱責する．恐怖を感じさせる生々しい画像や効果音を用い，乳幼児のトラウマ（心的外傷）になりかねない．

　乳幼児向けアプリを用いた"スマホ育児"の特徴は，次の2点である．
①親の視線が子どもに向いておらず，子どもの視線も親に向いていない．
②スマホやタブレット端末が子どもの手元や身近なところにあるため，子どもが勝手に操作し，親がその内容や使用時間を把握したり，コントロールすることが難しい．

(4)「安全性」の検証なし

日本の子どもたちが乳幼児期から長時間接触するスマホ，タブレット，ゲーム機などの電子メディアが，子どもの発達にどのような影響を与えるかなど，「安全性」については全く検証がされていない．

子どもの衣類や食べもの，オモチャ，食器などは，場合によっては，大人向けのもの以上に厳しい安全性の検証が要求されている．発達途上の子どもに悪影響があったら，ダメージが大きいからである．

例えば，ベビー用衣類のホルムアルデヒドの規制は，「有害物質を含有する家庭用品の規制に関する法律」において，対象製品がおしめから下着，よだれ掛け，寝具まで11種類と幅広く，検出限界以下（16 ppm以下）と厳しく定められている．赤ちゃんの皮膚感受性が高いことなどが，その理由である．

ベビーフードの安全性は，食品衛生法やJAS法，健康増進法で定められている．また，業界団体「日本ベビーフード協議会」は，塩分量，残留農薬，「食品添加物は必要不可欠な場合に限り（にがりやビタミンC），最小限」などとした「ベビーフード自主規格」最新版を2008年に制定している．

だが，ゲームやケータイなど電子映像メディアに関しては，ゲーム機やゲームソフトのメーカー，携帯電話の企業は，自社の製品を子どもが長時間使うと，子どもの心身の発達にどのような弊害や危険性があるのか，検証もないまま大量販売している．

国内で，2010年に販売が開始された3Dテレビも，子どもの視神経への危険性が懸念されている

8.2 スマホ育児の落とし穴

①依存：乳幼児期からスマホやタブレット端末に長時間接触し続けることは，脳の働きや言語能力が未熟なため，依存を起こしやすくなる可能性がある．

②事故・育児放棄（ネグレクト）：若い親自身のネット依存状態も珍しくない．親がスマホ，タブレット端末などに夢中になり，子どもへの注意，安全への配慮が欠けたり，子どもの世話がないがしろになってしまう．事故に繋がったり，病気の発見が遅れたり，発育に重大な問題が生じることがある．

2012年6月，滋賀県大津市で，29歳の母親が，チャットに夢中になり昼

夜逆転の生活を送り，発熱した1歳7ヵ月の男児に治療を受けさせず，肺炎で死亡させた．男児は死亡時，生後9ヵ月の時とほぼ同じ約7.2キロの体重しかなかったという．

2013年10月には，愛知県刈谷市のマンションで，24歳の母親が，10ヵ月の男児を風呂場に一人残し，ネットに夢中になり，溺死させてしまうという事故も起きている．

③愛着形成不全：親はわが子を見つめる代わりに，スマホやタブレット端末の画面を見つめる．自分の声でわが子に語りかける代わりに，スマホやタブレットのアプリが語りかける．子どもは，指で画面を撫でたり，触ったりしている．親子が声をかけあったり，肌をふれあったり，体験を共有したりといった，親子の愛着形成のための，かけがえのない時間が，スマホやタブレットによって奪われてしまう．

④発達不全：赤ちゃんが「人間」になるためには，乳児期を含む子ども期に，視覚，聴覚，触覚，嗅覚，味覚など五感をはじめ，身体操作に必要な筋肉感覚，体温調節や血圧調整に必要な自律神経など，基礎的な諸能力を獲得する必要がある．しかし，子ども期にスマホ・タブレットに依存していると，からだを動かして，さまざまな実体験をする機会が少なくなる．

現在，すでに，日本の子どもたちは，多面的発達不全が進んでいることが指摘され，スマホ育児は，それを加速させる可能性が高い．言葉の力や，社会性という人間として重要な能力も，スマホでは育ちにくく，さまざまな人とのふれあいの時間も失われることで，発達不全が加速することが懸念されている．

乳幼児に画面を見せるアプリの使用は，以上のような弊害が心配され，安全性の検証もなく，避けることが望ましい．

日本小児科医会は，スマホ育児による乳幼児の心身の発達への影響を心配し，2013年12月から，保護者に対し啓発活動を行っている．全国の開業小児科医に，○×形式でスマホ育児をめぐって，推奨すること，注意が必要なことが一目でわかるポスターを，配布している．

第8章 激変するメディア環境と子どもの発達

（出典：日本小児科医会 HP）

○推奨すること

　赤ちゃんと目と目を合わせ，語りかけることで赤ちゃんの安心感と親子の愛着が育まれます．

　親子が同じものに向き合って過ごす絵本の読み聞かせは，親子が共に育つ大切な時間です．

　散歩や外遊びなどで親と一緒に過ごすことは子どもの体力・運動能力そして五感や共感力を育みます．

×注意が必要なこと

　ムズかる赤ちゃんに，子育てアプリの画面で応えることは，赤ちゃんの育ちをゆがめる可能性があります．

　親も子どももメディア機器接触時間のコントロールが大事です．親子の会話や体験を共有する時間が奪われてしまいます．

　（子連れの歩きスマホに対して）親がスマホに夢中で，赤ちゃんの興味・関心を無視しています．赤ちゃんの安全に気配りが出来ていません．

8.3 進む子どもの発達不全——"メディア漬け"と子どもの発達

「人体実験」の結果は，児童期以降の子どもたちにも，もう現れてきている．子どもや若者の多面的な発達不全である．子どもが，人間としての基本的能力を育む子ども期に，"メディア漬け"で育つと，子どもの発達にどんな遅れや歪みが起きるのか．ここからはさまざまな側面での発達不全の実相をみていく．

(1) "メディア漬け"で変化した子どもの生活

テレビの普及がほぼ終わった1967年，NHKは静岡市でテレビと子どもの生活に関する大規模調査を実施した．「静岡調査」とよばれるこの調査では，テレビが子どもの生活をどのように変えたのかがくっきりと明らかにされ，そのことが子どもの発達の遅れや歪みにつながっていく可能性を示唆している．現在の日本の子どもたちの発達不全を考える上で，貴重な調査データなのでその一部を紹介しておく．

調査対象は，幼稚園児，小学生（3年，5年），中学生（1年）合わせて5,000組の親子で，内容は視聴の実態，親の視聴統制，さらに学業成績や社会的成熟度と視聴時間の関連などを詳細に調べ，分析したものである．

この調査結果は，1967年というテレビ普及の初期に，すでに子どもたちの生活に大きな変化が起きていたことを示している．テレビ視聴時間の平均は，平日で2時間21分，日曜日は4時間2分．平日4時間以上視聴する子どもが10.5％，日曜日に7時間以上視聴する子どもが9.0％いた．まだビデオやテレビゲームもなかったこの時代，もう1割ほどの子どもに"メディア漬け"の生活が始まっていたのだ．

そして，テレビ長時間視聴群と短時間視聴群との比較で，その差が最も大きかったのは「外遊び」の時間であった．続いて「読書」「雑談・休息」「レクリエーション」「勉強」という順になっている．つまり，テレビは子どもたちの生活行動の中で，まず外遊びや読書，そして家族や友だちとの語らいの時間を減らすという形で，その影響を及ぼし始めたのである．

(2) 体が育たない

現在，日本の子どもたちはテレビやビデオに加えて，オンラインゲームや

スマートフォンなど多様な電子メディアに囲まれて育つようになり，先述したような接触の「早期化」「長時間化」が一段と進んでいる．

室内でのメディア接触が長時間になれば，まず減少するのが外遊びの時間であることは，「静岡調査」で明らかになっている．そして外遊びで足など全身の筋肉を使う機会が減少することは，直接的に体の発達レベルの低下につながっていく．

日本の子どもたちの体力・運動能力は，テレビゲームが売り出され急速に普及した1980年代半ばを境に下降している（表8-2）．

表8-2　子どもの体力・運動能力

○　全国の小学校5年生，中学2年より，42万人抽出
○　8種目すべてで1985（昭和60）年を下回る
○　具体的データ例

種　　目		1985（昭和60）年	2012（平成24）年
小5　ソフトボール投げ			
	女　子	17 m 60 cm	14 m 21 cm
	男　子	29 m 94 cm	23 m 77 cm
小5　50 m走			
	女　子	9秒34	9秒63
	男　子	9秒05	9秒36
中2　50 m走			
	女　子	8秒57	8秒87
	男　子	7秒90	8秒02

（文部科学省調査（2012.4〜2012.7））

文部科学省は「平成25年度全国体力・運動能力，運動習慣等調査」を，2013年に全国の児童約211万人を対象に実施．実技種目は，握力，50メートル走，ボール投げ，反復横跳びなど．それによると，多くの種目で，ピーク時の1980年代をかなり下回っている．ボール投げは，小学男子の80%が1985年度水準を下回っていた．

(3) 足がおかしい

メディア接触時間が増えると，子どもの1日当たりの歩行歩数は減っていく．現代日本の子どもたちは，「足」を育てるのに大事な幼児期から小学校

低学年期に圧倒的に歩かなくなっている．そして，歩行歩数の減少は当然のことながら，子どもの「足」の発達に大きな影響を及ぼしているのである．

直立したときの重心の位置が30年前と比べると2.6％後ろ（かかと方向）側にずれて，足指が10本ともまったく地面を加圧していない子どもが小学1年生で50％，6年生でも20％に上る，という日本体力医学会での報告（大阪大学　生田香明教授，2002年）は，それを裏づけることになった．

長時間立っていられない，長く歩けない，バランスを崩してすぐ転ぶ，転ぶときに地面に手を出せず顔から落ちてしまう……．こうした子どもたちの現象の背後には，「足」の発達のレベル低下がある．

そして，低下傾向の日本の子どもの運動能力——走る・投げるなどの全身動作も，「足」や下半身の発達レベルの低下が背景にあると考えて間違いないだろう．

（4）筋力は危機的状況

労働，出産，子育て，介護など人間の基本的営みに，体幹の筋肉の発達は重要な意味をもっている．しかし，筋肉は，使わないで発達することは絶対にない．

家庭が"生産の単位"から"消費の単位"に変質する中で，子どもが体を使ってする家業の手伝いの機会もめっきり少なくなり，"メディア漬け"で外遊びが減っていけば，筋肉の発達に異変が起きるのは当然のことであろう．

前出の文部省（現文部科学省）の「子どもの体力・運動能力の全国調査」は1964年から実施されているが，子どもの背筋力を体重で割った「背筋力指数」は調査開始以来一貫して下がり続け，1997年を最後に調査さえ中止された．「背筋力調査をすると腰を痛める子が続出するから」というのが，その理由である．調査さえ危険，というレベルにまで落ち込んだ背筋力とはどの程度のものか，ほぼ半数の中学生が，将来の出産，子育て，介護などで腰痛やギックリ腰などが心配されるレベルにまで低下した状態となったのである．

（5）著しい視力低下

テレビが全国的に普及した1970年代前半から日本の子どもたちの急激な視力悪化が始まり，テレビゲームやパソコン，ケータイ・スマホなど電子メ

ディアの広がりとともに,視力悪化は深刻な事態となっている.
　東京都の高校1年生の裸眼視力1.0未満の子どもの比率の変化を紹介しておこう（図8-4）.
　テレビ普及の初期,1960年代前半には2割台だった裸眼視力1.0未満の子どもたちが,テレビゲーム普及がほぼ完了した1988年には男女とも50％を越え,パソコンやケータイの普及が進んだ2007年からは更に悪化が続き,スマホが普及し始めた2013年には,男女とも7割をこえる高校生が裸眼視力1.0未満という悲惨な状況となっているのである.
　加えて「立体視力」の未発達も憂慮すべき事態となっている.かつての子どもたちは,自然の中でダイナミックに遊びながら,危険から身を守る上でも重要な「立体視力」を発達させてきた.
　しかし,テレビやテレビゲーム,パソコン,ケータイ・スマホは画面が,基本的に平面で,見るという行為に「立体視力」は必要ない.今,日本の子どもたちは,視力の発達する子ども期に長時間平面画面を見続ける生活で,左右の視力差が生じて,「立体視力」が育ちにくいのだ.
　学校現場からは,ドッジボールで突き指をする子,ソフトボールやバレー

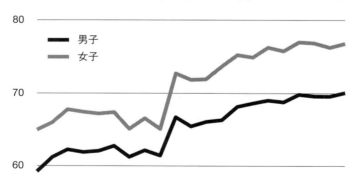

（東京都教育委員会「平成25年度東京都の学校保健統計書」より）

図8-4　東京都の高校1年生の裸眼視力1.0未満の年次推移（％）
2002年より,コンタクトレンズ等装用などのため裸眼視力を測定していない者も含んだ割合である

ボールの最中に，手が出ずに顔でボールを受けてしまう子，階段を踏み外す子など，「立体視力」に問題があると思われる子どもたちが確実に増えていることが報告されている．

(6) 自律神経，五感が育たない

「子どもは風の子」といわれた生活から，"メディア漬け"の生活になって，体温調節，血圧調整など自律神経の発達にも異変が見られるようになっている．朝の体温が35℃台という昭和の初期にはほとんど見られなかった低体温の子どもが，全国的に，クラスの1～3割も存在している．体温を十分に上げないまま学校に来るということは，当然，脳の活動水準や筋肉の活動レベルにも影響する．子どもたちは脳や筋肉の"ウォーミングアップ"なしに授業を受けることになる．

また，"メディア漬け"の生活では，五感，特に触覚，嗅覚，味覚などの発達が期待できない．視覚については前述したが，聴覚についても，「人の声が耳障りだ」ということを学校が楽しくない理由にあげる中学生がかなりの割合にのぼる，という調査結果（東京都養護教諭研究会，2004）からは，人間の肉声よりも人工的な機械音に安らぎを感じる聴覚回路が形成されていることが推察される．

(6) コミュニケーション能力が育たない

人類は，主に音声言語（話し言葉）や文字言語（書き言葉），顔の表情や視線，身振り，手振り，体の姿勢，声のトーンなどの非言語的な方法も用い，コミュニケーションを行ってきた．ネット普及に伴って，これまでの「筆舌」という表現手段から，画面を指で撫でたりキーを押したりする「指動」という新たな手段が生まれ，急速に広がっている．しかし，残念ながらゲームやスマホなどで「言葉の力」は育たないのである．

スタンプや顔文字は，感情が単純化され，"つぶやき"がネットを通じ簡単に世界中に発信・受信できるようになった．交流が容易になった反面，ネットでのメッセージの交換は，お互いの表情も見えず，声のトーンも聞こえない．短い文章や記号のやりとりは，細かいニュアンスが伝わらず，誤解を招きやすく，反感や憎悪を引き起こし，"炎上"と呼ばれるような感情的反応を招きやすい．

第8章 激変するメディア環境と子どもの発達　123

ネットに依存的になると，現実の社会で挨拶を交わしたり，話し相手の感情を読み取ったり，状況に応じた会話をすることが難しくなる．

（7）心にも異変が……
①深刻な若い世代の自殺

我が国の自殺者の総数はここ数年減少傾向で3万人を下まわっている．しかし，若い世代の自殺は深刻な状況となっている．年代別の死因で20～39歳の各年代で死因の第1位が自殺となっており高齢者の減少傾向と対照的な様相を見せているのである．

こうした状況は国際的にみても特異なものとなっており，先進7カ国の中で15～34歳の若い世代で死因の第1位が自殺となっているのは日本のみであり，その死亡率も他の国に比べて際立って高くなっている（表8-3）．

表8-3　先進7カ国の年齢階級別死亡者数及び死亡率（15～34歳，死因の上位3位）

	日本 2009			フランス 2008			ドイツ 2010			カナダ 2004		
	死因	死亡数	死亡率	死因	死亡数	死亡率	死因	死亡数	死亡率	死因	死亡数	死亡率
第1位	自殺	5,673	20.0	事故	2,372	15.1	事故	2,025	10.7	事故	1,715	19.6
第2位	事故	2,225	7.9	自殺	1,584	10.1	自殺	1,518	8.0	自殺	1,071	12.2
第3位	がん	1,506	5.3	がん	1,002	6.4	がん	1,129	6.0	がん	517	5.9

	米国 2007			英国 2010			イタリア 2008		
	死因	死亡数	死亡率	死因	死亡数	死亡率	死因	死亡数	死亡率
第1位	事故	31,108	37.4	事故	2,071	12.8	事故	2,320	16.5
第2位	殺人	10,309	12.4	自殺	1,096	6.8	がん	1,068	7.6
第3位	自殺	9,418	11.3	がん	1,032	6.4	自殺	656	4.7

（世界保健機関資料より内閣府作成）　　　　　　　　　　　※がん＝悪性新生物

②自己肯定感は世界で最低

日本の子どもの心の特異性も国際的に際だっている．これまでも各種の国際調査で日本の子どもや若者の意識が問題となっているが，ここではまず2007年にユニセフが実施した世界24カ国の15歳児を対象にした調査結果を見てみよう．

まず，「自分が孤独である」と感じている子が日本では29.8％でとび抜け

て多く1位．2位アイスランド10.3％の3倍，24位オランダ2.9％の10倍である．そして，「自分は世の中の厄介者，場違いな存在だ」と感じている子も日本が最も多く18.1％で，これまた群を抜いて1位．それぞれ，ほぼ3人に1人，5人に1人という割合で関係者に衝撃を与えた．

自己肯定感に関する最新データも衝撃的なものである．政府が今年（2014年）6月3日に閣議決定した「2014年子ども・若者白書」の世界7カ国の比較調査結果を報告しておこう．

調査は2013年11〜12月，日本，韓国，米国，英国，ドイツ，フランス，スウェーデンの7カ国，13〜29歳の男女各国1000人程度を対象に行われた．「自分自身に満足している」と答えた割合は日本が最下位で45.8％，他の6カ国は，米国86.0％，英国83.1％，フランス82.7％，ドイツ80.9％，スウェーデン74.4％，韓国71.5％と，すべて70％を超えている．また，「将来に明るい希望をもっている」と答えた割合も日本の61.6％が最低で，米国の91.1％，スウェーデン90.8％，英国89.8％，韓国86.4％，フランス83.3％，ドイツ82.4％，他の6カ国はすべて80％を超えている．

テレビやゲーム，スマホに向き合って膨大な時間を過ごし，生身の人間と触れ合う機会は減るばかり，他者のために自分の時間とエネルギーを使う体験が少なくなった日本の子どもたち．他人から「ありがとう」と言われたことのない子どもに自己肯定感は決して生まれないのである．

8.4 ネット社会の危険性・問題点

インターネットが20世紀終わりから急速に普及し，我々の生活に浸透してきた．電子メール，ホームページの閲覧，情報検索，ショッピング，オークション，掲示板，ブログ，SNS，音楽・画像・動画の配信，ゲームなど，多様なサービスが生まれ，今も増え続けている．

世界中の人と知り合い・友だちになる機会もできる．誰でも，気軽に情報発信・受信することが可能になり，みずから創作した作品を発表することもできる．就活のエントリーもまとめて簡単にできる．災害時には安否確認や緊急連絡の心強いツールにもなる．アラブの春や，アメリカCIAの諜報活動の内幕の暴露など，社会を動かす原動力にもなる．

だが，ネット社会は，新しい可能性を生み出すと同時に，無法地帯もつくり出した．ここ数年で世界各地に爆発的に広がる，スマホに代表される携帯

型ネット端末は，24時間いつでもどこでも，ネット社会の恩恵を人々にもたらし，社会や暮らしのありようを変えている．それと同時に，ネット社会の危険性も，スマホを通して容易に人々にもたらされるようになった．

ネット社会の危険性・問題点としては，次のようなものが指摘されている．

- SNSや掲示板，チャットなどで，いじめ・嫌がらせ・中傷・脅迫などの被害・加害が起こる可能性がある．性犯罪や殺人などに巻き込まれるケースもある．
- 玉石混交の情報が氾濫し，ポルノサイトや出会い系サイト，自殺，ドラッグ，カルト，差別など反社会的なサイトも少なくない．犯罪を誘発するものもある．また，事実と異なる虚偽の情報や意図的なウソ，デマ情報も数多くある．
- 名前や年齢，住所，電話番号，学校名などの個人情報を出会い系サイトや掲示板などに不用意に書き込んでしまい，嫌がらせやストーカー被害に遭ったり，他者に悪用されたりするケースがある．チャットやSNSなどで親しくなった相手にうっかり個人情報をもらし，犯罪に巻き込まれる危険性もある．また，アンケートページや懸賞ページ，会員登録などのページを通じ，個人情報が流出したり，不正アクセスによって個人情報が違法に盗み出されたり，改ざんやシステムの破壊を受ける怖れもある．
- 迷惑メール（スパムメール，ジャンクメール）や違法メールが送りつけられることがある．ウィルス対策をしっかりしないと，送られてきたウィルスが自動的に他者に転送され，自分自身が加害者になるおそれがある．
- 代金を先払いしたのに商品が届かなかったり，送られてきた商品が偽物だったり，詐欺まがいのトラブルに巻き込まれる可能性がある．
- 身体的な悪影響として，ネットの長時間利用により，視力や体力の低下などを招く．眼精疲労や近視，戸外で活動する時間が減少することにより，骨格や筋肉の機能低下，体力の減退，肥満，ストレス，姿勢の悪化を招く可能性がある．
- 生活上の支障を引き起こすネット依存になるおそれがある．いつでもどこでもつながりたい，メッセージの内容を確認したい，ゲームに没頭したいという渇望に囚われ，家族や友人とのコミュニケーションの時間が減る．現実よりネットの世界を優先してしまうようになる．
- 本や新聞を読んだりテレビを見る時間が減り，情報源がネットに限られる

ようになると，取り入れるのが自分の関心のある情報だけに偏り，情報の多様性や総合性が失われ，視野狭窄に陥るおそれがある．
- 歩きスマホで，ホームからの転落や自転車との衝突など，不慮の事故に遭うおそれがある．

8.5 さまざまなネット依存

①ネット依存6つのタイプ

一口にネット依存といっても，何にハマッているのか，どんな理由，どんなきっかけで依存に陥ったのか，その入口と態様は実にさまざまである．典型的な6つのタイプを紹介してみよう．

〔電子ゲーム依存〕

テレビゲーム，パソコン，スマホ，携帯ゲーム機などでゲームの魅力にハマるだけでなく，ネット上のゲーム仲間との一体感や仲間からの称賛が快感となってやめられなくなる．

〔コンテンツ依存〕

動画視聴やネットサーフィンがやめられない．性的画像，暴力，ホラーなどにハマり，現実化したいという衝動を抑えられなくなったりする．

〔コミュニケーション（つながり）依存〕

LINEなどのチャット依存と，Facebook，ツィッター，ブログなどのコミュニケーションサイトへの依存がある．前者は24時間化のストレス，既読マークの圧力に振りまわされ，後者は「いいね！」の快感を求めてのめり込む．

〔乳幼児のタッチパネル依存〕

"おとなしくなる" "家事がはかどる"などの親の安易な考えで，幼いときからスマホやタブレットを与えられる．軽いタッチで次々と変化が起き，面白くて手離せなくなる．取り上げると泣き叫び，暴れる．

〔不登校・ひきこもりと関係する依存〕

学校でのいじめや体罰などをきっかけに不登校になったり，集団生活になじめないため欠席日数が増えたりすると，自宅でヒマだからとネットの世界にハマる．その結果，不登校が常態化し，ひきこもり状態となる．

〔障害などが関係しているネット依存〕

発達障害で対人関係が苦手だったり，身体障害で外出に苦労が伴うタイプ

の子どもがネットの世界に触れるとネット依存に陥るリスクが高い．
②ネット依存の予防と対策

　子どもがネット依存に陥らないようにするには何がポイントか．多くの場合，子どもたちにとって学校や家庭が楽しく過ごせる居場所となっているかどうかが問題となる．勉強がつまらない，授業が楽しくない，仲の良い友だちがいない，教師や部活の指導者になじめないなど，学校が楽に呼吸できる場所になっていない場合，子どもたちはネットの世界の誘惑に引き込まれやすくなる．また，親の離婚，経済的困難，厳しすぎる親，子どもに関心をもたない親など，家庭が温もりのある安らぎの場としての機能を失っていると，子どもたちはネットの世界に温もりを求めて入り込んでいきがちになる．地域社会に，子どもたちが自分の存在感を実感できる役割や居場所が少なくなったことも子どもたちがネットの世界に吸い込まれていく背景といえる．
　メディア依存，ネット依存を予防したり治療したりするうえでは，単純な禁止や規制ではなく，このような背景を視野に入れた対策が必要なのである．
　こうしたネット依存について，現在日本には疾病としての「ネット依存症」と診断する基準は存在せず，相談や治療の専門医や治療機関もきわめて少ないのが実情である．当然のことながらネット依存に陥らないための予防啓発のノウハウも，教育や医療の現場にはほとんど知られていない．
　お隣の韓国では，2002年から国を挙げて青少年のネット依存防止対策に取り組んでいる．その内容は8・7節で詳述することにする．

8.6　ネット依存のスクリーニング

(1) 診断基準がない

　ネット依存には，まだ，国際的な診断基準はない．スクリーニングテストとしては，アメリカのキンバリー・ヤング博士が開発した「インターネット依存度テスト（Internet Addiction Test：IAT）」や，韓国政府が開発した「インターネット依存評価スケール（K–スケール）」などがある．
　韓国の研究成果をもとに，NPO法人子どもとメディア独自の調査・研究成果を加えて試行的に作成した，メディア依存の度合いを評価する尺度（仮称JC〔Japan Child〕尺度）を目安として紹介する[5]．早期発見，早期対応が重要なので，スクリーニングにぜひ活用してほしい（章末p.146からの図①～図③–2）．以下A, B, Cいずれも清川輝基編著『ネットに奪われる子ど

もたち』（少年写真新聞社）より転載．

A. 乳幼児のメディア依存・ネット依存チェック

　0〜3歳時の乳幼児は日常生活を観察し，思い当たる項目にチェックを付ける．

B. 幼児・児童期（3〜9歳）メディア依存　観察者チェックシート

　幼児・児童期メディア依存　観察者チェック採点シート

C. 青少年（10歳以上）　メディア依存　観察者チェックシート

　青少年メディア依存　観察者チェック採点シート

　※質問のケータイには，スマホも含まれる．

8.7 先駆的な韓国のネット依存対策

（1）IT産業の拡大に対抗する迅速さで進む施策

　韓国政府は，1997年以来の経済危機からの脱出をめざし，IT産業振興を経済再生の中核政策に掲げ，1999年に「サイバーコリア21」を発表した．ITを使いこなすことが，国民が豊かな暮らしをする上で必須との認識から，2002年までにIT先進国となることを目標とし，情報インフラ整備，ベンチャー企業支援など，具体的な行動計画を示したもの．

　瞬く間にネットの普及が拡大し，IT・ブロードバンド（大容量回線）先進国となった韓国は，IT企業や，ヒット作に恵まれて有力な輸出産業となるネットゲーム産業が急成長した．

　ネットを使用した教育eラーニングのため，子ども部屋に高速ネット回線に接続したパソコンが設置されるようになった．

　都市から地方まで，PC房（ピーシーバン，房は韓国語で部屋の意）とよばれる，インターネットカフェが相次いでつくられた．その多くが低料金で24時間営業であり，若者がネットゲームなどに興じるため，利用が盛んになった．

　それはネットの負の側面の，いち早い顕在化も引き起こした．彼らは，ゲームに熱中するあまり，帰宅せずにPC房に入り浸り，家出が問題化した．

　1999年，PC房から子どもを取り戻す市民運動が始まり，2001年，韓国政策はPC房の深夜利用の年齢制限を実施．市民団体や小児精神科医は，ネット依存[7]の問題に気づき，対策の必要性を訴える運動を開始した．

　2002年，光州市のPC房で，ネットゲームを86時間ほぼ連続でプレイし

続けた，常連客の24歳無職男性が極度の過労で死亡．これを機に調査が行われ，ネット依存の兄が弟を殺害，長時間使用によるエコノミー症候群（急性肺血栓塞栓症）や心不全，自殺など，ネット依存に関連したとみられる死亡が表面化した．

ネットゲームが止められず，不登校や引きこもり，欠勤，家族関係が険悪になるなど，問題が多発した．韓国では，男性が満18歳から徴兵検査の対象となるが，ネット依存が原因で，医学的に服務が不可能という判定結果になる者が続出した．一刻を争う社会問題として，韓国政府は対策を本格化した．

韓国の官僚は，新しい行政課題に積極的に取り組む気風をもつ．政府の8部署（日本でいう省）で，一斉に取り組みが開始された．行政安全部（通信事業），教育科学技術部（教育），女性家族部（家庭問題），保健福祉部（健康問題），文化体育観光部（ゲーム産業），法務部（法律），国防軍，地方自治である．

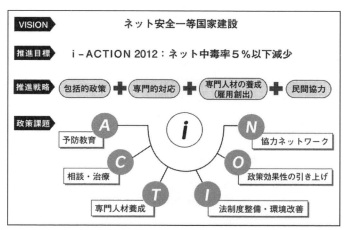

（清川輝基編著『ネットに奪われる子どもたち』少年写真新聞社より）

図8-5　ネット中毒予防及び解消総合計画（ACTION）

2004年の初の全国調査では，ネット依存が疑われる人の割合は，成人で8.9％（推定169万人），青少年では20.3％（154万人）であったが，本腰の政策が功を奏し，その率は年々下がる傾向にある．

対策が進むにつれ，当初，視野になかった低学年および幼児にも，ネット依存が疑われる子どもが多数いることがわかり，2011年に調査を開始．成

人より深刻な状態であることが浮き彫りになっている．

また，2010年には，これまでの携帯電話と異なり，ネット接続機能が付いたスマホが急速に普及し，中学生の8割，高校生の9割以上が所持するようになった．それに伴い，スマホ依存が深刻化．新たにスマホ依存用診断尺度を作成し，2011年から調査したところ，青少年の2割弱がスマホ依存に陥っていることがわかった．そのため，スマートフォンの使用時間を長引かせるようなアプリケーションを遮断する，監視サービス（モニタリングサービス）が増えている．

韓国の対策は，政府を中心に，専門的な研究成果を背景にして，IT産業の拡大や変化の速さに劣らないスピードで進められている．各大学の医学部に児童精神科があるなど，豊富な人材がそれを支えている．

子どものネット依存への対策の土台は，健康な生活，自己表現，子どもの自立など，「子どもの最善の利益を取り戻す」ことに置かれているのである．

一方，日本においても下記のような動きがある．

> NPO法人 子どもとメディアは，このようにネット対策が世界一進み，日本の10年先をゆくと言われる韓国の取り組みから学ぶため，2010年から5回調査・視察を実施した．政府の責任者や専門の精神科医の話を聞き，治療キャンプRescue（レスキュー）Schoolにも足を運んだ．本格的な対策を目の当たりにし，わが国での対策も急務と，2012年，韓国から関係者を招き，国際フォーラム「メディア中毒からの脱出」を開催．参加者約300人の総意として，日本政府・関係機関に緊急に「子ども・若者の『ネット依存（メディア中毒）対策』についての提言」を行うことを決議した．同年，厚生労働大臣と文部科学副大臣に面会し，手渡し，対策の緊急性を訴えた．

(2) 韓国のネット依存の相談体制

担い手となる「ネット中毒専門相談士」は，青少年相談士の有資格者が，ネット依存への対応などを研修で学び，相談や診断，心理療法に携わる．2012年までに4,000人以上が養成されている．

青少年相談士は，専門性の高い資格で，9～25歳の青少年を専門とするカウンセリングの国家資格である．カウンセリングを専攻し，1級は博士号相

第8章　激変するメディア環境と子どもの発達

ACTIONの内容

A　ネット中毒予防教育

　幼児期から成人まで生涯全般にわたっての予防教育が必要と考えられ、そのための教育カリキュラム、実施体制がつくられています。幼稚園、学校などで行う集合教育とネットを使うeラーニング形態があります。

C　ネット中毒相談及び治療

　ネット中毒相談として3つの形態をとっています。①全国どこからでもかけられ、朝の9時から深夜2時まで対応するフリーダイヤルの電話相談、②ホームページやメールを通してのネット相談、③全国で160か所以上ある相談窓口での面談による相談で、いずれも無料です。低所得、一人親、多文化などリスクの高い家庭には、家庭訪問による相談も実施されています。治療は、ネット中毒の要因を分析し実証的な検証を踏まえて、専門家の管理下での各種の治療キャンプ、医療機関での個別治療などの方法が開発されています。

T　ネット中毒対応専門人材養成

　全国で相談や診断を行う4000人以上の専門家を養成する計画です。幼稚園教師、小中高教師に対しては、ネット中毒専門講師、学校・一般相談士（日本のスクールカウンセラーに相当）に対しては、ネット中毒専門相談士、ネット中毒専門支援センター相談士を養成しています。

I　ネット中毒解消のための法制度整備及び環境改善

　2011年11月に、深夜0時から6時まで16歳未満のネットゲーム接続を強制的に遮断する「強制シャットダウン制度」が実施されました。シンデレラ法と呼ばれています。
　2012年1月には、18歳未満の子どもに対して、保護者が特定時間のネットゲーム接続を遮断できる「選択的シャットダウン制度」も実施されています。

O　政策の効果判定、科学性の検証

　2004年のネット中毒尺度K尺度をはじめとして、ゲーム中毒のG尺度、スマホ中毒のS尺度、幼児・青少年期・成人期など年代別の尺度、観察者尺度など、用途に応じた多様な尺度が作られています。科学的検証を繰り返し、3回の高度化改定が行われています。
　これらの尺度を用いた調査を毎年行い、実施した政策の効果がどのように現れているかを検証して、次の政策に反映させています。

N　ネット中毒解消に関する民間及び国際協力の強化

　ネット関連製品は、韓国の主要な輸出製品です。政府は、ネット中毒対策は、製品を安全に世界に広げていくために必要なものだと考え、ネット関連企業に積極的に取り組むことを求めています。ネット利用教育やネット中毒予防対策は、健康教育や安全教育と同様に一般企業への働きかけが必要とも考えられています。
　ネット中毒対策において、韓国は世界的に見ても最先端の位置にあり、国際的協力ネットワークの要になろうという意欲が強くあります。

（清川輝基編著『ネットに奪われる子どもたち』少年写真新聞社より）

図8-6　ACTIONの内容

当，2級は修士号相当，3級は学士相当でなければ，受験できない．

相談は本人や家族，学校などからの依頼で受け付けられる．相談方法には，電話，ネット，訪問の3つの形態がある．K-尺度などと面談で一次診断をし，一般使用群は，予防教育を行うか，そのまま終結する．ライトユーザー群や中リスク群は，教育や心理療法を中心に対応する．潜在的危険群や高危険群は，さらに総合的な心理テストにより，二次診断をする．その結果によって病院と連携して治療を行うか，相談を受け付けた機関で継続して相談・治療を行うかを決定する．

(3) 韓国のネット依存の個別治療

児童精神科が中心になって，開発された．韓国では，ほとんどの大学医学部に児童精神科の講座があり，政策への発言権も強い．高い専門性が必要とされ，発達障害などでもニーズが高いが，日本ではまだこれから養成が必要とされる精神医療分野である．

まず，ネット依存の危険要素を分類して，リスクレベルを判断し，治療対応を選択する．ライトユーザー群や中リスク群は，前記の相談機関が対応．高リスク，中毒群は，児童精神科医などの専門医と相談機関の連携で治療を行う．

治療にあたっての基本的な考え方は，ゲームとは，プレイする人にとって，

		日常生活	過度のゲーム使用	過度使用の期間	家族との衝突度	アイテム交換（課金）	ゲーム内チーム加入	友人と会う	暴力行為	対処
ライトユーザー群		継続	時折	1年未満	低い	ない	ない	ある	ない	スクリーニングして教育
リスク群	中リスク	継続	半日弱	1年未満	高い	ない	ある	ある	ない	教育治療
	高リスク	継続あるいは不能	半日強	1年以上	高い	ある	ある	ある	ない	より高度な教育治療
中毒群	中リスク	不能	ほとんどずっと	2年以上	非常に高い	ある	ある	ない	ある	集中的な治療
	高リスク	不能	1日中ずっと	2年以上	非常に高い	ある	ある	ない	ある	キャンプ治療

(清川輝基編著『ネットに奪われる子どもたち』少年写真新聞社より)

図8-7 リスクレベルの分類

そのつらい感情―親の抑圧や無関心に対する怒り，試験で挫折した敗北感，いじめを受けたやるせなさ，低い自尊感情などを癒してくれるものと受け止めることだ．そのため，ネットによって満たそうとしていた（あるいは目をそむけ逃避しようとしていた）特別な感情に気づき，精神的な脆さを生み出す，欠けているものを見極めて対応していく．

　個別治療の治療過程については，その第一人者，関東大学教授，明知病院精神科医のキム・ヒョンス氏の開発した10段階のアプローチ，COPE（Control-Oriented-Personal-Empowerment）を紹介する．
- 1段階目：治療者はまず当事者との間に，ネットやゲームの話を楽しくできるような信頼関係を築く．禁止や規制を前面に出すようなことはしない．
- 2段階目：当事者がネットやゲームで何を楽しんでどんなことをしているのかを，興味深く傾聴する．治療の土台づくり．
- 3段階目：聞き取った内容から，ゲームの種類，動機，得られる報酬などを分類して，治療方針を立てる．例えば，RPG（ロールプレイングゲーム）で，戦闘に身を投じることを好む場合は，日常生活で鬱屈した怒りの感情を抱えていることが多い．怒りの調整訓練や，うつの治療が有効である．
- 4段階目：当事者のもつ人間関係上の課題を，ネットやゲームで行っていることから見極める．ダンスゲーム依存だった子どもは，誰かと一緒に何かをすることを求めており，家族から孤立している寂しさが根底にあることに気づき，治療の糸口になった．
- 5段階目：当事者が自分の状況を客観的にとらえ，自分自身でなぜネットやゲームに依存していたかを考えられるように促す．
- 6段階目：ゲームやネットを使用して，自分にとってそれが何の意味があったのかを確認する．
- 7, 8段階目：ゲームやネットで自分が得たもの，失ったものを考え，自分の幸福や将来について考えることを促す．
- 9, 10段階目：どうすればネットやゲームから離れられるのか，その困難をどうやって乗り越えられるのかを自分で考え，ネット・ゲーム依存からの脱出の行動に向かう．

(4) ネット中毒治療キャンプ（Rescue School）

　ネットから離れて新しい自分を発見し，依存から脱することを目的に，11

泊12日間の合宿形式で行う治療法．対象者や目的によって種類がいくつかあり，ネット依存治療の研究成果をもとに組み立てられている．前出の精神科医のキム・ヒョンス氏や心理学者，青少年活動家などのチームで企画された．

　家族や本人からの直接の申込み，または相談窓口や学校からの紹介で，参加する．会場には，その地域の宿泊型社会教育施設等，スポーツや芸術など多様な活動ができる場所が選ばれる．参加者（Mentee：メンティ）は，男子または女子のみ約20〜30人で，メンティ2人に対し，1人のサポートスタッフ（Mentor：メント）が付く．事前に心理検査などを行ってグループの特性を把握し，それに応じたプログラムを構成するため，内容は固定的ではない．相談，代案活動，家族活動の3つの柱からなる．

　キャンプ期間は，一切の電子メディア機器の所持，使用は認められない．メントとメンティ2人は，24時間寝食を共に，トイレにも一緒に付き添う．ネットやゲームができず，苛立つメンティのわがままも優しくひたすら受けとめ，信頼関係を築く．集団での代案活動，スポーツや音楽に興じ，メンティの表情が次第に明るくなってくる．中間点の2泊3日は，家族とともに過ごす．一緒に料理をつくり，絵を描き，散歩し，話し合う．親子で協力しないと解けないクイズゲームなども行う．親は，子どもの変化が始まっているのを実感する．専門家による相談が，子どもだけ・親だけ・親子で行われ，依存症の処方箋を見つけ，これからどうしたいか，改善策を話し合う．最終日には，修了式が行われる．専門家スタッフらが見守る中，「自分の人生を切り拓き，新しい自分を探す挑戦をした人であることを証明します」という言葉とともに，修了書が一人ひとりに手渡される．子どもたちは，ネットやゲームとのつきあい方や人生の目標など，「自分との約束」を披露する．キャンプ終了後も，一定期間，相談などを継続して受けられる．

　この治療で，重要な役割を担うのが，メンティと比較的年齢が近い，有償ボランティアのメント．反抗するメンティも受容し，彼らが生活規範を破ろうとしたときには，毅然とした態度を示す．活動に自発的，積極的に参加できるように誉めたり，励ましたりする．メントには，青少年相談を専攻し，兵役を終えて集団生活に慣れた大学生が応募できる．大変なしごとだが，定員の何倍もの応募があり，厳しい選抜の末，採用される．メント経験は，相談者としてのスキルアップにもなり，就職時にも高く評価される．

キャンプは効果を認められ，好評で，実施を拡大している．

<u>Rescue の意味</u>
R（Reexperience） キャンプでの新しい経験を通じ，
E（Excitement） ワクワク・ドキドキするような気持ちを感じ，
S（Socialization） 友だち・メント・先生たちとの社会的関係を形成し，
C（Change） 変化のためのチャレンジを始め，
U（Union） バラバラになった家族が再び一つになり，
E（Escape） ネット中毒から脱する

(5) 韓国の予防啓発　ネットリテラシー教育

韓国では，幼児期から小学校，中学校，高校，大学，成人まで全世代に予防教育が行われている．学校では，最低年1回1時間以上の予防教育が義務づけられた．行政機関などの公的施設に勤務する成人にも，年1回1時間以上の予防教育が義務づけられている．

個々により効果の高い予防教育を行うため，事前に「ネット中毒可能性予想尺度」で状態を調べ，依存の可能性の高いに人には，特に重点的に予防教育を行おうとしている．

予防教育の柱は次の二つである．
①ネット依存の危険性を知らせる．
②ネットの禁止ではなく，長所，短所を伝えて，自分で選択する．

その根底には，生活や行動の変化は，他者からの強要でできるものではなく，学習を通じ，主体的に変わっていくものだという認識がある．そのため，考える材料を提供し，みずからが判断して選択することを支援する教育が，学校や地域で実施されている．

例えば，ある小学校での連続型啓発授業では，専門の講師が「ネットの長所と短所」「個人情報の保護」「心身への影響」「仮想現実と現実」「代案活動」「ネット中毒の予防啓発」をテーマに，6回の授業を行っている．

8.8 メディア・ネット依存へどう向き合うか

(1) 日本の治療体制

ひるがえって，日本での取り組みは，どのように進んでいるだろうか．対

応が大きく遅れている．相談・治療機関は，ごく限られている．
　日本では，2011年7月，国立病院機構久里浜医療センターに，ネット治療専門外来が開設された．この病院は，1963年に，日本初のアルコール依存症専門病棟を設立し，アルコール依存症治療では長年の実績がある．そのため，WHO（世界保健機関）アルコール関連問題研究・研修協力センターにも指定されている．
　2013年には，週1日だった専門外来を週2日に増やしているが，若年層の患者が多く新規の相談には対応できないほどだという．病院は神奈川県横須賀市にあるが，北は北海道，南は九州まで，全国各地から受診者が来院する．久里浜医療センター長，樋口進氏の著書（2013, 2014）を参考に以下，治療の概要を紹介してみよう．
　久里浜医療センターでは，診断・治療のガイドラインがない中，スクリーニングのため，世界の医療現場で現在最も使われている，アメリカのキンバリー・ヤング博士が開発したインターネット依存度テストや，韓国のK-スケールを用いている．初診では，専門医の問診とともに，血液検査や体力測定，骨密度の測定，MRI，脳波，重複障害を調べる検査などを行う．重複障害とは，広汎性発達障害やうつ病，AD/HD（注意欠如/多動症），社会不安障害など何らかの他の精神疾患が，ネット依存の背景にあることが多いためである．
　身体に関する検査をするのは，ネット依存については否認が強い場合でも，栄養失調や骨粗鬆症の治療や生活指導から入って，医療スタッフとの信頼関係を築くことができる場合もあるからである．
　基本的には，薬物療法は行わない．重複障害として，うつ病や社会不安障害があった場合は，抗うつ剤や，抗不安薬を使う場合もある．従来の依存症治療を応用した，ネット依存の治療法としては，
① 1日の行動を記録する記録法：否認の強い当事者に，ネットの使用時間の長さを客観的に自覚してもらい，行動変容を促す．
② 認知行動療法：ものごとのとらえ方・考え方に働きかけて，気持ちを楽にする精神・心理療法．現実と食い違い，偏ってしまった物事の受け取り方のバランスを取り，ストレスに対応できる心の状態をつくる．
③ 患者によるグループディスカッション：ネット依存に悩む者同士で話し合い，ネットとは何か，自分にとっての意味や，多くのことを犠牲にしてき

たことなどに気づく．治療者が司会進行役になる．
④家族のネット依存家族会への参加：「依存とは何か」「家族の正しい対応」など，ネット依存治療部門のスタッフの講義と，家族の体験談やスタッフを交えての意見交換など．孤立感を強め，誰にも打ち明けられなかった家族が，同じ悩みを抱えているのは自分たちだけではなかったと知り，ほっとできる．子どもとの接し方など，当事者ならではの体験的知識も得られる．気持ちをわかちあい，共感でき，子どもの将来など，思い詰めた精神状態に風穴を開けてくれる．
⑤新しい自分を見つけるためのプログラム：NIP（New Identity Program）の導入．病院内で，治療者とともに週1回1日を過ごすデイ・ケアのようなもの．一緒に食事をとり，会話を交わすことも，コミュニケーションスキルを上げ，治療につながる．具体的な内容の柱は4つある．
　1）バトミントン,卓球などの運動,美術,機器を使わず皆で行えるゲーム
　2）医師や看護師，栄養士，作業療法士などによる睡眠，運動，栄養，依存，健康問題などについてのレクチャー
　3）ネット依存について話し合う小ミーティング
　4）希望者には，臨床心理士による対人関係に関する訓練（Social Skills Training：SST）

挨拶から始まり，状況に合わせてどんな話をすればよいか，自分の言動が相手にどう受け止められるのか，相手がどう感じているのかをなどを実践的にトレーニングする．面接，接客，会食など具体的な状況を設定し，他の参加者の前でロールプレイを行う．その後，自己評価し，話した相手や他のメンバーからの感想や意見をディスカッションする．

(2) 子どものネット依存について，日本政府が取り組むべき課題

①「ネット依存の診断基準」の作成（厚生労働省）：実態調査を実施する上でも，相談・治療にも，診断基準は欠かせない．ネット依存と一言でいっても，国により状況がかなり異なるので，J-スケールのような，日本の特殊性を考慮した基準があるのが望ましい．
②ネット依存相談センターの設置（厚生労働省）：各都道府県，政令指定都市，医学部附属病院などに，ネット依存について相談・治療できる組織を設置する．

③人材養成を急げ（厚生労働省）：日本では，児童精神科医は，200人ほどしかいないといわれている．大学医学部に専門講座を設けるなどして，ネット依存の相談・治療・予防啓発などに対応できる人材養成が急務である．

④学校教育にネットリテラシー教育の導入を（文部科学省）：現在，学校では，ネットによるいじめや犯罪被害・加害など，トラブルが続出して，教師はその対応に追われている．生徒のネット利用の実態に適切に対応できる知識を修得し，生徒たちにネットリテラシー教育が行える人材を養成する必要がある．カリキュラムの開発や研修が急がれる．

⑤不登校・ひきこもりとネット依存の関わりの解明を（文部科学省）：依存が原因で不登校・ひきこもりになる場合と，不登校・ひきこもりをきっかけに依存になる場合がある．わが国の不登校は，2012年度，小中高合わせて計17万人強と，以前，高い水準にあり，不登校・ひきこもりと，ネット依存の一体的な取り組みが必要である．その関わりについての実態調査と対応が急務である．

⑥広汎性発達障害やAD/HD（注意欠如/多動症）とネット依存との関わりの解明を（厚生労働省）：韓国の研究者によると，ネット依存者の75%が，AD/HDなどの精神疾患を合併しているという．台湾やベルギー，アメリカなどでも，ネット依存には，他の精神疾患との重複障害が多く認められるという報告がある．その関わりについても，実態調査と対応が必要である．

(3) それぞれの現場でできること

①園医・学校医：園医は，乳幼児の保護者に対して，スマホ育児の危険性を伝える役割を担う．学校医は，学校におけるネット依存症予防啓発活動の中心的役割を果たすことになる．日本医師会や日本学校保健会などは，園医や学校医を対象にネット依存についての研修を実施する必要がある．

②スクールカウンセラー・臨床心理士：中高生の推計51万8000人がネット依存の疑いがあることが明るみになった今，学会主催や自主研修会など，ネット依存について学ぶ機会をつくる．学校医や養護教諭などと協力しながら，予防啓発活動の中核を担うことが期待される．

③養護教諭：学校で子どもたちの異変に真っ先に気づきやすいのが，養護教諭．ネット依存が原因の睡眠不足や生活リズムの乱れ，肥満など，心身の不調に気づいて，重症化を防ぐ上で，きわめて重要な役割をもつ．学校内

でほかの誰よりも，ネット依存についての知識をもつ必要がある．
④保健師：保護者へのスマホ育児の危険性を啓発したり，地域のひきこもりの子ども・青年がネット依存から脱け出すのを支援したり，大きな役割が期待される．ネット依存やスマホ育児の危険について，学ぶ機会を設定する必要がある．
⑤教育委員会：子どもたちのメディア機器利用やネット生活の実態調査．教職員を対象にしたメディアやネットについての研修会を定期的に開催する．管内の小中高校でメディア・ネットリテラシーについての授業の実施を各学校に強く促し，必要な予算措置を講ずる．すでに福岡県教育委員会は，2000年から予算措置し，松江市は教育委員会に専任のメディア対策担当者2名を置いている．
⑥学校：文部科学省や教育委員会の指示がなくても，メディアやネットのリテラシー教育を実施しているところは少なくない．教師主導だけでなく，生徒たちの自主的な取り組みで，スマホの問題点などを話し合う学校も出始めている．こうした教師や生徒たちの自主的な動きは，ネット・リテラシーの確立に大きく貢献するだろう．
⑦教師：特にネットに関するトラブルが多発している中学校では，多くの教師が事態に対応する知識が不足して，苦慮している．禁止や没収，懲罰などは逆効果を招いたり，黙認，放任で事態を悪化させている場合もある．教師自身がネットリテラシーについて学び，生徒たちが利用するゲームやネットサービスについても，話し合えるように理解しておく必要がある．
⑧保育園・幼稚園：スマホ，タブレット端末，テレビなどメディア機器に乳幼児を長時間触れさせることに問題を感じず，積極的に与えている保護者もいる．スマホ育児の問題点や，親のネット依存が子どもの発達に与える影響について，的確なアドバイスや啓発を行う役割がある．そのために，園長や，保育士，幼稚園教諭がメディアについて学ぶ機会が欠かせない．

（4）デジタルデトックスのすすめ

デトックスとは，体内にたまった「毒素」とされる有害物質や老廃物などを体外に排出することをさす．インターネット使用がいち早く長時間化したアメリカで始まったといわれている．

「食事中も会話中もスマホを手放せない」「無線LANに繋がらないとイラ

イラする」など，自分の中に「デジタル」という毒が蓄積していることに気づいたら，意識的にデジタル環境から距離を置く時間を過ごしてみる．子どものメディア依存対策とともに，まわりの大人自身が解毒を試みる．日頃，ネットなどに時間を取られ，できなかったことに挑戦してみる．

※ネット依存，スマホ依存に陥っている子どもに対し，親が強制的に使用を禁止したり，回線を切断したりするのは望ましくない．本人の意思で参加することが大切である．

〈デジタルデトックスの具体例〉

① 運動する：鬼ごっこやサイクリング，キャッチボール，ランニング，サッカー，テニス，バドミントン，卓球，スキー，スノボ，水泳，海水浴，スキューバーダイビング，ダンス，ヨーガ，武道など．何か一つでも，自分が好きで続けられるスポーツを見つけ，生活の中に位置づけ，継続できると望ましい．クラブ活動で経験のある種目だと，とっつきやすい．サイバー世界だけでなく，現実社会での友人づきあいにもつながる．

② アートや手芸をする：パソコンを使わずに絵を描く，コラージュ，陶芸，革工芸，編みものなど．自分の手指を使っての創造的な活動は，ネットでは味わえない充足感がある．

③ キャンドルナイト：手料理をつくり，照明を温かみのあるキャンドルにする．食事中は，家族とおしゃべりしながら，ゆったりと楽しむ．メールやSNSのチェックをすることなく，脳を興奮させずに就寝すると，より質の高い睡眠を取ることができる．目覚ましをかけずに眠りにつき，朝の光で自然に目を覚ます．

④ スマホを持たずに外出する：不安やイライラ，不便さを味わったら，いかにこれまで日常的にスマホに頼っていたか，良い面，悪い面をあらためて意識することができる．スマホがなかった時代には，どう過ごしていたかを，思い出してみる．スマホなしでの待ち合わせには，遅刻しないように，早めに出かけ，目的地の場所も事前に確認しておく．バーチャルなコミュニケーションになりがちだった大切な人とは，直接会うようする．少し不便だけれども，ていねいに生きる時間を過ごしてみる．

⑤ 家族で散歩：スマホを持たずに，近所を一日かけて散歩してみる．弁当を持参するのもよい．見慣れた場所にも新たな発見があり，テーマパークと変わらない楽しい一日になるかもしれない．

⑥ 旅行やキャンプ，登山，クルージングをする：五感をフルに使い，自然を

満喫し，日常と異なる世界の感じ方，人との関わり方を体験する．
⑦アナログなゲームをする：ゲーム機やネットを使わない，複数の人で遊べるトランプやオセロ，人生ゲームのようなボードゲーム，将棋，碁など．人とのリアルなやりとりを楽しむ．

その他，⑧バーベキューパーティをする，⑨新聞・本をじっくり読む，⑩楽器を演奏する，生演奏を聞く，⑪瞑想する，⑫ボランティア活動に参加する，⑬農業・漁業体験をする，⑭同好の趣味をもつなかまと交流する，⑮クリスマスやハロウィンなど，年中行事に参加するなど．

若者言葉でいうなら，"リア充"，現実の生活の充実に価値を見出し，ていねいに暮らすか．いかに自然を満喫したり，身体を動かす喜びや，生身の人間同士の関わりあいを楽しむかにかかっている．それによって，ネットへのアクセスの頻度も，自然に下がっていく．

(5) ネット，スマホ依存へ高まる社会的関心

子どもたちの「学力低下」とネットやスマホとの関係も文部科学省の2013年度全国学力調査の分析や東北大学の川島隆太教授（脳科学）の仙台市における調査で明確になっている．そうした電子メディアへの接触時間が長くなるほど子どもたちの成績悪化につながることが科学的に証明されたのである．

2011年からICT教育推進のモデル地区を設定し2,200億円もの予算を投入して1人1台のタブレット端末を導入した韓国でも2013年に政府がその見直しに踏み切った．「学力向上に効果が見られない」「子どもが本を読まなくなった」など教師の団体や教育評論家たちの批判が出る中での路線転換で，小学校全学年のほとんどの教科で使っていたタブレット端末を3年生と4年生の理科と社会に限定したのである．

「推計51万8000人の中高生がネット依存」という厚生労働省研究班の発表，全国各地の中学高校で激増するネットトラブル，それに加えて「学力低下」の可能性が指摘され始めて，スマホ，タブレット，ゲーム機など電子メディアと子どもとの関わりへの社会的関心が急速に高まり始めた．新聞，テレビ，週刊誌，育児雑誌はもちろん，保健，医療，教育の専門誌までが，ネットやスマホの特集を組んでいる．書店の書棚にもネットやスマホ関連の書籍が玉石混淆，ズラリと並ぶようになった．

NPO子どもとメディア（p.130参照）が2014年2月に開催した第7回子どもとメディア全国フォーラム「スマホ社会の子どもたち―その危険と可能性」に際しても，教育関係者や医療関係者から申し込みが殺到し，締切り1ヵ月前に満員札止め，70名近くのキャンセル待ちが出る事態となって関心の高まりをうかがうことができた．

　こうした関心の高まりは，各地での具体的な対応策につながっている．乳幼児を持つ親たちや小中高の児童生徒を対象にネットやスマホの危険性を啓発する講習会や授業が行なわれたり，教育委員会や校長そしてPTAが主導して地域ぐるみ学校ぐるみの「スマホルール」づくりが始まったりしている．中学や高校では生徒たちがネットやスマホの使い方と危険性を自主的に学習しルールづくりにまでつなげる動きも見られるようになった．これまでメディアリテラシーやメディアコントロールに関する制度的対応が諸外国と比べて圧倒的に貧弱だった我が国でようやくこうした取り組みが始まったことは歓迎すべきことであろう．

　本章の最後に，ネット社会，スマホ社会への対応策を考える上で，最も重要な三つの視点について述べておくこととする．

　第一の視点は，「子どもの発達」の視点である．乳幼児期から小中高校生まで人間としての発達が心もからだも言葉の力も含めて電子メディアによって阻害されてはいないか，ということに常に留意して接触のあり方を考える必要があるのである．

　第二の視点は，子どもの「学習権の確保」である．スマホなどの電子メディアへの長時間の接触は子どもの生活リズムを破壊し，子どもたちが自らの未来を創るために学ぶ時期を奪いとることになる．自宅ではもちろん睡眠不足で学校での授業に臨むことも含めてメディア接触が子どもの学習権を侵害していないかを考えてみる必要がある．

　第三の視点は親や大人の「管理責任」である．法律的・経済的・社会的な責任能力もなく物事の判断能力も未熟な高校生以下の子どもにスマホなどを買い与える際には，親や大人が管理責任を十二分に果たすことが厳しく求められることを忘れてはならない．企業の販売戦略や世の中の風潮に安易に流されて買い与える側の責任も問われるのである．　　　　　　［清川輝基］

第8章 激変するメディア環境と子どもの発達

おかしいな？ と思ったら
～ NPO 子どもとメディア版～

Ⓐ 乳幼児のメディア依存・ネット依存チェック

「①メディアとの関わり」が 2 つ以上で要注意群です。「①メディアとの関わり」が 1 つでも「②子どもの状態」に 1 つ以上当てはまれば同じく要注意群です。

①メディアとの関わり

☐ テレビや DVD などがついていると機嫌がいい

☐ スマホ・タブレットをいつまでも見たり触ったりしている

☐ テレビや DVD を消す、スマホ・タブレットを取り上げると泣いたり、不機嫌になったりする

☐ いつでもどこでもスマホ・タブレットを触りたがる

☐ タッチパネルを操作するような仕草が増えた

②子どもの状態

☐ 言葉の発達が気になる

☐ 便秘がちだったり、生活リズムがつかみにくい

☐ あやしても笑わない

☐ おもちゃに興味を示さない

図①　乳幼児のメディア依存・ネット依存チェック（清川輝基編著．（2014）．ネットに奪われる子どもたち．少年写真新聞社より．ⒸNPO 法人 子どもとメディア）
　　　0～3 歳時の乳幼児は日常生活を観察し、思い当たる項目にチェックを付ける

B. 幼児・児童期（3〜9歳）メディア依存　観察者チェックシート

No.	質問項目	全くそうでない	ややそうでない	ややそうである	とてもそうである
1	食事や休憩なしでトイレも行かずにゲーム・ネット・スマホ・タブレットをする。	1	2	3	4
2	ゲーム・ネット・スマホ・タブレットを途中でやめさせると、またしたいとぐずることが多い。	1	2	3	4
3	ゲーム・ネット・スマホ・タブレットを使えないときは落ち着きがなくなる。	1	2	3	4
4	ゲーム・ネット・スマホ・タブレットを使っている間だけ、興味しんしんでイキイキして見える。	1	2	3	4
5	ゲーム・ネット・スマホ・タブレットをしないときは、ほかのことに集中できず不安に見える。	1	2	3	4
6	ほかにしなければならないことがあるときも、ゲーム・ネット・スマホ・タブレットをし続ける。	1	2	3	4
7	ゲーム・ネット・スマホ・タブレットをしないときは退屈そうである。	1	2	3	4
8	ゲーム・ネット・スマホ・タブレットをしている時間が最も落ち着いて見える。	1	2	3	4
9	ゲーム・ネット・スマホ・タブレットを使い過ぎることによって勉強や活動に集中できず、注意散漫な態度を見せる。	1	2	3	4
10	ゲーム・ネット・スマホ・タブレットの画像で血まみれのシーンが出ても平気に見える。	1	2	3	4
11	ゲーム・ネット・スマホ・タブレットを使い過ぎることによって生活が不規則になっている。	1	2	3	4
12	ゲーム・ネット・スマホ・タブレットの使い方に関する約束をしてもたいていは守れない。	1	2	3	4
13	ゲーム・ネット・スマホ・タブレットを長時間使うようになって、体型が変わったように感じる。	1	2	3	4
14	ゲーム・ネット・スマホ・タブレットをやめさせると怒り出すかイライラする。	1	2	3	4
15	ゲーム・ネット・スマホ・タブレットを使う時間を守ることができない。	1	2	3	4

図②-1　幼児・児童期（3〜9歳）メディア依存　観察者チェックシート（清川輝基編著．（2014）．ネットに奪われる子どもたち．少年写真新聞社より．ⒸNPO法人子どもとメディア）

B. 幼児・児童期メディア依存　観察者チェック採点シート

No.	全体	a	b	c
1			▓	▓
2		▓	▓	
3		▓		▓
4		▓	▓	▓
5		▓		▓
6			▓	▓
7		▓	▓	▓
8		▓	▓	▓
9		▓	▓	▓
10		▓	▓	
11		▓	▓	▓
12		▓	▓	▓
13		▓	▓	▓
14		▓		▓
15		▓	▓	
合計				

評価 幼児・児童期		全体	a	b	c
	高危険群	44以上	14以上	12以上	14以上
	要注意群	40以上	13以上	11以上	13以上

図②-2　幼児・児童期メディア依存　観察者チェック採点シート（清川輝基編著．(2014)．ネットに奪われる子どもたち．少年写真新聞社より．©NPO法人 子どもとメディア）

C. 青少年（10歳以上）メディア依存　観察者チェックシート

No.	質問項目	全くそうでない	ややそうでない	ややそうである	とてもそうである
1	ゲーム・ネット・ケータイの使用によって家族とトラブルが起きる。	1	2	3	4
2	普段と異なり、ゲーム・ネット・ケータイを使用している間だけ、言いたいことが言えて自信があるように見える	1	2	3	4
3	ゲーム・ネット・ケータイにハマってから暴力的（言語的・身体的）になった。	1	2	3	4
4	1日に4時間以上動きもせず同じ場所で（または目を離さず持ち歩いて）ずっとゲーム・ネット・ケータイを使用する。	1	2	3	4
5	食事や休憩なしでトイレにもいかず（または持ち込んで）ゲーム・ネット・ケータイをする。	1	2	3	4
6	ゲーム・ネット・ケータイ使用によりまわりの人たちの目線や反応に無関心になった。	1	2	3	4
7	ゲーム・ネット・ケータイを使用している間に声をかけると怒ったりイライラしたりする。	1	2	3	4
8	1日以上徹夜でゲーム・ネット・ケータイをする。	1	2	3	4
9	ゲーム・ネット・ケータイ使用によって学校の成績が落ちた。	1	2	3	4
10	ゲーム・ネット・ケータイをやめさせようとすると人が変わったように暴力的な言葉や行動になる。	1	2	3	4
11	ゲーム・ネット・ケータイの時間制限を約束するが守れない。	1	2	3	4
12	ゲーム・ネット・ケータイ使用で疲れるため、授業時間に眠ってしまうことがある（または眠ってしまうらしい）。	1	2	3	4
13	ゲーム・ネット・ケータイをしないときは、ほかのことに集中できず不安に見える。	1	2	3	4
14	ゲーム・ネット・ケータイの使用時間が段々長くなる。	1	2	3	4
15	ゲーム・ネット・ケータイ使用により約束を守らず、うそをよくつく。	1	2	3	4

図③-1　青少年（10歳以上）メディア依存　観察者チェックシート（清川輝基編著. (2014). ネットに奪われる子どもたち. 少年写真新聞社より. ⓒNPO法人子どもとメディア）

※質問のケータイには，スマホも含まれる

C. 青少年メディア依存　観察者チェック採点シート

No.	全体	a	b	c
1				
2				
3				
4				
5				
6				
7				
8				
9				
10				
11				
12				
13				
14				
15				
合計				

評価		全体	a	b	c
中高生	高危険群	35以上	14以上	12以上	11以上
中高生	要注意群	32以上	13以上	11以上	10以上
小学生	高危険群	30以上	14以上	12以上	11以上
小学生	要注意群	28以上	13以上	11以上	10以上

図③-2　青少年メディア依存　観察者チェック採点シート（清川輝基編著．（2014）．ネットに奪われる子どもたち．少年写真新聞社より．©NPO法人 子どもとメディア）

課 題

1. スマホ育児の問題点を挙げ，その解決法を述べなさい．
2. インターネット依存について調べ，現状や具体的対策について，述べなさい．
3. デジタルデトックスを実践し，感想を述べなさい．

【文 献】

韓国政府．インターネット依存自己評価スケール（青少年用）K-スケール，インターネット依存自己評価スケール（成人用）K-スケール．
　　http://www.kurihama-med.jp/tiar/tiar_07.html
柏木惠子．(2013)．おとなが育つ条件：発達心理学から考える．岩波新書．
清川輝基編著．(2014)．ネットに奪われる子どもたち．少年写真新聞社．
清川輝基・内海裕美．(2009)．「メディア漬け」で壊れる子どもたち．少年写真新聞社．
清川輝基．(2003)．人間になれない子どもたち．エイ出版社．
キム・ティップ・フランク．(2014)．ネット依存から子どもを守る本．大月書店．
教育科学財団．教育科学情報．第46号．
厚生労働省．(2008, 2012)．未成年者の喫煙・飲酒状況に関する実態調査研究平成20年度，平成24年度．
総務省．(2014)．インターネットの利用動向．平成26年版情報通信白書．
　　http://www.soumu.go.jp/johotsusintokei/whitepaper/ja/h26/pdf/n5300000.pdf
内閣府．(2014)．平成25年度 青少年のインターネット利用環境実態調査．
　　http://www8.cao.go.jp/youth/youth-harm/chousa/h25/net-jittai/pdf/kekka.pdf
内閣府．(2014)．平成25年度アメリカ・フランス・スウェーデン・韓国における青少年のインターネット環境整備状況等調査報告書．
　　http://www8.cao.go.jp/youth/youth-harm/chousa/h25/net-syogaikoku/5_03.html
日本教育科学研究所 (2014)．教育研究情報．
日本小児科医会「スマホに子守りをさせないで」ポスター．http://jpa.umin.jp/download/update/sumaho.pdf
日本小児科医会「子どもとメディア」対策委員会．(2004)「子どもとメディア」の問題に対する提言．http://jpa.umin.jp/media.html
樋口 進．(2013)．ネット依存症．PHP研究所．
樋口 進．(2014)．ネット依存症から子どもを救う本．法研．
古野陽一．(2014)．スマホ時代の中高生ネット教育プログラム SSP（Smart Student

Program) 試行事業報告．2013年度文部科学省スポーツ・青少年局委託事業
　　http://komedia.main.jp/history/2014/05/ssp-2013up.html
文部科学省．（1964〜2013）．全国体力・運動能力，運動習慣等調査結果．
　　http://www.mext.go.jp/a_menu/sports/kodomo/zencyo/1266482.htm
山田眞理子．（2014）．メディア依存状態の子どもがいる家庭の保護者を対象とした依存対策プログラム．2013年度の文部科学省初等中等教育局委託事業．
　　http://komedia.main.jp/history/2014/05/dream.html
米田智彦．（2014）．デジタルデトックスのすすめ：「つながり疲れ」を感じたら読む本．PHP研究所．
IEA：International Association for the Evaluation of Educational Achievement
　　http://www.iea.nl/ Kimberly.Young. Internet Addiction Test, IAT.
NPO法人 子どもとメディア．（2012）．子ども・若者の「ネット依存（メディア中毒）対策」についての提言．http://komedia.main.jp/history/cat11/
NPO法人 子どもとメディア．（2013）．「メディア中毒」からの脱出：子どもとメディア日韓共同フォーラム報告書．NPO法人 子どもとメディア．

【注】
[1] 携帯電話の通話機能はほとんど使われず，メールと携帯サイト利用が中心になり，「ケータイ」とよばれるようになった．
[2] 低体温（35度台）の原因は，遅寝・遅起きによる生活リズムの乱れが，体温調節機能をつかさどる自律神経の働きの低下を招くためであるという（前橋 明，2009）．
[3] スマホ，タブレット，パソコンなどで利用でき，ネットを通じリアルタイムにコミュニケーションすることができるインスタントメッセンジャー．利用者が相互にこのアプリケーションをインストールすると，無料で複数人のグループ通話を含む音声通話や，テキストチャット，ゲームなどを行うことができる．感情を表現できる独自のキャラクターを使ったスタンプや，絵文字が多種揃っていることも，利用者の心をつかんだ．2011年6月にサービスを開始し，LINE社の発表によると，世界全体の登録者数は2014年10月には5億6,000人にまで急増し，ただ実際の月間利用者数はそれをかなり下回る1億7,000万人だという．LINEを利用したいじめが社会問題化，性被害を受けた少女の大半が連絡方法としてLINEを使われていた，LINEアカウントの乗っ取りで電子マネーが盗まれたなど，便利な反面，LINEを使った犯罪も増えている．ほかに無料通信アプリには，米フェイスブックの傘下の「ワッツアップ」や，中国の「微信（ウィーチャット）」，韓国の「カカオトーク」などがあり，熾烈なシェア争いをしている．
[4] ブログやSNS（ソーシャルネットワークサービス）の投稿に対して，批判や中傷のコメントが殺到する状況．非難が集中してそのサイトが閉鎖に追い込まれることも指す．
[5] メディア依存症の診断尺度は，世界・国内ともに策定途上である．そのため，掲載したチェックシートと評価基準は，依存症の診断に必要な医学的な検証を経たものではない．
[6] メディア依存は，うつや学習障害などを合併するケースもある．
[7] 韓国ではネット依存に対し，ネット中毒という名称を用いている．

〈NPO 法人 子どもとメディア〉
〒810-0042　福岡市中央区赤坂 1-2-7　みずほビル 703
http://www16.ocn.ne.jp/~k-media/

　母体は，1999 年，子ども劇場福岡県センターの呼びかけで，「子どもとメディア研究会」として発足．市民共同型の調査研究プロジェクト，2004 年，NPO 法人「子どもとメディア」として設立された．

　テレビ・ビデオ・テレビゲーム・ケータイ・パソコンなど，激変するメディア環境の中，子どもたちが情報の洪水に流されることなく，主体的に向き合う力を育むことを目指す．実態調査・研究などに取り組み，社会提言を行っている．会員は，医療・福祉・教育・メディアなどの専門研究者，幼稚園・保育園・学校など教育現場，地域活動団体，新聞・放送などマスコミ関係者など幅広い．

第9章

胎児期・新生児期の発達
―― 受精から出生後 28 日未満

　本章では生命の始まりとして，受精から誕生さらに新生児の成長・発達を取り扱う．近年では小児科学以外に生命に関する理論や研究技術の進歩により，生物学的基盤についての知見が積み重ねられている（小西，2013）．それらのいくつかを示しながら，この時期の重要性や問題点を考えてみる．

　受精から出生まで子宮で約 40 週成長する胎児期は，卵体期（受精卵の子宮壁着床までの 2 週間），胎芽期（身体各部の期間形成期 2〜8 週間），それ以後の胎児期の 3 つに分けることができる．近年では医療技術の進歩により，体重が 500 g 前後になる妊娠 22 週目あたりから，子宮外で生存できる可能性があるとみなされるようになっている（志村，2003）．

　新生児期とは，誕生して母胎内の共生生活から母胎外での独立生活を準備する生後 28 日未満までをいう．これらの情報はそれぞれの時期に発生する問題を予測するのに役立つが，必要以上に過敏になることは望ましいことではない．

9.1　胎内で聞こえる声，音

　胎児の感覚系の発達はそれぞれの分野で着実に進んでゆく．外耳は胎芽期には耳介が形成され，中耳では胎児期にツチ骨・キヌタ骨・アブミ骨の化骨が始まり，内耳も胎児期には聴覚上皮の分化が進む．聴神経の発達も出生までにある程度の髄鞘化は完成している（常石，2008）．

　胎児は母親の子宮の中で，どんな声や音を聞いているのだろうか．聴覚に関しては，聴覚誘発電位は 24 週には基本的な波形が検出され，28 週から 34 週にかけて潜時は急速に短縮する（Star et al., 1977）．子宮内では母体の血管雑音や腹部雑音が主な聴覚的刺激であるが，各種の刺激が運動や中枢神

経系の発達に影響を与えているとされている（常石，2008；Gerhardt & Abrams, 2000）．一般に胎児期8ヵ月には聴覚がおおよそ完成しているといわれている．

fMRIを用いた脳計測を用いた研究（Hykin et al., 1999）では，妊娠38, 39週の胎児に母親の歌をスピーカーで聞かせると，胎児の脳のうち成人における聴覚野に相当する場所が活動することが示されている．また子宮外の音声は胎児に達しているらしく，新生児が泣いているときに子宮内で聞きなれていた母親の血管を録音したものを聞かせると，泣きやみ入眠する（Murooka et al., 1976）．しかし新生児が子宮内で聞いていた音をどのくらい記憶し反応しているかは，胎教（後述）との関連も注目されるが，医学的には明らかになっていない．

9.2 胎児に害のある物質

人の受精卵は子宮への着床ののち，約40週後の出生までを子宮で育まれる．胎児の正常な成長にとって子宮内の環境は実に重要なものである．人の体は約数十兆個の細胞で構成されるといわれているが，サドラー（2010）によると以下のような経過をたどると述べられている．受精卵は2細胞期，4細胞期，8細胞期を経て16細胞の桑実胚となり，さらに胚盤胞となって受精後第一週末（7日目）までに着床する．そして胚盤胞は胎児の臓器を形成する内胚葉，中胚葉，外肺葉に分かれ，それぞれの役割を担うことになる．内胚葉は消化器系組織（消化管，膵臓，肝臓など）や呼吸器系組織（気管，気管支，肺など），中胚葉は血液系細胞，筋肉・骨組織やリンパ系組織，外肺葉は皮膚や中枢・抹消神経系組織などを形成する．

これらの過程で子宮内の胎児は，羊水中に浮かんだ状態で子宮との間には臍帯で結ばれており，臍帯の母体側には胎盤がある．胎盤において母親の血液によって各種の栄養やホルモンなどが胎児に伝えられ，胎児からの二酸化炭素やアンモニアなどの不要物が胎盤に送られ，母親に伝えられる．胎盤機能が障害されると成長が阻害されるにとどまらず，生命の危機にさらされることにもなる．

また胎児には胎盤を通じて成長に必要な物質（酸素・栄養・ホルモン）だけでなく，害のある物質が伝達されることもある．例えば化学物質によるものとして，妊娠中にアルコールを摂取した母親から生まれた子どもは胎児期

にアルコールに曝された結果，小頭症，精神発達障害などの胎児性アルコール症候群を発症することが知られている（Jones et al, 1973）．

環境汚染によるものとしては日本におけるメチル水銀の胎内被爆に起因する胎児性水俣病が報告されている（原田，1964）．予期せぬ災害による放射能汚染の問題も世界中の大きな課題である．

薬剤による影響として，母親の内服薬の抗けいれん薬フェニトインによる胎児性ヒダントイン症候群（小頭症や心奇型），災害による睡眠薬サリドマイドによる四肢の短縮などがあげられている．

その他にも母胎が強いストレスにさらされた場合の影響として，トキソプラズマ，風疹ウイルス，サイトメガロウイルス，単純ヘルペスウイルスは胎児の奇形を発症させることが知られている．母胎が強いストレスにさらされた場合の影響も含めて，妊娠中の母親の健康管理の必要性は，各種の予防医学的にも重要である．

また外因性内分泌かく乱化学物質（環境ホルモン）の地球上の生命体に及ぼす影響の報告も無視することができない（コルボーン他，1997）．膨大な科学データの検証による生殖機能障害仮説は，野生生物のみならず，ひと男子の精子数の減少など生殖機能障害の可能性の警告の書である．以上のほかにも胎児に害のある物質の因果関係について現在も科学的な論争が行われている．

出生時に存在する各種の異常は先天異常とよばれ，新生児の2～3%に起こっているとされる（サドラー，2010）が，上記のものも含めてヒトの先天異常に関連する催奇形因子を表9-1に示した．なお，胎児期におけるリスク要因は可能な限り避けるべきであるが，出生前診断による胎児の異常や問題の発見については，多くの課題が存在する現状である（山中・斎藤，2012）．出生前診断自体の安全性や確実性の問題，異常が発見された場合の対応（胎児治療の問題，母体保護法の解釈問題，人口妊娠中絶の倫理問題，胎児の人権問題など）に関して，今後も慎重な議論を重ねなければならない課題だといえる．

9.3 遺伝と環境

人にとって遺伝と環境の問題は古くて新しいテーマである．遺伝子は生命維持に不可欠なものであり，父母によって子にもたらされる．一方環境は生

表9-1 ヒトの先天異常に関連する催奇形因子（サドラー，2010）

催奇形因子	先天異常
感染因子	
風疹	白内障，緑内障，心臓異常，聾，歯異常
サイトメガロウイルス	小頭症，盲目，精神遅滞，胎児死亡
単純ヘルペスウイルス	小眼球症，小頭症，網膜異形成
水痘ウイルス	体肢低形成，精神遅滞，筋委縮
HIV	小頭症，発育遅延
トキソプラズマ症	水頭症，大脳実質石灰化，小眼球症
梅毒	精神遅滞，聾
物理的因子	
X線	小頭症，脊椎裂，口蓋裂，体肢の異常
高熱	無脳症，脊椎列，精神遅滞，顔面異常，心臓異常，臍帯ヘルニア，体肢の異常
化学的因子	
サリドマイド	体肢の異常，心臓異常
アミノプテリン	無脳症，水頭症，唇裂と口蓋裂
ジフェニルヒダントイン	胎児性ヒダントイン症候群：顔面異常，精神遅滞（フェニトイン）
バルプロ酸	神経管異常，心・頭蓋顔面・体肢異常
トリメタジオン	口蓋裂，心臓異常，尿生殖器と骨格の異常
リチウム	心臓異常
アンフェタミン	唇裂と口蓋裂，心臓異常
ワルファリン	軟骨形成不全
ACE阻害役	発育遅滞，胎児死亡
コカイン	発育遅滞，小頭症，行動異常，腹壁破裂
アルコール	胎児性アルコール症候群，短眼瞼裂，上顎骨発育不全，心臓異常，精神遅滞
イソトレチノイン（ビタミンA）	ビタミンA胚子障害：小さい異常な形をした耳，下顎骨発育不全，口蓋裂，心臓異常
工業用溶剤	低出生体重，頭蓋顔面・神経管異常
有機水銀	脳性麻痺類似の神経管異常
鉛	発育遅滞，神経学的障害
ホルモン	
男性化ホルモン	女性生殖器男性化；陰唇の癒着，陰核肥大（エチステロン，ノルエチステロン）
ジエチルスチルベストロール（DES）	子宮，卵管，および腟上部の異常；腟癌；精巣異常
母親の糖尿病	さまざまな種類の異常；心臓と神経管の異常が最も一般的
母体の肥満	心臓異常，臍帯ヘルニア，神経管異常

ACE：アンギオテンシン変換酵素；HIV：ヒト免疫不全ウイルス

きてゆくときに影響を被らないときは一瞬たりともない．

　例えば，パーソナリティは遺伝子に出発し，その人の一生を貫いて絶えず変化し発達するものであるが，決して遺伝そのままの実現ではない．パーソナリティの形成・発達に遺伝と環境がともに関係していることは明白である．どんなパーソナリティの特徴も遺伝だけの影響によることはなく，また環境だけの影響によることもない．このように，遺伝と環境とは協合してパーソナリティの形成と発達に寄与している．そしてパーソナリティと遺伝子の最近の研究から，徐々にいろんなことがわかり始めてきた．一卵性双生児は1個の受精卵がその発生の初期に分離して2つ（それ以上）の個体になったものであるから，遺伝的には同一個体である．身体的特徴と心理学的な面の特徴にも，きわめて高い類似性が認められる．したがって一卵性双生児の間に性格上の違いがあれば，環境の違いによると考えられる．しかしその環境の影響は，国や文化といった客観的な環境の違いばかりではなく，環境をどのように認知し受け入れるかといった個人の状況によっても，神経細胞のネットワークが変化し，ひいては性格に反映されるのではないかと考えられている．

　認知発達過程においても遺伝と環境の相互作用，相関関係については，哺乳類を対象とした実験もなされているが，ヒトに関しては検証が難しいこともあり，現在も論争が続いている．また心を生みだす遺伝子に関して，分子生物学や神経生理学の研究では，ゲノム（遺伝子セット，遺伝子情報）の解析が進んでいる．心は遺伝子のみで決まるわけではないが，環境因子が遺伝子の働き方に作用するという仕組みが明らかになりつつあるとしている（マーカス，2010）．つまり「生まれ（環境）か育ちか（環境）」ではなく「生まれ（環境）育ち（環境）と共に」ということであり，今後の展開が期待される．

9.4　胎児と運動

　子宮内の他の発達側面と同様に運動面も着実に進んでゆく．科学的解明がそれほど進んでいない時代においても，「胎動（子宮内の子の動き）」は生命の存在の証であった．図9-1のように，胎児の運動発達は時間経過とともに進んでゆく．

　胎児は超音波検査で胎生8週には「驚愕反応」とよばれる全身をビクッと

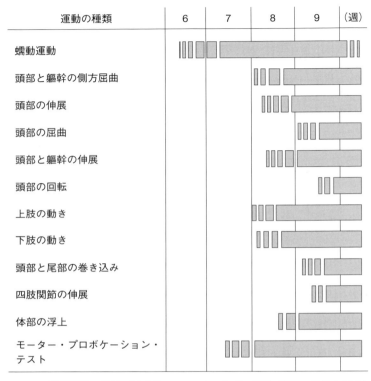

図 9-1　胎芽運動の発達（遠藤他，1989 より作成）（▮▮▮：胎動の散発を示す）

させる運動が始まり，その後も吸啜反応や嚥下運動，呼吸様運動が生じ，出生後の母乳を飲み，呼吸するための準備をしている．そして 20 週までに指しゃぶりやハイハイのような動きも加わっていく（吉田，2004）．

　多田（1992）は以下のように具体的な進展の様子を述べている．妊娠 7 週の細かく震えるような蠕動運動から 2 週間ほどの間にさまざまな動きが可能になる．妊婦がつわりと無月経から妊娠と気づく妊娠 9 週のころには，子宮内では人間の子どもとしての基礎をつくり上げ，活発な運動を開始している．そして妊娠 10 週になるとすでに出現していた頭部，軀幹，四肢の動きに加えて，体の位置や向き，姿勢とかかわる連合した運動が加わる．また上肢や手指の細かい動きも可能になる．11 週には子宮内の空間に適応した動

きが整うとされている．

妊娠16週までには胎児の運動反射（モロー反射，全身運動，瞬目反応，呼吸反射，叫生反射，吸啜反射など：9.8節「新生児期の特徴と問題の早期発見」参照）はほぼ完成されるが，相互の関連性は低いものである．28週，32週と脳機能の発達が進むと抑制機能が働き，以後は脳神経と脊髄神経との協調が発達し，体全体として調和のとれた運動となっていく．

33週以降は胎児の大きさと羊水腔との関係で胎児の全身運動は活発ではなくなり，細かい手の動きや部位間の協調運動が中心となる．このように胎児期から準備されてきた運動機能は，生後半年くらいの間に急速に目的をもった意図的な随意運動に変わってゆく．

なお妊婦が胎動を自覚するのは妊娠20週前後であるが，母親が自覚する胎動は朝より夕方に多く，超音波による観察では午後9時から午前1時が多いとされている．また胎動は音や光の刺激で誘発されるが，子宮を揺さぶっても胎動は誘発されないといわれている．

9.5 胎 教

胎教とは一般的には「妊婦が精神修養を行うことによって胎児によい影響を与えようとする思想をいう．古来，先天異常に対する外因の一つとして精神的要因が広く考えられてきた．例えば，受胎時における両親や妊娠中の母親の精神的印象がそのまま胎児に反映するとか，母親の精神的ショックなどのストレスが胎児の形態異常発生に関係するといった考え方である．これを西洋ではmaternal impression（胎内感応）といい，中国や日本では儒教と結び付いて胎教とよばれたわけである」（新井，1995, p.369）．具体的には妊娠中に音楽を聴いたり，赤ちゃんに話しかけたりするなど，胎児にとって心地よい状態をつくってあげることや妊婦にとって精神的・身体的に快適な状況をつくることを指している．

また「母体と胎児は臍帯（へその緒）でつながっているが，これには血管はあっても神経が見当たらない．したがって，母体の脳細胞の働きが胎児の脳細胞に直接影響するとは考えられない．母親がにわか勉強しても胎児の頭がよくなることとは無関係であり，科学的にはまったく根拠のないものが少なくない．しかし，妊娠中は精神状態が不安定になりやすく，喜怒哀楽が激しくなることは知られており，強度の精神感動が血液成分に変動をもたらし，

これが臍帯の血管を通して胎児に影響を与えることは十分に考えられるわけである．無益な迷信は排斥すべきであるが，胎教本来の趣旨を理解して心理的な安定をことは必要であり，周囲の協力も忘れてはならない」（新井，1995, p.369-370）．

しかし近年ではいわゆる胎教のみにとどまらず，早期教育や英才教育と結びついて妊婦に心理的な焦りや競争心をもたらす側面も否定できない．妊婦本人や周囲の人々が胎児期の生活設計について，客観的で安定した考え方をもてるようにサポートすることは，新しい命の誕生のためにまず最優先して望まれることである．

9.6 胎児の脳の発達

ヒトの胎児では妊娠10週以降に大脳皮質のニューロン（神経細胞）が1日約2億個つくられ，妊娠20週には約150億個になり，その後20〜30週までにニューロン間の神経線維がつくられ，脳波なども活動が活発になる．脊髄，延髄，橋，中脳などは胎生期前半に完成し，脳橋，終脳は胎生期後半に形成される．大脳半球の表面の凹凸は5ヵ月終わりに大脳溝が出現し，7ヵ月には大脳半球の表面の基本構造が完成する（多田，1992）．

シナプシス（神経接合部）はすでに胎児期から形成が始まっており，出生時1個の神経細胞当たり2,500個あるシナプシスが，2〜3歳児には1万5,000個まで増加し，その後シナプシスの剪定が行われ成人では半減すると想定されている（三橋他，2012）．その過程で将来の大脳皮質となる皮質板に胎生期脳に特有なサブプレート構造が形成され，そこで視床からの軸索とシナプシスの一時的結合が生じ，やがて皮質内の神経細胞とシナプシスを形成して，サブプレートの神経細胞は新生児期までに消失する（Allendoerfer, 1994）．したがってサブプレートは大脳皮質神経細胞が存在する領域に軸索が正しく到達するために重要な組織だと考えられている．

三橋ら（2012）は以下のように述べている．遺伝情報に基づいて胎児における初期のシナプシス形成や神経回路が構築されていく過程は，ヒトでは妊娠16〜27週までに開始されることがわかっている．発生の初期ではまず興奮性のシナプシスが形成され，続いて抑制性のシナプシスが形成される．大脳皮質で興奮性のシナプシスが形成されると，感覚受容器の神経細胞が外界からの刺激とは関係なく自律的・周期的な神経活動が開始する．そして外

界からの感覚刺激が神経活動として処理されるようになると，神経活動の信号は大脳皮質に伝わり，神経回路の形成が進み，不要なシナプシスが剪定される．この過程ではシナプシスの活動の頻度が重要である．多くの刺激を受けるほうが活動は長く続いて増強し，刺激が少ないと抑制されてついには消失する．これらの刺激の頻度による活動の増強や抑制の現象を「シナプシスの可塑性」とよび，感覚受容，認知，思考，運動などすべての脳機能に必要な神経回路の基本メカニズムである．また「シナプシスの可塑性」は成長過程だけではなく，成人における記憶や学習においても重要であるが，発達中の脳の方が可塑性は大きい．

9.7 新生児の脳の発達

時実（1962）によれば，出生間もない新生児の脳の重量は370～400 gであるが，6ヵ月でその重さは2倍になり，7～8歳で1,200 g前後（成人の90％）に達するといわれている．しかし脳を組織するニューロンの数は，生まれたときからほぼ出そろっており，大脳皮質に約140億あり，その数は細胞組織の萎縮によって減ることはあっても，その後に増えることはない．つまり脳重量が増加するのは，軸索（神経線維）の本数や長さが増大し，ニューロンの間の連絡を緊密にするシナプシスが形成され，さらに髄鞘化が進むことによるものである．髄鞘化とはニューロンの軸索を髄鞘とよばれる絶縁体で覆うことを意味し，これにより神経パルス（興奮）の伝達速度と正確さが増すといわれている．

そして次節に述べるように胎児は分娩過程という強いストレスを体験しながらまったく新しい環境に姿を現し，新生児期という短い時間（28日未満）の間に脳の発達に支えられた行動を開始する．

9.8 新生児期の特徴と問題の早期発見

新生児とは出産によって母胎内の共同生活から母胎外の独立生活のための生理的適応が行われる28日未満の時期の子どもをいう．出生時にはまず一般状態をアプガースコア（心拍数，呼吸，禁緊張，刺激に対する反応，皮膚色の5項目0～2点の合計10点）で評価され，8点以上は正常，7点以下は仮死，4点以下は重症仮死でただちに蘇生の処置を行う（表9-2）．新生児は出生体重や在胎週数，出生時体重曲線によって，表9-3のように分類さ

表 9-2 アプガースコア (Apgar score)

点数	0	1	2
心拍数	ない	緩徐 (100 以下)	正常 (100 以上)
呼吸	だらんとしている	弱々しい泣き声	強く泣く
筋緊張	反応しない	いくらか四肢を曲げる	四肢を活発に動かす
刺激に対する反応	全身蒼白	顔をしかめる	泣く
皮膚色		躯幹淡紅色, 四肢チアノーゼ	全身淡紅色

表 9-3 新生児の分類 (荒木, 2008)

出生体重による分類		
巨大児	giant baby	出生体重 4,000 g 以上
低出生体重児	low birth weight infant	出生体重 2,500 g 未満
極低出生体重児	very low birth weight infant	出生体重 1,500 g 未満
超低出生体重児	extremely immature infant	出生体重 1,000 g 未満
在胎週数による分類		
過期産児	postterm infant	在胎 42 週以上で出生した児
正期産児	term infant	在胎 37 週以上 42 週未満で出生した児
早産児	preterm infant	在胎 37 週未満で出生した児
胎児発育曲線による分類		
不当軽量児	light-for-date 児	[出生体重] < −1.5 SD (10% tile)
相当軽量児	appropriate-for-date 児	−1.5 SD ≦ [出生体重] ≦ +1.5 SD
不当重量児	heavy-for-date 児	+1.5 SD (90% tile) ≦ [出生体重]

れる．これにより新生児早期（生後 7 日未満）に発生する問題を予測するのに役立つ．出生体重が少ない子どもは，それだけ妊娠期間が短く，臓器機能未熟の可能性があり特別なケアを必要とすることがある．また妊娠期間に比べて出生体重が多い子どもは，糖尿病の母親から生まれることがあり，分娩時の問題を発症する可能性がある．分娩時とその後の問題を予測し，万全の体制を整えて臨むことで出産直後からの治療やケアが可能となり，問題発症の予防が実践できる（近藤，2012）．

　母胎内での共生生活から胎外の独立生活を送るために，陣痛が始まり，分娩までの時間は最も危機に瀕した時間であり，出生後 24 時間は母胎外での生活に適応するための重要な時間である．そして新生児の適応を適切に管理することが求められる．分娩過程は新生児にとってストレスに満ちているが，

これらのストレスが出生直後の適応に欠かせないともいわれる．つまり力みによる新生児への圧力，陣痛のたびに繰り返される胎盤血行障害による低酸素状態，胎内より十数度低温の環境に産み落とされるストレスによって，各種のホルモンや神経伝達物質などが分泌され，呼吸や循環，体温調節が始動するとの報告がある（山内，1991）．

新生児にはまず呼吸をすること，血液を循環させること，体温を保つこと，哺乳することが生存に必須の条件である．それと同時に以下のような特徴が認められる（近藤，2012）．

① 生理的体重減少：新生児はもともと体の水分が多いが，体重の75～80％を占めている．生後4～6時間で水分は血管外に移り，2～3日で5～10％の体重減少がみられる．

② 生理的黄疸：新生児では肝臓でのビリルビン処理能力が低いため黄疸を生じる．新生児黄疸とよばれ，生後2～3日に正常新生児の90％以上に認められるが，適応のために生じるものである．

③ 新生児睡眠：この時期には1日に18～20時間も眠り，何回も睡眠と覚醒を繰り返す．新生児の意識状態には深い睡眠（stage 1），浅い睡眠（stage 2），まどろみ（stage 3），静かな覚醒（stage 4），活発な覚醒（stage 5），啼泣状態（stage 6）の6つ状態があるとされている（ブラゼルトン，1993）．眠りと覚醒状態の間の新生児の活動について，さまざまな方法での研究アプローチが行われている．

④ 感覚機能の発達：新生児は胎児期から感覚機能を発達させてきたが，出生後から幼児期にかけて急速な発達を遂げる（9.9節参照）．その過程には遺伝的要因だけではなく，環境要因も大きな影響をもつ．

⑤ 新生児反射（模倣）：新生児の動きには外からの刺激による反射的なものと自発的なものがあり，前者は原始反射とよばれる．これは大脳皮質より下位の中枢による反射で，表9-4のものが主なものである．これらに左右差などがみられるときには，何らかの機能的問題が疑われる．またこれらにはある程度の個人差があるが，発達とともに消失するので，出現時期をはるかに超えても残存している場合は発達の問題の指標となりうる．

表 9-4 新生児の主な原始反射

名称	観察される動き	正常な出現時期
吸啜反射	口に入ったものを強く吸う	5～6ヵ月まで
モロー反射	上肢を広げたとき，抱きつくような動きをする	3～4ヵ月まで
ガラント反射	脊柱の横の刺激で体幹を刺激側に曲げる	6～7ヵ月まで
手掌把握反射	手掌の付け根付近への刺激で握るように曲げる	4～5ヵ月まで
自動歩行	腰を支えると足を着けると歩くように踏み出す	1～2ヵ月まで

9.9 新生児の聴覚と視覚

前述のように胎児期から聴覚はかなりよく発達していた．新生児は出生直後から人間の音声特に母親の声には他の音とは異なった反応を示すことが知られている（デキャスパー・ファイファー，2004）．聴覚器は出生時に成人とほぼ同じ形態を備えている．外耳は出生時には比較的浅く，9歳ごろに成人並みの長さに達し，中耳では胎児期に各骨の化骨が始まり，鼓膜は出生時に成人の大きさに達し，内耳も胎児期には聴覚上皮の分化が進む．聴神経の発達も出生までにある程度の髄鞘化は完成しているが，その後も思春期まで髄鞘化が進むとされている．したがって新生児は音声に対しモロー反射，全身運動，瞬目反応，呼吸反射，叫生反射，吸啜反射などの反射で反応することが知られている（田中，1985）．また新生児に話しかけたときの四肢の動きをコンピューターで解析すると，一定の間隔をおいて，体動が大きくなることも観察されている（小林他，1983）．いいかえれば早産による聴覚への影響は視覚ほどには大きくないともいえる．

視覚に関しては，出生から3歳の間に大きく進行する．新生児の眼球は構造上もほぼ完成しているが，最も感度の高い中心窩領域は生後4ヵ月ごろにならないと成人に近い完成がみられないし，物の形態を識別する視力は視野についても両眼視についてもいましばらくの成長を待たなくてはならない（常石，2008）．しかし新生児期から動くもの，コントラストの強いもの，輪郭線などを選択的に注視する傾向があるといわれている（ミランダ，2004）．

Meltzoff & Moor（1977）は，新生児に舌を突き出したり，口を大きく開いたり唇をとがらせたり，手を開閉する動きを連続してみせると，その後20秒間に類似の動作が，他の行動よりも生じやすいことを見出した．ただ

しこれらの行動は新生児期を過ぎると消失し，皮質下で生じたものでコントロールを伴わない同調的なものであるといわれるが，やがて0歳後半を過ぎると再び可能となり，意図的なものとなっていく．

新生児のその他の感覚機能についてもかつてのように無力なものという認識から，何らかの刺激の弁別が可能であることを示す知見が積み重ねられている．

9.10 言語の芽としての喃語につながる新生児の発声

すでに新生児の聴覚はかなりよく発達していると述べたが，新生児は人の声に敏感である（Eimas, 1975）．とはいってもヒトの新生児は環境情報の知覚には優れているが，環境を自分で変化させることはむずかしい．しかし自分で乳を飲みに行けないが泣き，叫ぶことによって養育者がもってきてくれる．新生児の発声能力は聴覚能力に比べると未熟であるが，早期から不快状態を表す泣きや叫び（crying）は頻繁にみられる．そして生後数週間すると平静で機嫌のよい時のクークー発声（cooing）がみられる．これは泣きや叫びなどよりも言葉に近い性質をもつといわれている．泣きや叫びはほとんどの動物に共通する空腹や痛みや苦痛などの生理状態や情動と直結したコミュニケーションの方法である．ただしこれは言葉とは似ているが異なったものである．言葉は直接的，本能的，情動的，緊迫した伝達活動とは違って距離化，関節化したコミュニケーションであり，言葉が育つためには心地よい安定した人間関係と精神的ゆとりが必要である（山田，1992）．やがて新生児期を過ぎると，乳児は母親などの顔を見ながら「アーアー」など話しかけるような発声をし，母親も同じように応え，それを聞いてまた乳児も発声して……お互いに全感覚器官を総動員して応え返し，互いに見つめ合うことが繰り返されていく．その関係の中に乳児期で詳述される愛着関係初期のものがつくり上げられていく．そして0歳の後半に出現する喃語へとつながっていく．

9.11 新生児の感情と個性および個別性

一般によく使われている「感情」という言葉は，心理学の領域では「情動」「感情」「情操」の3つに分けられている．「情動」は生物的基盤に支えられ，個体の欲求の満足に関係しており，怒り，恐れ，喜び，悲しみ，驚き，嫌悪

の6つが基本情動といわれる．「感情」は情動が意識に呼び起こされ，本人が内面的に感じる主観的感情体験である．したがって新生児の感情体験は「情動」の出発点といえるが，分化した情動はもたないと考えられている．しかし養育者が新生児の表出した未分化な情動の種類を読み取って対応する映し返しを通して，少しずつ分化した情動を形成していくことになる．一般的には新生児の原初的な情動には苦痛と泣き，嫌悪，驚き，快があげられるとされている．それらは物理的，生理的刺激によって引き出され，養育者との相互的なやり取りの繰り返しの中から，やがては養育者に要求を伝えることのできる分化した情動を形成していくのである．

ところで産科病棟の新生児室のベッドに並んだ赤ちゃんをガラス越しに見たときに，見慣れない人はみんな同じように見えるにちがいない．しかし少し見慣れると一人ひとりにはっきりとした違いが見てとれる．その違いは各個人の身体的，精神的特質の差異である個人差のうちの身体的特質が外見から明らかになるということであろう．一方個性とは個人を他者と異ならせる特徴的性質であるとするならば，新生児に個性はあるのであろうか．

発達研究では，個体がもって生まれてくる遺伝的形質と，出会う環境の中での経験という二つの要因を考えてきた．生まれてきたばかりの新生児にとって，受精から出生までの40週間の胎内環境の影響はまったくないとはいえないが，少なくとも胎外環境は始まったばかりである．個体が生得的にもつ情動面の特質である気質（temperament）に注目したトマスとチェス（1981）は，子どもの生得的に有する個人差が誕生直後から能動的に周囲の人に働きかけて影響を受けるという個体と環境との相互作用を想定した．

いくつかの研究が重ねられた後に，新生児期にみられる個人差を評価する方法がいくつか見出された．一例をあげるとブラゼルトン（1993）の新生児行動評価（Neonatal Behavioral Assessment Scale：NBAS）を用いて，新生児の母子相互交渉や比較文化研究などが行われている．これは行動と神経学的評価の尺度であり，行動観察・反射などの誘発反応17項目・標準的37項目からなる行動採点シートで構成されている．たとえば未熟児やアルコール中毒，麻薬中毒などのリスク要因を抱える母子への早期介入のための評価尺度として，重要な役割を果たしてきた．

新生児の気質という個性について，早期の問題発生のスクリーニング手段として有用性を高めるためには，養育環境との関連を総合的に判断してゆく

ことが望まれる．子どもの発達を十分に引き出し，養育者のケアにも細やかに対応できるものでなければならない．いずれにしても臨床，教育，福祉その他の現場でより精度の高い評価と細やかな支援が進むことが，子ども達の未来を左右することに間違いはない．　　　　　　　　　　　［前田志壽代］

課　題

1. あなたが本書で学ぶ前にもっていた胎児期と新生児期に関するイメージと，学んだ内容の間で異なっているところと同じところについて，それぞれの時期について述べなさい．
2. あなたがまもなく父親もしくは母親になるという前提で，胎児期と新生児期のそれぞれについて注意するべきことをあげなさい．

【文　献】

新井正夫．(1995)．胎教．秋庭　隆（編著），日本大百科全書14，pp.369-370．小学館．

荒木　勤．(2008)．最新産科学 正常編 改訂第22版．文光堂．

上田礼子．(2013)．生涯人間発達学 改訂第2版増補版．三輪書店．

遠藤　力他 (1989)．胎児行動の発達：四肢・躯幹の運動．周産期医学，19, 759.

小西行郎．(2013)．発達学の再構築．小西行郎他（編），今なぜ発達行動学なのか．診断と治療社．

小林　登他 (1983)．周産期の母子間コミュニケーションにおけるエントレインメントとその母子相互作用としての意義．周産期医学，13, 1883.

コルボーン，T. 他 (1997)．奪われし未来（長尾　力，訳）．翔泳社．(Colborn, T., et al., (1996). *Our stolen future: Are We Threatening Our Fertility, Intelligence, and Survival?*. The Spieler Agency.)

近藤好枝．(2012)．新生児．高橋恵子他（編），発達科学入門2 胎児〜児童期．東京大学出版会．

サドラー，T. W. (2010)．ラグマン人体発生学 第11版（安田峯生，訳）．メディカル・サイエンス・インターナショナル．(Sadler, T. W. (2009). *Langman's medical embryology*. 11th ed Lippincott Williams & Williams.)

志村正子．(2003)．胎児期・新生児期．池田裕恵・志村正子（編），子どものこころ，子どものからだ．八千代出版．

多田　裕．(1992)．胎児期の発達．高橋道子（編），新・児童心理学講座2 胎児・乳児期

の発達,pp.35-55.金子書房.

田中美郷.(1985).新生児の聴覚検査.周産期医学,15,1873.

常石秀市.(2008).感覚器の成長・発達.バイオメカニズム学会誌,32 (2),69-73.

デキャスパー,A. J.・ファイファー,W. P.(2004).胎内で聞こえる母親の声(大坪治彦,訳).無藤 隆他(編),よくわかる発達心理学.ミネルヴァ書房.(DeCasper, A. J. & Fifer, W. P. (1980). Of human bonding: Newborn prefer their mothers' Voices. *Science*, 208, 1174-1176.)

時実利彦.(1962).脳のはなし.岩波新書.

トマス,S.・チェス,S.(1981).子供の気質と心理的発達(林 雅次,監訳).星和書店.(Thomas, S. & Chess, S. (1980). *The dynamics of psychological development*. Brunner/Mazel.)

原田正純.(1964).水俣地区に集団発生した先天性・外因性精神薄弱:母体内で起こった有機水銀中毒による神経精神障害"先天性水俣病".精神神経学雑誌,66,429-468.

ブラゼルトン,T. B.(1993).ブラゼルトン新生児行動評価 第2版(穐山富太郎,監訳).医歯薬出版.(Brazelton, T. B. (1984). Neonatal Behavioral Assessment Scale, 2nd edition, *Clinics in Developmental Medicine*, no.88.)

マーカス,G.(2010).心を生みだす遺伝子(大隅典子,訳)岩波現代文庫.(Marcus, G. (2004). *How a Tiny Number of Genes Creates the Complexities of Human Thought*. A member of the Perseus Books Group.)

三橋隆行他(2012).1 胎児.高橋恵子他(編),発達科学入門2 胎児〜児童期.東京大学出版会.

ミランダ,S. B.(2004).赤ちゃんの認識する世界(川畑治彦,訳).無藤 隆他(編),よくわかる発達心理学.ミネルヴァ書房.(Miranda, S. B. (1970). Visual ability and visual pattern preference of premature infant and full term neonate. *Journal of Experimental Child Psychology*, 10, 189-205.)

山内逸郎.(1991).新生児医療の原点.NICU,470-474.

山田洋子.(1992).前言語的なコミュニケーション.高橋道子(編),新・児童心理学講座2 胎児・乳児期の発達,pp.189-209.金子書房.

山中美智子・斎藤 滋.(2012).ハイリスク分娩における母体・胎児に対する倫理的配慮.家永 登・仁志田博司(編),シリーズ生命倫理学 周産期・新生児・小児医療.丸善出版.

吉田菜穂子.(2004).胎生期:人はみな卵からはじまって.無藤 隆他(編),よくわかる発達心理学.ミネルヴァ書房.

Allendoerfer, K. L. & Shatz, C. J. (1994). The subplate, a transient neocortical structure: Its role in the development of connection between thalamus and cortex. *Annual Review of Neuroscience*, 17, 185-218.

Eimas, P. D. (1975). Speech perception in early infancy. In L. B. Cohen & P. Salapatek (eds.) *Infant perception: from sensation to cognition*, Vol.2, pp.193-231. American Press.

Gerhardt, K. J. & Abrams, R. M. (2000). Fetal exposure to sound and vibroacoustic stimulation. *Journal of Perinatology*, 20(8), 21-30.

Hykin, J., et al., (1999). Fetal brain activity demonstrated by magnetic resonance imaging. *Lancet*, 35, 645-646.

Jones K. L., et al., (1973). Pattern of malformation in offspring of chronic alcoholic mother. *Lancet*, 1 (7815), 1267-1271.

Meltzoff, A. N. & Moor, M. K. (1977). Imitation of facial and manual gesture by neonate. *Science*, 198, 75-78.

Murooka, H., et al., (1976). Analyse des sons intorauterins et leurs effect tranquillisants sur le neuveaune. *Journal of Gynecol. Obstet. Biol. Reprod.*, 5, 367.

Star, A., et al., (1977). Development of auditory function in newborn infant revealed by auditory brainstem potentials. *Pediatrics*, 60, 831-839.

第10章

乳児期の発達
──1歳半くらいまで

10.1 乳児のゆたかな能力──赤ちゃん学への誘い

　ここ40年ほどの乳児研究の発展により,「赤ちゃん像」は大きく変わった.当時思われていたよりもずっと早くから乳児がさまざまな能力を示すことがわかってきた. 生後数時間ですでに模倣ができるという報告や,簡単な足し算や引き算が生後5ヵ月でできる,など今も多くの新しい研究が発表され続けている. 古い心理学的では,「真っ白な紙(タブラ・ラサ)」状態の乳児が経験のみを通じて知覚を獲得し,思考すると考えられていた. それが現実にそぐわないのである.

　乳児の運動についても同じことがいえる. 生まれたばかりの乳児には「原始反射」とよばれる多くの反射運動(原始歩行,吸啜反射,モロー反射など)が知られているのだが,ここでいう「反射」とは,神経系のみを介して行われる, 意思が介在しない反応のことである. 昔の心理学者は乳児が原始反射を使って周囲とのやりとりを繰り返すことで随意運動(自分の意思で動かす運動)が発現すると考えていた. しかし乳児は身体に触れられるなどの刺激を与えられなくても,自然に起こる「自発運動」を行っていることが発見された (Prechtl & Nolte, 1984). 自発運動の中でも有名なのが, 全身を使った優雅で複雑な運動である「ジェネラル・ムーブメント(GM)」とよばれるものである. GMの評価は,脳性麻痺や発達障害の診断にも有効であるという報告が出始めている. プレヒテルの共同研究者によって, 自発運動と原始反射との関係は, タンスと引き出しにたとえられている (Touwen, 1984). つまり, 自発運動をタンスとして, ある決まった刺激によって同じ運動が引き出しのように引き起こされるのが原始反射だというのである. 今

まで乳児の運動といえば原始反射であると思われていたのであるが，そうではなく自発的な運動が主であり，原始反射はそれに含まれているだけ，ということになる．

このことは育児にも大きく関わることである．乳児は外からの刺激によって初めて動くのだということは，乳児を育てるには外からのかかわりがなければならない，という考え方にもつながる．しかし，自発運動説では，乳児はみずから動き，みずから育つのであるという考え方になり，育児観を大きく変えることになる．つまり，乳児はみずから動くことによって他者や周囲の環境を認知するのである．もっとも，乳児が自発的に運動するものだという考え方は医学や心理学以外の，情報工学やロボット工学では当然のこととして受け取られている．

このように，何もできない乳児という固定観念が崩れたところへ，今まで心理学や小児科学の研究対象であった乳児について，既存の学問とは違った観点から見つめ，発達のメカニズムを明らかにしようという新しい動きが出始めた．物理学や数学，工学，社会学といった研究者が乳児の研究に興味を持ち始め，さらには発展著しい脳科学が追い風となり，総合的な学問分野として，2001年に日本赤ちゃん学会が設立されたのである．本章では，一般に認められている知見だけではなく，筆者の最新の研究成果を織り交ぜながら，赤ちゃん学の一端を紹介していく．

10.2 乳児から大人への働きかけ

生後半年を過ぎると，乳児は養育者とそれ以外の人を明らかに区別した行動をとる．養育者以外の人が近づくと，恐れの表情を示し，顔を隠したり，泣き出したりする．また，それまでは養育者が自分の視界から消えても比較的平気であったのが，非常な不安に陥って探し回り（分離不安），再び養育者が戻ると安堵して抱きつく．これは乳児が養育者との間に心理的な絆を形成していることの現れである．養育者は，乳児の身近にいて最も頻繁に，生理的・社会的な快刺激を乳児に与え，相互交渉を行う人物である．このようにして，特定の養育者との間に結ばれる強い心理的な絆のことをイギリスの精神分析者ボウルビィはアタッチメント（attachment）とよんだ．日本語では「愛着」と訳されることが多いが，意味が一人歩きしないように，そのままアタッチメントとよばれることも多い．アタッチメントの対象になる人

は母親が多いが，必ずしも母親である必要はない．父親の場合もあるし，血縁でなくとも身近で親身に世話をしてくれる相手に対してアタッチメントが形成される．発達初期に適切なアタッチメントを経験することは，後の対人行動を形成する基礎となると考える研究者も多い．アタッチメント理論が最も重視するのは，図 10-1 の「安心感の輪（circle of security）」がいかに自然に確実に機能し得るかということであり，それによって子どもの健やかな発達が大きく左右されると考えている研究者もいる（遠藤，2012）．

アタッチメントの形成が重要であるとの指摘がされたことで，分離不安を観察して乳児のアタッチメントの発達を検討した研究が生まれた．エインズワースのストレンジ・シチュエーション法が有名である（図 10-2）．これは

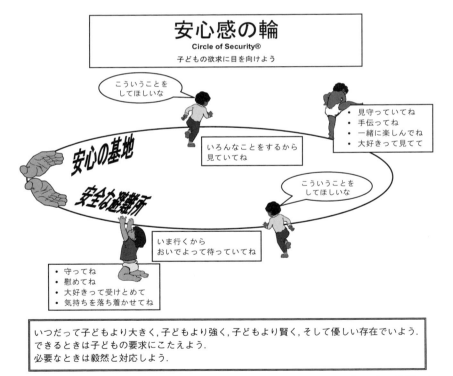

図 10-1　安心感の輪

第10章 乳児期の発達——1歳半くらいまで

(数井, 2005, p.196 より)

図 10-2　ストレンジ・シチュエーション法

　乳児の示す社会的・情緒的信号に対する親の応答の仕方が, アタッチメントの個人差に大きな影響を与えるとするものである. 親が応答的であれば乳児は親を安心して頼れる存在として感じるようになる. また, 乳児自身による親の働きかけが, 親の適切な応答を引き出せるという結果を生じさせることとなり, 乳児は自信をもつことになる. 表 10-1 (次ページ) は, アタッチメントタイプの個人差を示しており, それぞれのタイプの子ども達がストレンジ・シチュエーションでどんな行動を示すか, また, 日常生活において, どんな養育者のもとで育っているのかを表している.

　このように考えると, スキンシップとは「親から子へ」の働きかけではなく, アタッチメントでみられるような「子から大人へ」の働きかけをいうのであって, そのときの親の役目は「子を受容する」ということになる.

10.3　乳児が見る世界, 聞く世界

　乳児の視力はどれくらいだろうか. 新生児の視力は 0.01～0.02 くらい, 2ヵ月児で 0.05 くらい, 6ヵ月で 0.1 ほどになる. その後急速に発達し, 1～3歳でほぼ 1.0 にまでなる. このように, 成長とともに発達する能力がある一

表 10-1 アタッチメントタイプの

	ストレンジ・シチュエーションでの子どもの行動特徴
Aタイプ （回避型）	養育者との分離に際し，泣いたり混乱を示すということがほとんどない．再会時には，養育者から目をそらしたり，明らかに養育者を避けようとしたりする行動がみられる．養育者が抱っこしようとしても子どものほうから抱きつくことはなく，養育者が抱っこするのをやめてもそれに対して抵抗を示したりはしない．養育者を安全の基地として（養育者とおもちゃなどの間を行きつ戻りつしながら）実験室内の探索をおこなうことがあまりみられない（養育者とはかかわりなく行動することが相対的に多い）．
Bタイプ （安定型）	分離時に多少の泣きや混乱を示すが，養育者との再会時には積極的に身体接触を求め，容易に静穏化する．実験全般にわたって養育者や実験者にポジティブな感情や態度をみせることが多く，養育者との分離時にも実験者からのなぐさめを受け入れることができる．また，養育者を安全の基地として，積極的に探索活動をおこなうことができる．
Cタイプ （アンビヴァレント型）	分離時に非常に強い不安や混乱を示す．再会時には養育者に身体接触を求めていくが，その一方で怒りながら養育者を激しく叩いたりする（近接と怒りに満ちた抵抗という両価的な側面が認められる）．全般的に行動が不安定で随所に用心深い態度がみられ，養育者を安全の基地として，安心して探索活動を行うことがあまりできない（養育者に執拗にくっついていようとすることが相対的に多い）．
Dタイプ （無秩序・無方向型）	近接と回避という本来なら両立しない行動が同時的に（例えば顔をそむけながら養育者に近づこうとする）あるいは継続的に（たとえば養育者にしがみついたかと思うとすぐに床に倒れ込んだりする）みられる．また，不自然でぎこちない動きを示したり，タイミングのずれた場違いな行動や表情をみせたりする．さらに，突然すくんでしまったりうつろな表情を浮かべつつじっと固まって動かなくなってしまったりするようなことがある．総じてどこへ行きたいのか，何をしたいのかが読み取りづらい．時折，養育者の存在におびえているような素振りをみせることがあり，むしろ初めて出会う実験者などに，より自然で親しげな態度をとるようなことも少なくない．

(小西行郎・遠藤利彦編『赤ちゃん学を学ぶ人のために』世界思想社，pp. 174-175, 2012

行動特徴と養育者のかかわり方

養育者の日常のかかわり方
全般的に子どもの働きかけに拒否的にふるまうことが多く，他のタイプの養育者と比較して，子どもと対面しても微笑むことや身体接触することが少ない．子どもが苦痛を示していたりすると，かえってそれを嫌がり，子どもを遠ざけてしまうような場合もある．また，子どもの行動を強く統制しようとする働きかけが多くみられる．
子どもの欲求や状態の変化などに相対的に敏感であり，子どもに対して過剰なあるいは無理な働きかけをすることが少ない．また，子どもとの相互交渉は，全般的に調和的かつ円滑であり，遊びや身体接触を楽しんでいる様子が随所にうかがえる．
子どもが向けてくる各種アタッチメントのシグナルに対する敏感さが相対的に低く，子どもの行動や感情状態を適切に調整することがやや不得手である．子どもとの間でポジティブな相互交渉をもつことも少なくはないが，それは子どもの欲求に応じたものというよりも養育者の気分や都合に合わせたものであることが相対的に多い．結果的に，子どもが同じことをしても，それに対する反応が一貫性を欠くとか，応答のタイミングが微妙にずれるといったことが多くなる．
Dタイプの子どもの養育者の特質に関する直接的な証左まだ必ずしも多くはないが，Dタイプが被虐待児や抑うつなどの感情障害の親をもつ子どもに非常に多く認められることから，以下のような養育者像が推察されている．（多くは外傷体験など心理的に未解決の問題を抱え）精神的に不安定なところがあり，突発的に表情や声あるいは言動一般に変調を来し，パニックに陥るようなことがある．言い換えれば子どもをひどくおびえさせるような行動を示すことが相対的に多く，時に，通常一般では考えられないような（虐待行為を含めた）不適切な養育を施すこともある．

年より）

方で，音源定位（音のする位置の同定）などはU字型の発達をするといわれている．生後2〜3日ですでに，真横から提示される音に対して，目や頭を音源の方向に動かす定位反応を示すにもかかわらず，生後2〜5ヵ月になると定位反応を示さなくなる．そしてその時期を過ぎる頃になると再び音の方向に首を振るようになる（Muir & Field, 1979）．このように，できたことが一旦できなくなり，再びできるようになる発達変化をU字型の発達とよぶ．乳児期初期にみられるこの特徴的な発達変化は，他の現象においてもしばしばみられるもので（例：歩行など），その原因は行動の脳内制御が皮質下から大脳皮質へと移行するために生じると考えられている．

では幼い頃の経験は重要なのであろうか．生後初期に，角膜や水晶体が何らかの原因によって混濁している子は，明暗や多少の色の区別ぐらいしかできない．その後，成人してから手術によって混濁を除いたとしても，形の区別は非常に困難である．たとえ目が見える前から触覚的になじみのある物体であっても困難となる．人の顔の識別も，そもそも顔として見ることが困難である．さらに視野も狭い．発達初期の視覚経験がその後の視覚の発達にとって重要であることを示す一例である．

人の後頭部の脳には，視覚野とよばれる目から入った信号を処理する部分がある．事故や病気で視覚野が損傷を受けた場合，視覚機能の一部が失われる．では反対に，生後の初期からそもそも視覚野へ信号が入ってこない，視覚障害の場合はどうなるのだろうか．先天的視覚障害者が指先で点字を読んでいるときの脳活動を機能的 MRI（fMRI）で計測した研究によると，通常は触覚刺激では活動しないはずの視覚野が活発に活動する（Sadato et al., 1996）．つまり，使われなくなった視覚野が触覚刺激の処理に回されているのである．同様の現象として，先天的聴覚障害者は，相手の手話の動きを見ることによって聴覚野が活動することが知られている（Nishimura et al., 1999）．このように，発達初期における私たちの脳は，柔軟に環境に対処している．これを神経の「可塑性」や，「再組織化」などとよぶ．

10.4 乳児は顔が好き

乳児に限らず，私たちは多くの人たちとともに社会生活を営んでいる．そのため，相手を正しく認識し，相手の表情や意図を正確にすばやく読み取ることが重要である．そのとき，健常者であれば一番の判断材料となるのが顔

第10章 乳児期の発達——1歳半くらいまで

である．顔の認識には私たちの脳のうち，皮質下の回路と大脳皮質の回路の両方が関与していると考えられている．すでに新生児の段階で，顔や，顔に類似した映像を好んで見ることが知られている．皮質下の脳は，大脳皮質よりもずっと初期の段階から発達しているため，おそらく新生児期の顔認知に関与する脳は主に皮質下であろう．一方で，顔の細かな違いなど見分けるのには大脳皮質が関与していると考えられており，相貌失認という病気は他人の顔を見分けることができない病気であるが，この病気は大脳皮質の一部に損傷が生じたときに起こる病気であることが知られている．

　ここで，顔の認識に関して著者たちが行った，心理学的な研究結果を紹介する．松田らは，赤ちゃんの「感情の発達」と「母親を認識する能力」の関係を研究し，母親と他人を半分ずつ重ね合わせた「半分お母さん」の顔を見ようとしない「不気味の谷」現象を発見した（Matsuda et al., 2012）．生後半年以降の赤ちゃんは母親と他人を区別したうえで，両者を好んで見ることが知られている．「母親（親近感）」と「他人（目新しさ）」は，まったく違う存在にもかかわらず，赤ちゃんが両方を好んで見るため，どのように母親と他人の区別をしているのかわからなかった．また，どの程度母親の顔に敏感かも不明であった．松田らは，この問題を解明するために，生後7〜12ヵ月の赤ちゃん51名が，母親，他人，「半分お母さん」の3種類の刺激を見ている時間を比較した．「半分お母さん」の顔は，コンピューターグラフィックスによるモーフィング技術を使って母親と他人を50%ずつ融合させたものである（図10-3）．また，赤ちゃんの注意を引きつけるために，写真を「ニッコリ微笑む」映像にして見せた．結果，赤ちゃんは母親と他人の映像をよく見る一方で，「半分お母さん」の映像を長く見ようとはしなかった．

（Matsuda et al., 2012 を改変）

図10-3　モーフィング合成による「半分お母さん」の例

また，51名の赤ちゃんを7〜8ヵ月，9〜10ヵ月，11〜12ヵ月の3群に分けたところ，9〜10ヵ月以降で「半分お母さん」の映像を見なくなることがわかった．この結果から，母親と他人を区別する際に，ロボット技術でいわれる「不気味の谷」といわれる現象を手がかりとして「不気味の感情」が鍵となることが示唆された．赤ちゃんの認知発達の根底に「感情の発達」があると考えられている（注：不気味の谷とは，ロボット工学における仮説であり，中途半端に人間に似たロボットを見ると，人は嫌悪感を抱くようになると提唱されている．同じように，中途半端に母親に似た顔を見て，乳児は嫌悪感を抱いたのかもしれない）．

10.5 乳児の眠り

ヒトが人生の3分の1を費やして夜眠るのは脳の発達・成長だけでなく，脳の働き（機能）を守るためにも必要なことがわかっている．

(1) 新生児期

新生児期の睡眠パターンは特異であり，3時間サイクルで多相性に睡眠と覚醒を繰り返し，昼夜の区別はない（特に，早産児においては，授乳時間，睡眠時間がより短いため，睡眠覚醒のリズムが短い）．新生児期はレム（Rapid Eye Movement：REM）睡眠が50％と多く，しかも睡眠開始時からレム睡眠が現れるのが特徴的である．レム睡眠は発生学的に古い睡眠であり，月齢

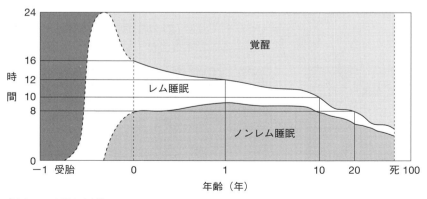

(Hobson, 1989 より)

図10-4 受精時から死にいたるまで1日にしめるレム睡眠とノンレム睡眠の割合

が進むに従って減少し，成人では20%に達する（図10-4）．

(2) 1ヵ月半〜4ヵ月

サーカディアンリズム（概日周期）を担うと考えられる，脳の視交叉上核が明暗の光刺激に同調してくため，生後4〜5週間頃になると夜も5時間以上まとめて眠れるようになる．この睡眠覚醒リズムが確立するまでの間に一過性に，入眠時刻，覚醒時刻が毎日少しずつ遅れていくとう特異な現象がみられることがある．Free running といい，体内時計が24時間より長い周期（多くは25時間）で動くために，少しずつ睡眠相が後退していく現象である．実際には乳児の7%程度にみられるようである．

(3) 4〜6ヵ月

生後4ヵ月を超えると，授乳間隔が3〜4時間ごとに延び，遊び時間が増えるようになる．そして基本的な生活習慣はこの時期から確立するようになる．6ヵ月には，睡眠開始はほぼノンレム（non-REM）睡眠から始まり，睡眠の後半にレム睡眠の比重が大きくなる．大脳の発達と共にノンレム睡眠の量が増えていくことは興味深い．

(4) 6〜9ヵ月

6ヵ月頃から離乳食が始まるようになると，乳児にとっては食事という新しい活動が加わり，生活習慣における Zeitgeber（時間的手がかり）が強化される．この時期は，寝返り，腹臥位運動，おもちゃ遊びなどの能力を獲得し，日中の活動が飛躍的に向上する．それに伴い，夜の睡眠は11時間とほとんど変化がないにもかかわらず，昼寝が減って3回に集約されていく．

(5) 9ヵ月〜1歳半

9ヵ月頃から昼寝は1日2回（9〜11時と14〜16時），それぞれ1.5〜2時間に集約され，昼寝のリズムが整うようになる．この頃から離乳食は1日3回に確立し，基本的な生活習慣が確定する．1歳2ヵ月〜6ヵ月に，昼寝は午後1回，2時間に確立する．

10.6 乳児のからだと運動

ピアジェ（Piaget, J.）によると，生後2年間ぐらいの時期は，感覚運動的段階とよばれる．この時期の子どもは，具体的に感覚と運動を結合させることによって，外界を知ったり，問題を解決したりする．自分の運動の結果，外界の事物が変化したという感覚は，もう一度それを再現しようという傾向（二次的循環反応）を起こさせ，事物の因果関係認識に導く．目標と手段の関係がわかり，手段を発見するのも自分の感覚や運動を通して行う．このような過程は後の段階の認知や知能の基礎となり，やがてイメージによる表象が可能になると，次の段階へと移行する．

新生児期以降の移動運動の発達は，一定の秩序ある継起にしたがって変化を示す（標準的継起の原理，図10–5）．移動のための最低条件である首のす

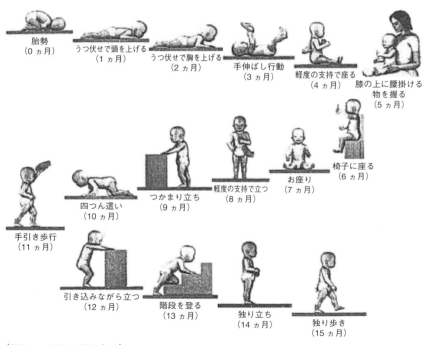

(Shirley, 1933 1963 より)

図 10–5　シーリーによる運動発達の里程標（標準的継起の原理）

わりはおおよそ生後3ヵ月でみられ，約半年で独りで座ることができる．次いで，這うことができ，独り立ちの姿勢を経て，種としての人類の特徴である直立2足歩行は1歳2〜3ヵ月で可能になる．歩行開始年齢には大きな個人差があるが，1歳6ヵ月を過ぎでも歩き始めない場合は専門家に相談するのが望まれる．移動運動の発達により，子どもの生活空間や行動範囲が飛躍的に拡大し，外界のさまざまな事物に出会い，新しい経験を積む機会が増え，子どもの知的好奇心を満足させつつ，知的・情動的・社会的発達も促進されると考えられる．

10.7 乳児の学習

経験したことである程度の期間，行動が変わることを学習（learning）という．学習は記憶（memory）を内包しているため，学習と記憶という観点から科学的に検討されてきた枠組みを紹介する．

(1) 馴化（じゅんか）

刺激がくり返し提示されることによって，その刺激に対する反応が徐々に低下していく現象（馴化）．特に，報酬をもたらすわけでも有害なわけでもない中立的な刺激に対して生じやすい．一度馴化した後，違う刺激を提示するとちゃんと反応する（脱馴化）．この現象を利用して，乳児の音声弁別能力や，視覚認知能力を測定することが可能である．

(2) 古典的条件づけ

「パブロフの犬」で有名な，パブロフによって体系化された学習の一形態．刺激の対呈示によって刺激間に連合が起こり，反応が変容する現象である．すなわち，関係性を学ぶ能力である．生後間もない乳児でも古典的条件づけが報告されている（Clifton, 1974）．

(3) オペラント条件づけ

ある行動をした結果，環境がどう変化したか，を経験することによって，環境に適応するような行動を学習すること．たとえばネズミが，レバーを押せば餌が出る，という経験をたまたま繰り返すことで，そのうちに自発的にレバーを押すようになる行動をオペラント条件づけという．乳児の吸啜（きゅうてつ）反

射を使って，オペラント条件づけした研究が知られている（DeCasper & Fifer, 1980）．

(4) 観察と模倣
乳児は自分自身が経験したことがなくとも，観察によって学習することができる．例えば，9ヵ月児は，新しいおもちゃを使って大人が行う単純な動作を観察しただけで，それを模倣できる．しかも24時間経ったあとでも同様にできる（Meltzoff, 1988）．

(5) 記憶
1回の経験がどれくらいの期間を空けても再生されるのか？ 2〜18ヵ月児を含む，いくつかの実験結果をまとめた報告によると（Hartshorn et al., 1998），2ヵ月児では1週間にも満たないが，6ヵ月児では2週間，9ヵ月児では6週間，18ヵ月児では3ヵ月以上空けても再生されることが知られている．

(6) 予測
乳児は何のために学ぶのか？ 答えの一つは「予測」であろう．経験を通じて規則性を見出すことで，より環境に適応できる可能性が高まる．視線計測装置を使って乳児の目の動きを測定したところ，6ヵ月児はボールの動きを予測して見ていることが報告されている（Johnson et al., 2003）．

10.8 乳児の感情

乳児の泣きが示すように，発達初期においてはそれほど明確でなかった感情は，成長の過程でしだいに相互に異なる感情として現れるようになる．大人は日常の中で実にさまざまな感情を経験するが，これらは別個の感情として別々に発達するのだろうか．

ブリッジスは，誕生初期には未分化な一般的興奮である感情反応が，次第に分化していくとの感情分化未発達説を提唱した（図10-6）．ブリッジスは，モントリオールの孤児院の子ども達の観察から，一般的興奮が生後3ヵ月頃からさまざまな感情に分化していく様子を記述した．一方，イザードは，基本感情は生得的に9つ（興味，喜び，驚き，苦痛，怒り，嫌悪，軽蔑，恥，

第10章　乳児期の発達——1歳半くらいまで　　181

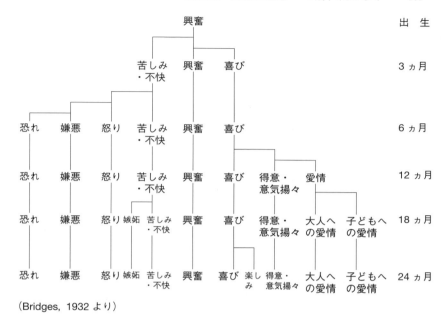

（Bridges, 1932 より）

図10-6　出生から約2年の間に現れる情緒の分化

恐れ）に分化した状態で組み込まれているとする感情の不連続発達説を唱えた．

10.9 泣き方（空腹，眠いとき，痛いときなど）

　以前，乳児の泣き声から，泣く理由を翻訳するソフトが開発され，商品化された．背景には，子どもの泣きに対してすぐに泣き止ませ，泣く理由をつきとめ，「正しく」対処しようとする養育者の気持ちがあるのであろう．しかし実際には，乳児の泣き声のパターンは子どもによって多種多様である．空腹のときに，ぐずぐず泣き始める子，思いっきり声をあげて泣く子，山谷のある泣き方をする子，途切れ途切れに泣く子など，パターンはさまざまで，そこから共通点を見出すのは困難である．

　ところで，同じ乳児の泣き声でも，室内で聞くより戸外で聞いた方が気にならない．さらには，室内に吸音材をおいた状態で乳児の泣き声を聞くと，「イライラ感」「耳鳴り」「めまい」「怒りたくなる」印象が低下するという研究結果がある（志村・山根，2006）．室内が響く部屋か否かが，乳児の泣き声

に対する受け止め方やストレスに大きく関わるということは，養育や保育をする「音環境」がその質に影響を及ぼすことを示している．ほかに，乳児の泣き声を聞いている時の親の脳活動を調べた研究では，初産の母親の方が経産婦よりも不快感情を担う扁桃体が活動したのに対し，経産婦では腹側線条体とよばれる快感情を担う場所が活動した（Swain et al., 2005）．養育者の経験や構えによって泣き声の受け止め方が違うことを示唆している．

10.10 人見知り

生後半年を過ぎると多くの赤ちゃんで「人見知り」が表れるが，個人差は大きく，時期や程度もさまざまである．多くの場合，発達の途中で消えるが，そのまま人見知りを引きずる子どももいる．さらに兄弟姉妹であっても人見知りをするかどうかは個人差があり，メカニズムはいまだに不明である．これまで，人見知りは，単に他人を怖がっているのだと考えられてきたが，なかには快と不快の感情が混在している「はにかみ」を表す乳児もおり，「怖がり」だけでは説明がつかなかった．松田らは，アンケートによる乳児の気質調査を行い，赤ちゃんの「人見知り」度合いと，相手への「接近」と「怖がり」という2つの気質の関係を調べた（Matsuda et al., 2013）．その結果，人見知り傾向の強い赤ちゃんは，「接近」と「怖がり」の両方の気質が強く，「近づきたいけど怖い」という「心の葛藤」をもちやすいことが推察できた（図

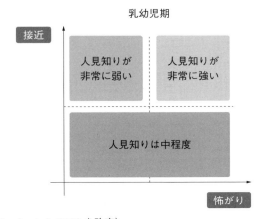

(Matsuda et al., 2013 を改変)

図10-7 「怖がり」「接近」の度合いと「人見知り」の強さの関係

10-7).また，視線反応計測を用いて，人見知り傾向が高い赤ちゃんを調べ，母親と他人の顔映像では顔のどこに注目するかを調べた結果，母親でも他人でも，最初に目が合った時に「目」を長く注視すること，さらに，自分と向き合った顔とよそ見をしている顔の映像では，よそ見をしている顔を長く観察することがわかった．これまで知られていた，学童期に見られる人見知りの原因とされる「接近と回避の葛藤」が，わずか1歳前の乳児でも見られることがわかり，さらに「目」に敏感でありつつも直接目を合わせるのは避けるような情動的感受性が，人見知り行動の背景にあることが示唆された．

10.11 ことばの発達

生まれたばかりの乳児は叫び声や泣き声が主であり，言葉を話すことも理解することもできない．しかし約1歳半〜2歳までに，身の回りの物の名や，身近な人の名，簡単な指示（「〜を持っておいで」など）を理解するようになり，また自分からもさまざまな言葉を発するような発達的変化を遂げる．

新生児が生後のしばらくのあいだ発するのは叫喚音とよばれる，主として不快な状態のときの音声である．だが，1ヵ月ほど経つと，機嫌の良いときを中心に，叫喚音とは異なる，穏やかな弱くつぶやくような発声が出てくる（bababa や manmanman などの口唇音が多い）．この発声を喃語とよぶ．喃語の最盛期は7〜8ヵ月頃である．喃語自体にはまだ意味はないが，そばに養育者がいるときや，喃語に対して大人が声で応答すると，発声量が増えるという観察がある．また，喃語に含まれる調音は万国共通で，母国語に影響されていないことも知られている．その後，徐々に言語差があらわれはじめ，日本語環境の子は日本語に，英語環境の子は英語にという具合に，母国語に特化した音声知覚を始める．逆に，外国語に対しては鈍感になる（図10-8）．

生後9ヵ月頃になると音声模倣が始まり，また，音声や動作（手や身体の動き，微笑，視線など）で意思や要求を回りの人間に伝えようとする．この時期はまだ，意味ある言葉を使ったコミュニケーションを行う前の段階であるが，言語獲得と社会性という観点で非常に重要な時期であり，「9ヵ月革命」といわれる（Tomasello, 1999）．生後3〜4ヵ月頃に，すでに乳児は養育者の指さす方向や，養育者が見つめている方向に自分の視線を向けることが観察されているが，視線追従にすぎない．しかし，9ヵ月頃になると「相手」と「自分」そして「この二者が共有する事象（相手と自分が同時に見ている

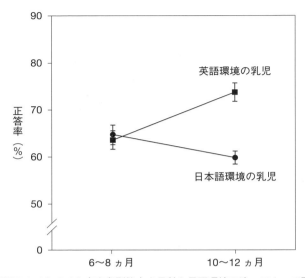

図 10-8 英語の /ra/ と /la/ の音声弁別能力を月齢と言語環境の違いによって図示したもの
6〜8ヵ月では日米の乳児で差がないが，10〜12ヵ月になると，英語環境で育った子は正答率が上がる一方，日本語環境で育った子では下がっている（Kuhl et al., 2006 より）

物）」という三者の関係，すなわち「三項関係」を意識し始める．これを共同注視とよぶ．この三項関係による共同注視が，生後9ヵ月頃にしっかりと成立し，この関係の中で今度は，音声と意味を結びつけていくのである．

特定の音声を特定の意味と結びつけるということは，「意味するもの」と「意味されるもの」との関係を理解するということである．こうして言語のもつ「象徴機能」が認識されることにより，目に見える事象だけでなく，目に見えない事象までも言葉で置きかえることが可能になる．そして他者からの言語による指示内容に沿った行動をとることができる．さらにはみずからが，最初の言葉としての「初語」を操るようになる．個人差があるが，おおよそ1歳〜1歳半のころである．

面白いことに，こうした乳児の言語発達に合わせて，親も話し方を変える．さらには脳活動も変わる．「あんよ」や「ねんね」という育児語は，大人が乳幼児に対して使う言葉である．同時に声高で抑揚をつけた韻律で話す．この話し方はマザリーズ（mother + ese という造語）とよばれ，言語圏や文化圏が異なるほぼすべての国々でみられる．そして老若男女を問わずに口か

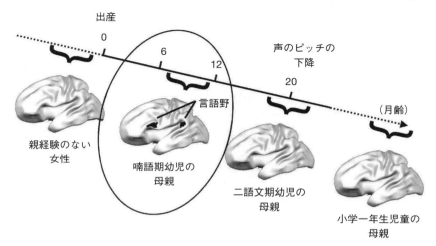

図 10-9 マザリーズによる親の脳活動は一過的．図は左脳の活動を示している．喃語期乳児の母親にのみ左脳・言語野の活動（図の黒い部分）がみられる（Matsuda et al., 2011 を改変）

ら突いて出る．マザリーズを受け取る乳幼児も心地よく聞くとされ，言葉の獲得や感情の発達への影響が注目されている．このマザリーズが，言語的／感情的に何らかの機能をもつとすれば，育児経験や男女差，個人差が現れることになるかもしれない．松田らは，この検証を行い，「マザリーズ」の脳内処理が育児の経験の有無，性差，性格の違いによって変化し，単なる気持の高揚でなく，言葉を伝えようとする意図の現れであることを示した（Matsuda et al., 2011）．親の経験のない男性や女性などの6つのグループで，マザリーズを聞いたときの脳活動を fMRI で調べた結果，喃語期乳児の母親の脳活動が最も盛んで，その活動部位は，言葉をつかさどる「言語野」であることがわかった（図 10-9）．喃語期は親が最もマザリーズを使う時期である．さらに，性格検査を行い，社交性や活動性を示す「外向性」が高い人ほど，発話にかかわる運動野の脳活動が強いという傾向を見出した．また，言語野や運動野の活動は一過的で，二語文期幼児や小学生児童の母親では見れなくなり，成人向けの話し方と差が無くなった． ［松田佳尚］

課題

1. アタッチメントのタイプにはどのようなものがあるか．それぞれの特徴をあげながら説明しなさい．
2. 乳児期の人見知りと成人期の人見知りは同じであるかどうか．もし違うなら何が違うのかを述べなさい．

【文　献】

遠藤利彦他．(2011)．乳幼児のこころ．有斐閣アルマ．
数井みゆき．(2005)．「母子関係」を越えた親子・家族関係研究．遠藤利彦（編）．発達心理学の新しいかたち．誠信書房．
川島一夫・渡辺弥生（編）．(2010)．図で理解する発達．福村出版．
小西行郎（編）．(2013)．今なぜ発達行動学なのか．診断と治療社．
小西行郎・遠藤利彦（編）．(2012)．赤ちゃん学を学ぶ人のために．世界思想社．
汐見稔幸他（編）．(2007)．乳児保育の基本．フレーベル館．
志村洋子・山根直人．(2006)．乳児の泣き声の音響特性とその聴取傾向 (1)．日本発達心理学会第 17 回大会発表論文集．
椙山喜代子・渡辺千歳（編）．(2000)．発達と学習の心理学．学文社．
高橋惠子他（編）．(2012)．発達科学入門 [2] 胎児期〜児童期．東京大学出版会．
福本　俊・西村純一（編）．(2012)．発達心理学．ナカニシヤ出版．
三池輝久．(2011)．子どもとねむり．メディアランド．
無藤　隆他（編）．(2004)．よくわかる発達心理学．ミネルヴァ書房．
ロシャ，P. (2004)．乳児の世界（板倉昭二・開　一夫，監訳）．ミネルヴァ書房．
Bridges, K.M.B. (1932). Emotional development in early infancy. *Child Development*, 3, 324–341.
Clifton, R.K. (1974). Heart rate conditioning in the newborn infant. *Journal of Experimental Child Psychology*, 18, 9–21.
DeCasper, A.J. & Fifer, W.P. (1980). Of human bonding: Newborns prefer their mothers' voices. *Science*, 208, 1174–1176.
Hartshorn, K. et al. (1988). The ontogeny of long-term memory over the first year-and-a-half of life. *Developmental Psychobiology*, 32, 69–89.
Johnson, S.P. et al. (2003). Development of object concepts in infancy: Evidence for early learning in an eye-tracking paradigm. *Proceedings of the National Academy of Sciences of the United States of America*, 100, 10568–10573.

Kuhl, P.K. et al. (2006). Infants show a facilitation effect for native language phonetic perception between 6 and 12 months. *Developmental Science*, 9(2), F13–F21.

Matsuda et al. (2011). Processing of infant-directed speech by adults. *NeuroImage*, 54, 611–621.

Matsuda et al. (2012). Infants prefer the faces of strangers or mothers to morphed faces: an uncanny valley between social novelty and familiarity. *Biology Letters*, 8, 725–728.

Matsuda et al. (2013). Shyness in early infancy: approach-avoidance conflicts in temperament and hypersensitivity to eyes during initial gazes to faces. PLoS ONE, 8 (6), e65476.

Meltzoff, A.N. (1988). Infant imitation and memory: Nine-month-olds in immediate and deferred tests. *Child Development*, 59, 217–225.

Muir, D. & Field, J. (1979). Newborn infants orient to sounds. *Child Development*, 50, 431 –436.

Nishimura et al. (1999). Sign language 'heard' in the auditory cortex. *Nature*, 397, 116.

Prechtl, H.F.R. & Nolte, R. (1984). Motor behavior of preterm infants. In H.F.R. Prechtl (Ed.), *Continuity of neural functions from prenatal to postnatal life* (Clinics in developmental medicine, no. 94, pp.79–92). Spastics International Medical Publication.

Sadato, N. et al. (1996). Activation of the Primary Visual-Cortex by Braille Reading in Blind Subjects. *Nature*, 380, 526–528.

Shirley, M.M. (1933). *The first two years: A study of twenty-five babies*. Vol.2. *Intellectual development. Minneapolis*: University of Minnesota Press.

Shirley, M.M. (1963). The motor sequence. In W. Dennis (Ed.), *Readings in child psychology* (pp.72–82). Englewood Cliffs, Prentice-Hall.

Swain, J.E. (2011). The human parental brain: In vivo neuroimaging. *Progress in Neuro-Psychopharmacology and Biological Psychiatry*, 35, 1242–1254.

Tomasello, M. (1999). *The cultural origins of human cognition*. Harvard University Press.

Touwen, B.C.L. (1984). Primitive reflexes-conceptual or semantic problem? In H.F.R. Prechtl (Ed.), *Continuity of neural functions from prenatal to postnatal life* (Clinics in developmental medicine, no. 94, pp.115–125). Spastics International Medical Publication.

第11章

幼児期の発達
── 1歳半くらいから小学校入学まで

11.1 幼児期の発達の概観

　1歳半の子どもを思い浮かべてみよう．身長はおよそ80 cm，体重はおよそ10 kg．よちよち歩きまわり，言葉もだんだん増えてくる．その後，身長，体重は4〜5歳で出生時のおよそ2倍に，そして6歳で身長およそ110 cm，体重およそ19 kgに達する（図11-1，図11-2：厚生労働省，2012）．好奇心旺盛で，珍しいものや，気にいったものを見つけては，指をさし，こっち

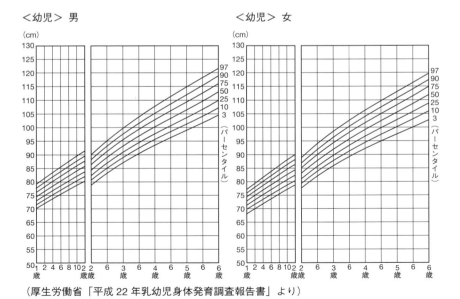

（厚生労働省「平成22年乳幼児身体発育調査報告書」より）

図11-1　乳幼児身体発育曲線（身長）

第11章 幼児期の発達──1歳半くらいから小学校入学まで

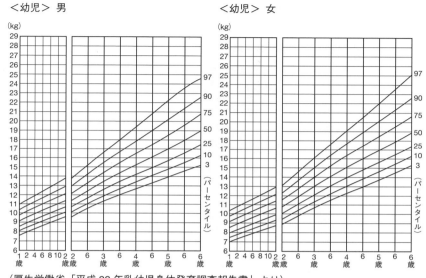

（厚生労働省「平成22年乳幼児身体発育調査報告書」より）

図11-2　乳幼児身体発育曲線（体重）

を向いて，声を出して知らせてくれる．「自分の意志」らしいものも現れ始め，周りの対応が期待とくい違うと，「癇癪」をおこしたりする．情緒は，2歳くらいまでに，成人のもっている基本的情緒（愛情，得意，喜び，快，不快，嫉妬，怒り，嫌悪，恐れ）に分化し，5歳くらいまでには，成人のもつ情緒のすべてが現れるといわれている（Bridges, 1932）．食事，睡眠，排泄，着衣，清潔などの基本的習慣も6歳くらいまでに自立し，昨日できなかったことが，明日はできるようになっているほど，その成長発達はめざましい．

　乳児期との大きな違いは，「歩行」と「言葉」の獲得であるといわれている．行動範囲が拡大し，その範囲をみずから移動して，気になるものを直接触ったり，反対側に回って，後ろにあるものを確かめたりすることができるようになる．移動がままならない乳児期とは比較にならないくらい，多くの情報を得，「仮説・検証」が可能になり，経験や知識が蓄積される．また，単に「コミュニケーションがとれる」という意味においてだけではなく，「ことば」の出現は，「記憶力の発達」も手伝って，目の前に「そのもの」が存在しなくても「頭の中に思い浮かべる事ができる」ようになる「表象能力」に貢献している．さらに，外界の認知，思考，遊びなどに大きく関わっている．

11.2 発達段階と発達課題

　連続的に変化する発達も，ある時期に量的発達が加速したり，質的に異なる特性が初めてみられる時期があったりする．そのような区切りをもとに，いくつかの段階に分けて発達をとらえることができる．

　幼児期は，フロイトの心理・性的発達理論によれば，肛門期（1～3歳）と男根期（3～6歳）にあたる．肛門期は，「排泄すること」と「排泄を我慢すること」によって「自分を調節すること（セルフコントロール）」を獲得する時期といえる．さらに男根期は，エディプス・コンプレックスによって異性の親への愛着が強くなり，同性の親をライバル視する．同時にその事について「罪悪感」「不安」を抱く時期を経て，同性の親に「同一化」し，克服していく時期とされている．

　エリクソンの心理・社会・性的発達段階では，それぞれに，達成すべき課題（危機）があり，その達成がうまくいくか，失敗するかによって，その後の人格形成が影響を受けるとしている．幼児期初期（1～3歳）の発達課題は，自律性の獲得である．トイレットトレーニングなどのしつけを通して「自分でできる」「がまんできる」という自信をつけていく．うまくいかない場合は「恥ずかしい」と感じ，「できないかもしれない」という「疑惑」を抱くことに結びつく．

　幼児期後期（遊戯期）（3～6歳）は，遊びを通して生活空間は広がり，さまざまなものに興味関心を示し，移動や探索を通して，何かを解決していく段階である．この時期の発達課題は，このような活動を通して積極性（自発性・自主性）を獲得することである．うまくいかないと自発性が育たず，「罪悪感」を抱くことになる．

11.3 運動機能の発達

　運動機能は，粗大運動（gross motor）と微細運動（fine motor）に分けられる．平均的な姿を把握するためには，発達スクリーニング検査などが参考になる（表11-1）が，個人差は，かなりの幅があり，念頭において把握する必要がある．

表 11-1 幼児期の運動機能の発達

月齢	粗大運動	微細運動
18	ひとり歩き	殴り書き　積み木を2個積む
24	走る，階段を登る	積み木を4個積む
30	両足飛び，ボール投げ	真似をして丸を描く
36	片足立ち，三輪車こぎ	ボタンをはめる
42	幅跳び	十字を描く
48	片足跳び	はさみを使う
54		丸を描く，簡単な人物画を描く
60	スキップ	
66		
72		お手本を見て，四角を描く

（改訂日本版デンバー式スクリーニング検査用紙．1983；遠城寺式・乳幼児分析的発達検査表，1977 より作成）

11.4 基本的生活習慣の獲得

　身のまわりのことをすべてやってもらっている乳児期を経て，幼児期の大切な発達課題は，「ひとりでできる」ようになることである．

　社会生活で必要とされる食事，睡眠，排泄，着脱衣，清潔等の基本的生活習慣が獲得されていく．養育者は，「しつけ」をめぐって迷い，困難を感じ，悩むことが多く，子育てにおける大きな試練の時期である．この時期は「しつけ」が注目されやすいが，「しつけ」が成立する前提として，神経系の成熟および運動機能や認知機能の発達が整っていることが必要である．基本的な生活習慣の自立の目安（表 11-2）が示されてはいるが，やはり個人差は

表 11-2 幼児期の基本的生活習慣の発達

月齢	基本的生活習慣
18	
24	排尿の予告をする，ひとりでパンツを脱ぐ
30	こぼさないでひとりで食べる，靴をひとりではく
36	上着を自分で脱ぐ，顔をひとりで洗う
42	
48	入浴時ある程度自分で体を洗う
54	
60	ひとりで着衣ができる

（遠城寺式・乳幼児分析的発達検査表，1977 より）

大きく，一人ひとりの発達のペースに合わせたしつけが大切である．

11.5 言葉の発達

1歳前後で意味のある「ことば」を話し始め，その後は語彙の獲得，文法的な理解とともに急速な発達を遂げ，4歳頃までには，日常会話がほぼ可能になってくる．この「言葉の獲得」によって，単に「名称」と「もの」が結びつけられるだけではなく，言葉に現れている分類システム（例：「犬は動物の一種」といった分類）や連想の関係（例：ぞうさん→やさしい）が言葉の用法を通して子どもに伝えられていく（無藤，1995）．

(1) 1語文

1歳頃前後に「マンマ」「わんわん」など，単語中心に表現される．初語が現れてから，単語は徐々に増加するが，しばらくは，1語を単発的に用いる．しかし，その意味は，「パパ」という単語だけの発話も，ある時は「私の大好きなパパ」を意味し，ある時は「パパにあげた」「パパが来た」を意味するというように，機能としては「文」としての役割を果たしている．

(2) 2語文

2歳から2歳半頃には「ママ ダッコ」「パパ カイシャ」など，2語文を話すようになる．多くの場合，助詞や助動詞が抜けており，その理解は難しい．しかし，2語文の習得によって，子どもの要求や意図が，より具体的に示されるようになる．

(3)「質問」から「素朴理論」へ

3歳頃には，簡単な会話が成立するようになる．この頃から，「なぜ」「どうして」「これは何？」と盛んに質問するようになる．世界のさまざまな事象について，子どもなりの「理論」をもち，「仮説」を立て，「分類」を試み，新しく遭遇する事物を理解しようとする「素朴理論」へと発展していく．

(4) 日常会話の成立

子どもに使用される助詞の種類の数は，生後20〜21ヵ月で5種類未満であるが，23ヵ月では20種類にまで増加するという縦断研究（綿巻，1997）は，

この時期に文法的な発達が急激に進むことを示している．その後，3歳頃までには，助詞，助動詞などを用いて，かなり長い，より複雑な文章を話せるようになる．

(5) 「語り」の発達

「1人で，過去に体験したことを口頭で順序づけて物語る」ナラティブ（narrative）についての研究では，2歳から3歳にかけて，時間関係をとらえる言葉が獲得され，「語り」にまとまりができ，3歳後半から4歳前半にかけて，一連のできごとの流れをことばで表現できるようになり，4歳後半から5歳後半を過ぎると，事件，夢，回想などを盛り込んだ「語り」の形式を獲得する，としている（内田，2008）．

(6) 言語発達における「制約」の役割

Markman（1989）は，このような人間の言語獲得の驚異的な学習スピード説明する理論として，「制約論」を提唱し，言語と対象の意味の結びつきを理解する学習プロセスには，以下の3つの制約があるとした．

① **事物全体制約（whole object constraint）**：「モノ（事物）」が提示されてそのモノを指し示す「言葉（単語）」が語られたときには，その言葉は「モノの部分」ではなくて「モノの全体」を指示する．

② **事物分類制約（taxonomic constraint）**：「モノ（事物）」が提示されてそのモノを指し示す「言葉（単語）」が語られたときには，その言葉は「モノが所属するカテゴリー」を指示する．「あれは車だよ」と言う場合，「車という一般概念（それが所属するカテゴリー）」をさすことを理解し，悩むこと無く，類似した形態・特徴をもつ「車全体」を「自動車」とよぶ「モノのラベリング（単語習得）の効率化」に大きく貢献している．

③ **相互排他性（mutual exclusivity）**：「一つのモノ（対象）」には「同一カテゴリーに属する名称」しかつかない，とする．「犬」を猫やライオンなどとよぶことはできないが，犬と同一カテゴリーに属するチワワやプードルとよぶことはできる．

マークマンの理論は非常に説得力が高いが，当てはまらない現象も見出されている．したがって，言語の獲得は，「制約」などの「子どもの内部」に生得的に備わっている概念装置（認知機構）だけではなく，「子どもの外部」

にある母子関係や環境刺激，意味の推測および探索行動などの相互作用によって，効果的に進んでいくと考えられる．

11.6 認知の発達

(1) ピアジェの認知発達理論から

ピアジェによると，1歳半〜2歳という幼児期の初めは，乳児期から続く「感覚運動期」の最終段階である「第6段階」にあたり，「感覚運動期」の「第5段階」までにはできなかった，「心の中で表象すること」が可能になってくる．このことによって，「隠されたもの」を見つけることや，延滞模倣（モデルがその場にいなくても時間を超えて，モデルのした行為を再現できること）が可能になってくる．この時期は，2歳頃から始まる「前操作期」への過渡的な時期である．しかし，いまだ見た目の知覚的印象に支配される思考であり，「直観的思考」である．つまり，例えば，「量の保存問題」において，A，B二つの同じ形，同じ大きさのコップに水を入れて，子どもの見ている前で，Bの水は，背の高い，細いCのコップに移し替え，A，Cのどちらが「（量が）多い」か質問する．実際の水の量はA，Cとも変わっていないが，知覚的な印象は，CはAよりも「高い」．「前操作期」にある幼児は，その印象から直観的にとCと答える．また，他者の立場に立って考えること（たとえば，相手からどのように見えるかを答えるなど）が難しい（「自己中心性」）．

(2) 記憶の発達

作業記憶（情報の一時的保持と処理を同時に行う脳のシステム）の容量は，2〜3歳で2チャンク（数唱課題の場合2桁），5歳で4チャンク程度である（上原，2008）．大人の7±2チャンクには及ばないが，幼児期における作業記憶容量の増加は，幼児期における知識獲得，情報処理，思考の発達を支えている．また，短期記憶を長期記憶にとどめる方略としてのリハーサル（感覚記憶から短期記憶に送られてきた刺激を，心の中で繰り返し，長期記憶に送り，保持できるようにすること）については，幼児期の終わり頃にできるようになってくる．

内容的記憶に関しては，2〜3歳になると，時系列に沿ったできごとの報告が可能になる（Nelson & Gruendel, 1981）．1歳前後から3歳頃までは，「潜

在的記憶（言語的再生はできないが，動作や行動で，記憶していることが示される）（Myers et al., 1987）」が中心で，3〜4歳頃から「顕在記憶（言語での記憶再生が可能）（Pillmer & White, 1989）」がみられるようになるなど，大きな変化がみられる．

さらに，4, 5歳頃から自伝的記憶（エピソード記憶の一つで，自分が，個人的に体験したという確信が伴い，自分にとって意味ある記憶）が認められるようになる．この現象は，「幼児期健忘（3歳以前の記憶を，3歳児では取り出せても，大人は取り出せない現象）」とも関連して，幼児の認知をめぐって，さまざまに検討されている．

(3) 表象能力の発達

乳児期における認識は，「目の前に見えているもの」がすべてである．しかし，記憶の力が伸びるにつれて，「対象が目の前に存在しなくても」「実際の行為が存在しなくても」心の中に思い描く，表象能力が備わってくる．ピアジェによれば，「1歳半頃の「感覚運動期」の第6段階までは表象能力はもたない」としている．しかし，さらに早期の段階で，象徴機能を示すような報告もある（Bower, 1989）．

(4) 素朴理論の出現

2歳を過ぎた頃から，好奇心旺盛な子どもたちは，母親を安全基地として，みずから移動し，探索行動に出かけるようになる．さまざまな物，現象に出会い，「これ，なーに？」「どうして？」と，盛んに問い始める．「対象を明確にもっており，一貫性があり，基本的な説明原理をもち，さまざまな原理を説明できる子ども（や大人）のもつ論理の体系」を，科学理論に準じたものとして「素朴理論（naïve theory）」とよぶ（Wellman, 1990）．これらの「理論」は，科学理論のように仮説検証の過程を経て構築されたり，精緻化されているわけではなく，また，理論の中身を言語化可能な形で表現できるわけではない．

(a) アニミズム

ピアジェは，「無生物にも生物の属性がある」と考えることをアニミズムとよび，幼児期の特徴と考えた．幼児は，無生物である太陽も「光を出す」から，自転車も「動く」から「生きている」ととらえることが示されている

(Piajet, 1929).

(b) 素朴生物学

　従来，幼児は，無生物とは異なる属性をもっている「生物」という概念をもっていない（Piajet, 1929），さらに，動物と植物を統合した「生物」という概念をもっていない（Carey, 1985）ととらえられていた．しかし，近年，幼児期に，すでに生物現象についての理解が始まっていることを示す研究が報告されており，外山・中島（2013）が整理している．

- 3歳までにほぼ全員が「時間が経つと，動物は大きくなるが物理的事物は大きくならない」ことを理解する（Rosengren et al, 1991）．
- 4歳児で半数以上が「時間が経つと，動物も植物も大きくなるが物理的事物は大きくならない」ことを理解する（稲垣・波多野，2005）．
- 「枝は折れても自然にまた生えてくる（動物や植物は自然に再生する）」が「脚の折れた椅子は誰かが修理しないと，そのままである（事物については修理のような人為的な介入が必要）」という「植物を含めた生物には再生能力がある」という認識を4歳児の多くがもっている（Backscheider et al., 1993）．

　さらに，このような知識を幼児が何歳くらいで獲得するかについてだけでなく，獲得のメカニズムについて検討している．

　幼児は，母親が直接教えることがなくても，「生物学的本質主義（生物には目に見えない本質（たとえば時間が経つと大きくなるなど）があるという考え方）」をもつようになることから，生得的な傾向（例えば，進化論的に，「生物」と「無生物」を見分けることが，食糧を獲得するといった，種が生存する上で非常に重要であったなど）が，知識を獲得する主な原動力となっていることが推測される，としている．

(c) 素朴心理学（心の理論）

　「心の理論」とは，心の働きや性質を理解するために必要な知識，心の働きをとらえる認知的枠組みであり，他者の目的・意図・信念・知識・思考・推測といった内容を理解し，一貫した説明と予測を生み出す「理論」のようなもの（外山・中島，2013）である．

① チンパンジーに「心の理論があるか？」

　Premackら（1978）は，ある目的を達したいが，うまくいかない人間（たとえば，人間が檻に入っていて，外にあるバナナに手が届かない）の映像を

チンパンジーに見せた後，チンパンジーが，2枚の写真から，正解を示す写真（檻から棒を突き出している場面）を選ぶことができることを示した．このような行動が生じるためには，チンパンジーが，「檻の中にいる人はバナナがほしいという欲求をもっている」という，目に見えない心の状態を仮定して，「棒を突き出すに違いない」と，行動を予測する能力，すなわち「心の理論」をもつと考えた．しかし，その後「表象としての心」に関して再検討し「心の理論をもつのは4歳以降の人間」であると修正した（Premack, 1988）．

② 「誤信念課題」を用いた研究

「心の中にあるもの（信念）」は，「現実を映し出しているもの（表象）」であり，「信念が現実と対応している（正しい信念）」場合もあれば，「信念が現実と対応していない（誤信念＝思い違い）」場合もあること，場合によっては，別の人が，自分の持っている「信念」とは異なる場合もあることを理解できるかどうか，を検討するために「誤信念課題（Wimmer & Perner, 1983）」が考案された．代表的な課題であるサリー・アン課題（Baron-Cohen et al., 1985）は，

1. サリーはボールをバスケットの中に入れる
2. サリーは立ち去る
3. アンはサリーがバスケットに入れたボールをアンの箱に移す
4. 質問：「戻ってきたサリーはボールをどこで探すでしょうか？」

という課題である．

このような課題に対して，3～4歳児は「サリーはアンの箱を探す（誤答）」と答えるが，4歳をすぎ，6歳頃までには，大半の子どもが「サリーはバスケットを探す（正答）」と答えるようになる．このことは，3～4歳児は，自分の知っている現実（サリーのボールはアンの箱の中にある）や，その知識によってもっている「信念（ボールは箱の中にある）」とは異なり，サリーは，「ボールはバスケットの中にある」という「信念（誤信念＝勘違い）」をもっている，ということを理解できないが，4歳を過ぎると理解できるようになる，ことを示している（Perner, 1991）．

③ 3歳以前の「心の理論」を調べる実験の工夫

言葉による反応が難しい2歳児に対して「言語反応」ではなく，「馴化」を用いて実験した結果，2歳児による「誤信念理解」が示された（Southgate et al., 2007).「左右二つの箱のどちらかに，ぬいぐるみがボールを入れ，箱の後ろにいる人が，箱の上にある窓から手を出してそのボールを回収する」を繰り返した後，

   a.「左の箱にボールを入れた後，ボールを右の箱に動かし，後ろにいる人が見ていない間に，持ち去ってしまう」
   b.「左の箱にボールを入れた後，後ろの人が見ていない間に右の箱に移し，その後持ち去ってしまう」

という映像を続けると，a. の場合は右の箱，b. の場合は左の箱の上にある窓に，幼児は視線を向けるようになった．

　箱の後ろの人がどちらの窓から手を出して回収しようとするか，ということに関して，箱の後ろにいる人は，見ていない間にボールが動かされているので，実際はボールが入っていない箱に手を伸ばすという予測を立てていることが推測され，2歳児も「誤信念」に気づいていることを示唆している．

④　感情の理解

　「心の理論」で検討されてきたのは，主に「意志」「意図」「思考」「知性」に関連する「考える心」「判断する心」にまつわる「心」であったが，「共感性」「思いやり」「愛情」などに関連する「感じる心」も「心」の働きである．落合（1996）は，感情の理解について，1歳半くらいで，悲しんでいる人に同情を示したり，慰めたり，いさかいの場で相手に嫌なことや困ることをする，ケガをして痛がっている相手に対して物を持って行ってあげたりするなど，かなり早くから相手の内的状況やその原因について理解できるとしている．また，感情表出においては，3～4歳くらいで，自分の望まない贈り物をもらった場合など，贈り主がいない場合には「がっかり」した表情をするが，贈り主がいる場合は「にっこり」するなどの「相手を傷つけないようにする」ために自分の感情表現を調整することができる（感情表出の社会化）としている．

⑤　「嘘」をつく能力

　「誤信念課題」が理解できるようになると「嘘をつく」ことができるようになる．嘘は「悪いこと」と受け止められやすいが，認知発達の面からみると，高い認知能力の証ともいえる．つまり，「嘘」が成立するためには，a. 発言内容が事実と異なっている，b. 発言内容が事実と異なっていることを話し手は知っているが，聞き手は知らないことに話し手が気づいている（誤

第 11 章　幼児期の発達——1 歳半くらいから小学校入学まで

信念の理解），c. 話しては聞き手に「発言が事実である」と信じさせたい意図をもっている，といった条件（アスティントン，1995）が必要である．

(d)　数の理解

　幼児期に達成される数の認識は，主に「数唱」と「計算」である．

① 　数唱の発達

　一般に，子どもと数の出会いは「いーち，にい，さーん…」と数を唱えるところから始まる．Fuson ら（1982）によれば，子どもは数唱をまず機械的に覚える．しばらくは，ある数の次がいくつかはわからないが，はじめから数えるとわかり，一つずつ増える数唱（上昇系列）は，簡単にできるようになるが，一つずつ減る数唱（下降系列）は難しい．次に，いくつから始めても数えられるようになり，3＋2 などは，「3」「4」「5」と，数え足すことで，合計を言えるようになり，下降（引き算）も可能になる．やがては，数詞が一連のものではなく，独立した一つひとつの数であることを理解し，上昇，下降両方向での数唱，分割しての数唱が可能になるとしている．

② 　計数の原則

　子どもは数に関する理解も非常に早く身につけることができる．Gelman (1990) は子どもが，言語を獲得する以前から「計数の原則」をもっており，効率的に数の理解が進むことに貢献していると推測している．

【計数の原則】
- ◆ 1 対 1 対応の原則：数える対象の各々に，ただ 1 つの数詞を割り当てる．
- ◆ 安定した順序の原則：数詞をいつも同じ順序で唱える．
- ◆ 基数の原則：付与された最後の数詞が対象の集合の数を示す．
- ◆ 抽象の原則：どの対象も同様に数える．
- ◆ 順序普遍の原則：対象を数える順序は数に無関係である．

③ 　計算の発達

　幼児は，単一の計算法を順次発達させるのではなく，同時にいくつかの計算法（例：2 つの数の足し算の場合，大きい方の数に小さい方の数を加える（最小方略），記憶から結果を引き出す（検索方略）など）を発達させ，それを状況により使い分けていることを示した（Siegler, 1987）．

11.7 「自己」の発達

(1) 自己認識

柏木（1983）は，「自己」という用語が，研究者によって多義的であることを指摘しているが，一般には「自分自身についての理解」「自分についての認識」と理解されている．

Mahler（1975）の分離個体化論によれば，幼児期は，「母子分離移行期（1〜2歳半）と自我形成期（2歳半〜3歳半）にあたる．自分をとりまく世界との出会いを通して，「主体としての私（自我）」と「客体としての私（自己）」が分化していく．1歳3ヵ月頃からは，自分の名前をよばれたときに返事をするようになり，1歳半頃には自分で自分の名前を言うようになる（山田，1982）．

Lewisら（1979）は，鼻に口紅をつけて幼児に鏡を見せた場合，ついていない場合に比べて，鼻を触る行動が，1歳半頃から増加することを示し，鏡像を自分の姿であることを認識するようになるのは，1歳半頃からであることを示した．

(2) 自己主張の始まり

それまでの身体面，言語面などの目覚ましい発達によって，自己を認識し始めた幼児は，「自分はできる」「自分がやりたい」と，自己を主張するようになる．一般に「反抗期」とよばれる現象も観察されるようになる．

(3) 他者理解

1歳半を過ぎると，他者の情動表出に対しても，同情したり，慰めたり，相手のいやがることをして困らせようとしたり，自分の必要に応じて参照したり，自分から他者に情動表出をしたりすることができるようになってくる（Dunnら，1987など）．

(4) 二次的感情

Lewisら（1989）は，自己意識の成立が前提として現れる「照れ」「共感」「羨望」といった感情を「二次的感情」とし，8〜9ヵ月頃までに現れる「基本的（一次的）感情（喜び，悲しみ，嫌悪，怒り，恐れ，驚き）」と区別した．

さらに，2歳以降に，「社会的ルールや基準が内在化されること」「他者による賞賛や叱責に敏感になること」などの出現以降，「恥」「誇り」「罪」などの感情が発達してくるとした．

(5) 自己主張と自己抑制

園田（2012）は，自己主張（自分の欲求や意志を他人や集団の前で表現すること）と自己抑制（自分の欲求や行動を制すべき時に制すること）を，二律背反的なものではなく，いずれも子どもが自分の欲求や心情を把握し，それを状況や他者に応じて，適切に表出したりコントロールしたりする自己統制力につながるものであると述べている．

幼児期の終わりごろまでには，自他の内面についての理解が深まり，周囲と交渉しながら，自分のやりたいこと，したいことをすすめていくようになる．

11.8 幼児期のアタッチメントの形成

(1) 母親との心の絆

幼児期のアタッチメントの形成について余部（1995）は，次のようにまとめている．

「発達初期からの相互交渉のあり方が，幼児期にかけて形成されるアタッチメントの質に反映される．さらに，幼児期後半に安定したアタッチメントが母親との間に成立していることは，「母親には通じているのだ」「この人といる限り安心だ」という信頼感，安心感を子どもにもたらす．これをErikson（1959）は「基本的信頼感（sense of basic trust）」とよび，その後の生涯における人間一般に対する信頼感の基礎となるために，きわめて重要である，としている．また，子どもは母親を，いざというときに逃げ込んで苦痛を癒してもらえる「安全基地（secure base）」として活用することによって不安や恐怖に対処しながら未知の場面に対して探索行動を行い，見知らぬ人とも関わっていく．したがって，その安全基地がしっかりしたものであればあるほど，子どもは外の世界へ，より積極的に踏み出していけるのである．そして，認知機能の発達に伴い，母親が身近にいなくとも母親を思い浮かべるだけで，安全基地としての機能を果たすようになり，徐々に母親から離れて1人で行動できるようになって，母子分離が進む．」

(2) 移行対象の出現

Winnicott（1971）は，この時期に母親がそばにいないときに「母親」「乳房」を指し示すもの，「母親の代理物」としての役割を果たす「移行対象」が出現することを示した．それは，自分の指，毛布やガーゼ，ぬいぐるみであったりする．客観的にみるとただの物であるが，発達のある時期（乳幼児期）の子どもにとっては，かけがえのない愛着の対象であり，母親と離れている間，母親の代わりに自分を慰め，支えてくれる．母親から離れて「一人でいられる」ようになるまでの橋渡しの役目を果たすといえる．

(3) 愛着からネットワークへ

ボウルビィの考え方によると，母親へのアタッチメントを基礎にして，子どもの社会化が進むとしている．しかし，近年，子どもにとっての最初のアタッチメントの対象が，必ずしも母親一人とは限らず，個々の状況の中で，それぞれの対象の機能に応じた関係を結んでいき，その結果複数の人々への多次元的なアタッチメントが形成されるという見方（ソーシャルネットワーク）もされている（Lewis, 1982）．

11.9 人間関係の広がり

子どもが，複数の対象にアタッチメントを形成して，時と状況に応じて対象を選択的に活用しながら，人間関係を広げていくと考える，新たなとらえ方として，「人間関係の心的枠組み（人間関係についての表象）」を仮定する，いくつかのモデル（「ソーシャルネットワーク・モデル（Lewis, 1982）」「コンボイ・モデル（Kahn & Antonucci, 1980）」「愛情のネットワーク・モデル（高橋，2007）」など）が提唱されている．

Takahashi ら（2009）によれば，遅くとも2歳ごろには，重要な他者は複数になっており，平均すると3.5歳で3人以上，4～8歳で4～5人の重要な他者が存在していた．

仲間との関係が発展するのは，1歳半頃からといわれており（Brownell & Brown, 1992），行為や情動表出の連鎖的なやりとり，相手の行動に合わせて，自分の行動のタイミングを調整するといったことも徐々にみられるようになる．ただし，この頃の仲間関係は，おもちゃなど事物を介したものであることが多い（「ものを中心とする接触の段階」Mueller & Lucas, 1975）．この

ようなやり取りを通して，より高次な相互作用スキルを準備し，徐々に，相手の行動に合わせて自分の行動を調整することを学び，次の段階「相手の行動あるいは存在そのものに直接的な関心を払う段階」へと移行する．この段階では，ある程度安定して，オモチャを代わりばんこに使ったり，共有して遊んだりすることができるようになる．さらに相手の意図や立場が読み取れるようになると，やがて「柔軟な役割交替（先に相手が物を譲ってくれたとすると，今度は自分が譲り，さらにその次に譲ってもらうなど）」が可能な段階になるという．そして，子どもは，単にお気に入りのものを手に入れて喜ぶということのみならず，仲間との相互作用それ自体を目的，楽しみとして遊ぶようになる．2～3歳頃に，子どもの遊び相手は親を含む大人から仲間へと移行していく（遠藤，1995）．

11.10 遊びの発達

(1) 遊びのタイプ

Parten（1932）は，遊びのタイプを分類し，その年齢的な変化をとらえた（表11-3）．しかし，その変化は年齢に比例して単純に進むわけではないとの指摘もある．

表11-3 遊びの発達（Parten, 1932）

何もしていない	周りの何にも興味を示さず，ただ，自分の体に関わる遊びをしている
1人遊び	他の子どもたちと関係をもたず，ひとりで自分だけの遊びに熱中している
傍観遊び	他の子どもが遊んでいる様子をそばで見ている
平行遊び	同じような遊びを近くで行っているが，相互に干渉したりしない
連合遊び	言葉を交わしながら同じ遊びに取り組んでいる
共同遊び	共通の目的をもち，組織され統制された集団が作られ，役割分担や，ごっこ遊びのストーリーを共有しながら遊ぶ

(2) 遊びの重要性

この時期，幼児は遊びを通して，社会的コンピテンス（社会生活に対処する技術や態度）を身につける．けんか，競争，協力等を通して，子どもたちが学ぶものは大きい．友だちとの関わりの中で，他者に関する知識を蓄え，相手の行動から気持ちや感情，意図や動機などの内的特性に気づき，推論し，それに基づき反応できるようになる．このようなスキルは，小学校入学以降

の共同学習で必要となるものであり，5歳の頃に積極的に仲間遊びを展開する子どもほど，学習活動にも積極的に取り組んでいた事も示されている（Coolahan et al., 2000）．　　　　　　　　　　　　　　　［松嵜くみ子］

課　題

1. 身近にいる幼児期の子どもを観察し，表11-1を見ながら，運動機能の発達について粗大運動と微細運動に分けて確認しなさい．
2. 自分自身の記憶をたどって，最も初期の記憶について思い出し，書き出してみなさい．
3. 「誤信念課題」について，略図を書きながら説明しなさい．

【文　献】

余部千津子．(1995)．乳幼児期：親子関係と発達のつまずき．川端啓之他．ライフサイクルからみた発達臨床心理学，pp.51-88．ナカニシヤ出版．

稲垣佳世子・波多野誼余夫（著・監訳）．(2005)．子どもの概念発達と変化：素朴生物学をめぐって．共立出版．(Inagaki, K. & Hatano, G. (2002). *Young children's naive thinking about the biological world*. Psychology Press.)

上田礼子．(1980)．改訂日本版デンバー式発達スクリーニング検査（JDDST-R）．医歯薬出版．

上原　泉．(2008)．短期記憶・ワーキングメモリ．太田信夫・多鹿秀雄（編），記憶の生涯発達心理学，pp.21-30．北大路書房．

内田伸子．(2008)．ファンタジーはどのように生成されるか．内田伸子（編），よくわかる乳幼児心理学，pp.156-157．ミネルヴァ書房．

遠城寺宗徳・合屋長英．(1977)．遠城寺式乳幼児分析的発達検査法．慶応通信．

遠藤利彦．(1995)．人の中への誕生と成長：親子関係から仲間関係へ．無藤　隆他（著），現代心理学入門2　発達心理学，pp.37-56．岩波書店．

落合正行．(1996)．子どもの人間観．岩波書店．

落合正行．(2012)．幼児の認知．高橋恵子他（編），発達心理学入門[2] 胎児期〜児童期，pp.129-147．東京大学出版会．

落合正行・石王敦子．(2013)．認知発達における幼児期の持つ意味．追手門学院大学心理学部紀要，6，13-31．

柏木惠子．(1983)．子どもの「自己」の発達．東京大学出版会．

厚生労働省・児童家庭局母子保健課．(2011)．平成22年乳幼児身体発育調査の概況について（報道発表資料）．厚生労働省．
　　〈http://www.mhlw.go.jp/stf/houdou/2r9852000001t3so.html〉（2013年10月26日閲覧）
園田雅代．(2012)．III章　幼児期　4節　自己．高橋恵子他（編），発達学入門［2］胎児期〜児童期，pp.181-195．東京大学出版会．
高橋恵子．(2007)．人間関係の生涯発達理論．M・ルイス・高橋恵子（編著），愛着からのソーシャル・ネットワークへ：発達心理学の新展開，pp.3-71．新曜社．
外山紀子・中島伸子．(2013)．乳幼児は世界をどう理解しているか：実験で読みとく赤ちゃんと幼児の心．新曜社．
無藤　隆．(1995)．言葉と認識による世界の構築．無藤　隆他，現代心理学入門2　発達心理学，pp.16-35．岩波書店．
谷田貝公昭他．(2001)．幼児・児童心理学，52．
山下俊郎．(1938)．幼児心理学．嚴松堂．
山田洋子．(1982)．0〜2歳における要求：拒否と自己の発達．教育心理学研究，30，128-138．
綿巻　徹．(1997)．文法バースト：一女児における初期文法化の急速な展開．認知・体験過程研究，6，27-43．
Astington, J. W. (1995). *The child's discovery of mind*. Harvard University Press, Cambridge.（松村暢隆（訳）(1995)．子供はどのように心を発見するか：心の理論の発達．新曜社．）
Backscheider, A., et al. (1993). Preschooler's ability to distinguish living kinds as a function of growth. *Child Development*, 64, 1242-1257.
Baron-Cohen, et al. (1985). Does the autistic child have a "theory of mind"? *Cognition*, 21, 37-46.
Bower, T. G. R. (1989). *The rational infancy*, Freeman.
Bridges, K. M. B. (1932). Emotional development in early infancy. *Child Development*, 57, 1309-1321.
Brownell, C. A., & Brown, E. (1992). Peers and play in infants and toddlers. In V. B. van Hasselt & M. Hersen (eds.) *Handbook of social development: A lifespan perspective*, pp.183-200. Plenum Press.
Carey, S. (1985). *Conceptual change in childhood*. MIT Press.
Coolahan, K., et al. (2000). Preschool interactions and readiness to learn: Relationships Between classroom peer play and learning behaviors and Conduct. *Journal of Educational Psychology*, 92, 458-465.
Dunn, J., et al. (1987). Conversations about feeling states between mothers and their young children. *Developmental Psychology.*, 23, 132-139.

Erikson, E. H. (1959). *Identity and the Life cycle*. International Universities Press. (小此木啓吾（訳編）(1973). 自我同一性：アイデンティティとライフサイクル. 誠信書房.)

Fuson, K. C., et al. (1982). The acquisition and elaboration of the number word sequence. In C. J. Brainerd (Ed.), *Children's logical and mathematical cognition*, pp.33–92, Springer-Verlag.

Gelman, R. (1990). First principles organize attention to and learning about relevant data: Number and the animate distinction as examples. *Cognitive Science*, 14, 79–106.

Kahn, R. L., & Antonucci, T. C. (1980). Convoys over the life course: Attachment, roles, and social support. In P.B. Baltes, & O. G., Grim *Life span development and behavior*, 3, 253–268. Academic Press.

Lewis, M. (1982). The social network model. In T. M. Field, et al. (Eds.) *Review of human development*, pp.180–214. Willey.

Lewis, M., & Brooks-Gunn, J. (1979). *Social cognition and the acquisition of self*. Plenum Press.

Lewis, M., et al. (1989). Self development and self-concious emotions. *Child Development*, 60, 146–156.

Mahler, M. S. (1975). *The psychological birth of the human infant*. Basic Books. (高橋雅士他（訳）(1981). 乳幼児の心理的誕生：母子共生と個体化. 黎明書房.)

Markman, E. M. (1989). *Categorization and naming in children: Problems of induction*. The MIT Press.

Muller, E. & Lucas, T. (1975). A developmental analysis of peer interaction among toddlers. In M. Lewis & L. Rosenblum (eds.). *Friendship and peer relations*, pp.223–258. Wiley.

Myers, N. A., et al. (1987). When they were very young: Almost threes remember two years ago. *Infant Behavior and Development*, 10, 123–132.

Nelson, K., & Gruendel, J. (1981). Generalized event representations: Basic building blocks of cognitive development. *Advances in developmental psychology*, 1, 131–158.

Parten, M. B. (1932). Social participation among preschool Children. *Journal of Abnormal Psychology*, 27, 243–269.

Perner, J. (1991). *Understanding the Representational mind*. The MIT Press.

Piajet, J. (1929). *The child's conceptions of the world*. Rautledge & Kagan Paul.

Pillmer, D.B., & White, S.H. (1989). Childhood events recalled by children and adults. *Advances in child development and behavior*, 21, 297–340.

Premack, D. (1988). "Does the chimpanzee have a theory of mind?" revisited. In R. W. Byrne (Ed.), *Machiavellian intelligence: Social expertise and the evolution of intellect in monkeys, apes, and humans*, pp.160–179. Oxford University Press.

Premack, D., & Woodruff, G. (1978). Does the chimpanzee have a theory of mind?

Behavioral Brain Sciences, 1, 515–526.

Rosengren, K. S., et al., (1991). As time goes by: Children's early understanding of growth. *Child Development*, 62, 441–465.

Siegler, R. S. (1987). Some general conclusions about children's strategy choice procedures. *International Journal of Psychology*, 22, 729–749.

Southgate, V., et al., (2007). Action anticipation through attribution of false belief by two-year-olds. *Psychological Science*, 18, 587–592.

Takahashi, K., et al., (2009). Development of social relationships with significant others from 3- to 8-year-old Japanese children: Nature and nurture. In H. Hogh-Olesen, et al., (Eds.). *Human characteristics*, pp.184–204. Cambridge Scholars.

Wellman, H. M. (1990). *The child's theory of mind*. The MIT Press.

Wimmer, H., & Perner, J. (1983). Beliefs about beliefs: Representation and constraining function of wrong beliefs in young children's understanding of deception. *Cognition*, 13, 103–128.

Winnicott, D. W. (1971). *Playing and reality*. Tavistock Publications Ltd.（橋本雅雄（訳）(1979). 遊ぶことと現実. 小此木啓吾・西園昌久（監修）. 現代精神分析双書Ⅱ-4, pp.1–35. 岩崎学術出版社.）

第12章

児童期の発達
──小学生

12.1 身体と運動能力の発達

(1) 身体の発達

児童期には，就学前の幼児期の特徴であった，あどけない顔立ちや，まるい身体つきはしだいに影をひそめ，キリッとした顔とひきしまった身体つきになり全身の均整がついてくる．

発育を知る尺度としては身長がよく用いられる．図12-1aは身長そのものの発育経過を，図12-2bは身長の発育を年間増加量（1年間で何cm伸びたか）で示したものである．男女とも傾向は一貫しているが，概観すると，身長・体重とも思春期においては，女子は9〜11歳頃に，男子は11〜13歳頃にピーク（グラフの右上がりの傾きが大きい時期）を迎える．

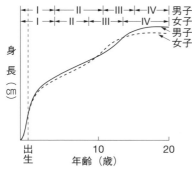

図12-1a　身長の発育経過
（高石・宮下，1977）

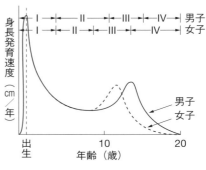

図12-1b　身長の年間発育量の経過
（高石・宮下，1977）

(2) 運動機能の発達

就学前に，子どもは大小の筋肉群の円滑な運動の協応が可能となる．児童期では，このような協応動作をさらに洗練し，読み書きからチーム競技にいたる，きわめて広範囲の運動技能に関心を向ける．なかでも，水泳，ドッジボール，サッカー，バスケットボール，野球，その他全身を使うスポーツには積極的な興味を示す．児童期の子どもの運動活動への欲求は，スポーツを中心とする遊びの中でほとんどが満たされる．それらの遊びは，何らかの規則に支配されたゲーム性の豊かなものである．ゲームに打ち込む熱意は，運動機能の発達とともに児童期にクライマックスに達する．

一方で，児童期における運動能力や体力の発達は，生得的に規定された能力に加え，周囲の環境から受ける影響が大きくなり，個人差が生じるため，発達検査では十分な評価ができなくなる．そのため，発達検査に代わり体力や運動能力を測定するために，小学生以降の体力に関しては，文部科学省が，「体力・運動能力調査」を毎年行っている．具体的には，握力，上体起こし，長座体前屈，反復横跳び，20 m シャトルラン（往復持久走），50 m 走，立ち幅跳び，ソフトボール投げなどの項目である．そのデータから，種目により異なるが，男女とも 6 歳から加齢に伴い体力水準は向上し，男子では青年期の後半に，女子では青年期の前半にピークに達する（図 12-2）．

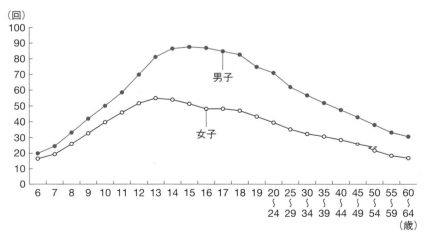

図 12-2　加齢に伴う 20 m シャトルラン（往復持久走）の変化（文部科学省，2009）
　　　注：図は 3 点数動平均法を用いて平滑化したもの

12.2 知的機能の発達

児童前期（ピアジェの理論では具体的操作期）と児童後期（形式的操作期）が，どのような点で異なっているかを概説する．

ピアジェは，子どもの世界のどの程度が知覚によって規制をうけるのか，どの程度が推論により考えられるのか，を決定する一つの方法として〈保存課題〉を考案している．〈保存課題〉では，子どもは知覚的判断と論理的判断とが相互に対立するような事態に直面させられる．種々の保存課題のうち，液量の保存を例にあげてみよう．

図 12-3 の液量の保存課題を説明すると，同じ高さまで液体の入っている同型同大のビーカー（A, B）と，液体の入っていない一つの広口ビーカー（C）を用意する．子どもに対して，「この二つのビーカー（A，B）には同じだけ液体が入っていますね」と念を押し，このことを子どもが納得したところで，実験者は液体を B から C へと注ぎ移す．次に，A の液体と，C の液体は同じ量かどうかを尋ねる．知覚的判断が優先される幼い子どもは，液体は A の方が C より高いところまで入っているので，A の液体の方が多いと思ってしまう．しかし，成長して論理的判断ができるようになると，A と C は同一量である，と考えられるのである．これを子どもに「保存」（conservation）が成立したという．液量の保存は 6～7 歳に形成される．保存はこの他に，長さ，数，面積などについても研究されてきた．表 12-1 は，これらの保存を立証する実験方法と，保存の獲得される年齢を示したものである．

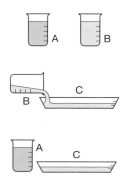

図 12-3　液量の保存課題（リーバート他，1977：訳 1978）

表 12-1　種々の保存と保存テスト（Lefranois, 1987）

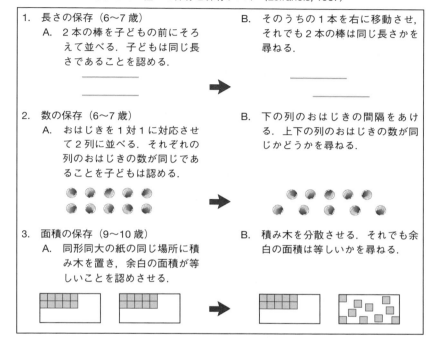

（1）児童前期（具体的操作期）の特徴

児童期になると，前操作期とは異なる思考の特徴を示す．ピアジェはこの時期以降を操作的段階とよんでいる．子どもは自己中心性を脱し，「みかけ」に左右されることなく2つ以上の次元を同時に考慮しながら心的な操作が可能になってくる．図12-4はColeら（1989）による分類課題であるが，「形」と「色」という二次元からの分類もできるようになる．しかし，これらの心的操作が可能であるのは，児童期においては目の前に具体的な対象物があった場合である．いまだ，頭の中だけで，現実の場面を離れての論理的な操作は難しい状況にある．それが，具体的操作期といわれるゆえんである．

（2）児童後期（形式的操作期）の特徴

小学4年生の頃（9～10歳）を境に子どもの発達に大きな節目が訪れる（岩田，1995）．「今までの子どもの特有の見方から離れ，基本的には大人と同

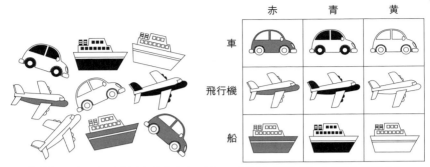

子どもはバラバラに示されたおもちゃに2つの次元（形と色）を発見し分類する。

図12-4　二次元の分類操作（Cole et al. 1989）

様の見方が可能」になってくる．ピアジェのいう形式的操作期の始まりである．

　形式的操作の特徴として，①仮説から理論的に推論して，結論を導きだせる，②どのような仮説が可能かを組織的に探索できる，③論理的に推論してどの仮説が正しいか判断できる，④変数間の関数関係がわかる，などがあげられる（市川，1990）．この時期以降，仮説にもとづいた論理的な操作ができるようになり，命題間の論理的な関係についての理解も可能となってくる．また，現実の世界に対してだけでなく，可能性の世界についても論理的に思考できるようになってくる．

　しかし，このような操作が日常生活の中で，すべての状況において発揮されるわけではない．このような児童期の知的機能を成長・発達させるものは，いったい何であろうか．例えば，これまでの経験にもとづく各領域についての知識である（内田，1991）．新しく獲得された概念は，何もないところから生じたわけではない．乳児期から幼児期にかけてつくられてきた特定の領域の概念に，さまざまな経験が積み重なり，知識が増えることによって，再構造化されたものといえるだろう．

　それでは，これらの知識は何によってもたらされるか．一つは，子どもを取り巻く周囲の環境，特に家族や地域との関わりである．二つ目は「学校」といえる．「学校」という環境を通して，さらにさまざまな経験や知識を学んでいく．先に述べた，保存課題においても，子どもは知覚的判断と論理的判断とが相互に対立するような学習場面に直面させられる．そしてその経験

と学びを通して，知識が秩序化された形で整理され，思考の発達を促していく．

学習指導要領も，これら子どもの知的機能の発達に応じた内容で編成されている．子どもは，豊かな経験と学習という教育環境が提供されることにより，知的機能の発達がより促進されていくのである．

12.3 自己の発展

(1) 自己概念の発達

自己概念の基盤となる「自己の特徴」は年齢とともに変化する．「自己の特徴」を尋ねられた子どもは，年少者は比較的外観的な特徴をあげ，年長者では比較的内面的・知的な特徴をあげる．

性役割の学習も，自己概念の発達に寄与している．観察・模倣・会話などを通じて，子どもは家族や仲間など彼らにとって大切な人たちを媒介として，価値が認められている男性像−女性像を発見する．このように自己概念は社会的文脈の中で形成されていく．例えば，学業がおもわしくないことを常に非難されている子どもや，家族や仲間からバカにされている子どもは，学業成績は同じ程度でも，そうした非難を受けていないほかの子どもよりも強い劣等感をもっている (Black, 1974)．

つまり，子どもの肯定的な自己概念を形成するためには，子どもを取り巻く周囲の環境である，家族，友だち，教師，地域の人たちとの肯定的な関わりが重要となる．

(2) 自信・劣等感・達成動機など

(a) 自信と劣等感

子どもの自己能力像の基礎には，自信つまり自己の能力についてプラスの評価が生じている．それは，新しい技能を獲得した喜びの後に，自分が一つの段階を超えたという，自己への肯定的な評価でもある．児童期は，このような達成の喜びと自信を，次への課題達成へ向けての努力に置き換えていく時期である．それが目標達成への動機づけや，競争への関心となって現れる．

つまり，児童期は子どもが自信と劣等感のいずれかを形成する主な時期といえる．子どもが自分の力に自信をもつか，それとも劣等感に悩まされるかを決めるために，家族は重要な役割を果たしている (12.4 節 (1) に関連記述)．

子どもが努力して達成したことを評価せず，自分ならもっと上手にやれることを示そうとするような保護者，あるいは，子どもの失敗をいちいちとがめだて，あるいは再度の子どもの試みを禁止するような保護者は，子どもを非充足感や劣等感に追い込んでしまう．

学校に入ると，子どもの自信-劣等感は，他児と自分の能力の比較，および教師の反応によって強い影響を受けるようになる．肯定的な学校体験は家庭の否定的な体験をつぐなうのに十分に寄与する．一方，学校での失敗や敗退は，家族が長年かかって培った子どもの自信・有能感・適応感を台無しにしてしまうことさえある．それほど学校での体験は強い影響を与えるのである．

(b) 達成動機

一般的には，知能は学業成績と正の相関関係がある．しかし知能の高い子どもでも学業成績のかんばしくない者がおり，平均知能の子どもにも成績の優秀な者がいる．このような知能と学業成績との間に相関が見られない子どもの場合に，達成動機が問題となることが多い．

達成動機は，生得的ではなく，家族・教師・友人の影響のもとで獲得されるということが一般的に認められている．

ある研究で，小学校3年生の二つのクラスにおいて算数の成績が比較された．子どもは全員，ワークブックの課題1単位を完成させた後にテストを受けた．一つのクラスでは教師がワークブックの成績を評価し進度を決めたが，もう一つのクラスでは子ども自身が遂行を評価し，その課題をクリアしたならば次に進むことが許された．その結果，教師が評価する時より子ども自身が評価する時の方が，テストにパスする子どもが多く，また平均してより高い得点を取ることがわかった．つまり，子どもに自分自身の学習に責任をもたせることによって，達成動機は上昇し成績も良くなったのである（Klein & Schuler, 1974）．

(c) 勤勉性

児童期は勤勉さということでも特徴づけることができる．勤勉性とはベストをつくす動機のことをいう．児童期は自分の力で専心して物事にあたり，このことによって目的を達成しようとする意欲が高い．ベストをつくす動機に加えて，子どもは教師の承認に焦点をあて，これを強く期待する．また，仲間に対する競争心の上昇もまた勤勉性の一つの要因である．

12.4 人間関係の発達

(1) 家族内での人間関係

初期のアタッチメント（愛着）が子どもの発達において重要であることは確かであるが，それで子どもの人格形成がすべて決定されるわけではない．その後の養育者の養育行動は，子どもの人格形成に大きな影響を与え続ける．Baumrind（1971）は，養育者の養育スタイルを子どもに対する「受容性・応答性」と「要求性・統制性」の二つの次元から，以下のように四つに分類した（図12-5）．

「権威的養育」は，子どもを養育者の指示に従わせ，勤勉さを重視させるような，制限の多い懲罰的な養育スタイルである．子どもが口を挟む余地がなく，養育者が一方的に決まりや制限を押し付けるやり方である．このスタイルの養育者に育てられた子どもは，人と比べられることに不安が高く，自分から行動を始められないなどの特徴をもつ．

「信頼的養育」は，養育者が子どもの行為に必要な制限を与えるが，基本的に子どもの自律性を支援する養育スタイルである．子どもと話し合う機会を多くもち，温かな態度で接する．このスタイルで育てられた子どもは，社会的に有能であり，自信が高く，責任感も強い傾向にある．

「無関心的養育」は，養育者が子どもの生活にほとんど関与せず，子どもの行動を把握していないような養育スタイルである．いわゆる放任であり，子どもに口うるさくないが，必要な援助も与えない．このスタイルの養育者

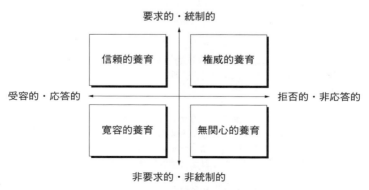

図12-5　養育スタイルの分類（Baumrind, 1971）

に育てられた子どもは，セルフコントロールや自立性に問題をもちやすいと考えられている．

「寛容的養育」は，養育者の子どもの生活に深くかかわるが，要求や指示はせずに子どもに好きなようにさせる養育スタイルである．いわゆる過保護がこのスタイルに当てはまる．このスタイルの養育者に育てられた子どもは，他者を思いやる気持ちや自分の感情や行動のコントロールに問題をもちやすいと考えられている．

このように子どもと養育者との関係は重要である．しかし一方で，児童期には仲間関係が子どもの成長・発達に大きく影響し，子どもの人間関係の主要なものとなる．

(2) 仲間関係の発達

仲間との人間関係がよりはっきりと，重要な意味をもってくるのは児童期中期からといわれる．この頃になると，学校の休み時間や放課後など，大人

表 12-2　仲間関係の発達（保坂, 1996）

■ギャング・グループ 　児童期後期の小学校高学年頃にみられる仲間集団．基本的に同性の成員から構成される集団で，男児に特徴的にみられる．同じ遊びをするといった同一行動を前提とし，その一体感が親密性をもたらす．権威に対する反抗性，他の集団に対する対抗性，異性集団に対する拒否性などが特徴である．大人から禁じられていることを仲間といっしょにやることが，「ギャング」と呼ばれるゆえんである．
■チャム・グループ 　思春期前期の中学生にみられる仲間集団．基本的に同性の成員から構成される集団で，女児に特徴的にみられる．同じ興味・関心や部活動などを通じて結びついた集団で，互いの共通点・類似性をことばで確かめあうことがしばしば行われる．自分たちだけでしかわからないことばを作りだし，そのことばが分かるものが仲間であるという同一言語により集団の境界線を引くというのも特徴的である．サリヴァン（1953）はこの時期の友人関係を特に重視し，それによって児童期までの人格形成の歪みを修正する機会になると指摘した．
■ピア・グループ 　高校生ぐらいからみられる仲間集団．男女混合で，年齢に幅があることもある．ギャング・グループやチャム・グループとしての関係に加えて，互いの価値観や理想，将来の生き方などを語り合うような関係で結ばれている．共通点や類似性を確認しあうだけでなく，互いの異質性をぶつけ合い，自己と他者の違いを明らかにしながら，自分らしさを確立していくプロセスがみられる．異質性を認め合い，違いを乗り越えたところで自立した個人として互いを尊重し合って共存できる状態が生まれてくる．

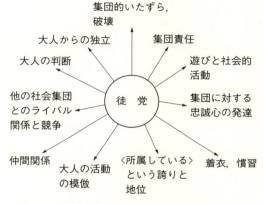

図 12-6　徒党の影響のいくつか（Hurlock, 1964）

の監視下にないところで，自分たちで集団を形成し持続的に遊ぶようになる．保坂（1996；1998）は，児童期後期から青年期にかけての仲間関係の発達を概念化した（表 12-2）．

　児童期後期の小学校高学年頃にみられる仲間集団が〈ギャング・グループ〉である．同じ遊びを一緒にする者が仲間であるという認識でつながっている集団である．これらギャング・グループの中で，協力，妥協，仲裁などの技能が獲得される（図 12-6）．

　近年，塾通いや習いごとの増加などによって自由な時間が不足して，ギャング・グループが消失しつつあり，この時期に経験すべき重要な課題を残したまま，次の段階へ移行する子どもも少なくないといわれている．

12.5　社会性の発達

　「社会性」とは，自己に価値を置きながら，他者の立場を尊重し，他者の利益を考慮し，集団の機能を高めるように行動できることといえる．このようにとらえると，社会性の発達は，道徳性の発達と言い換えることができる．道徳性の発達はどのような過程をたどるのか．また，子どもの社会性の発達のために，どのような環境を提供すればよいのか．ここでは，道徳性および社会性の発達について概説する．

(1) 他律的道徳から自律的道徳へ

ピアジェ (1932) は，幼児期から児童期までの子どもの道徳的判断を検討した結果，6歳までの幼児は他律的道徳が優位であるが，9歳頃から自律的道徳へと変化していくことを示した．例えば，ルール概念では，「規則は権威者が決めるもので，変えることはできない」といった他律的な考え方から，しだいに，「規則は，合法的な手段のもとで同意によって変えることができる」といった自律的な考え方に発達するというものである．

ピアジェは，このような子どもの道徳的判断の研究において，子どもに二つの物語を対にして聞かせた実験を行った．一方の話は結果的に〈悪いこと〉をしてしまった話であり，他方の話は子ども自身悪いことを承知のうえでした話であった（表12-3）．

この結果は，一般に，6〜7歳の子どもは大きな損害を起こした子ども（表12-3 [A] のジョン）の方が悪いと考え，その行為の〈意図の善悪〉は道徳的判断の基準として用いなかった．ところが，8〜9歳になると大部分の子どもは，意図によってその行為の善悪を判断し，行為の結果生じた損害の大きさに左右されることは少なくなったという．

ピアジェはこのような知見を基礎に，幼児期にある子どもは，罪の損害の大小に判断〈結果的な判断〉するのに対して，児童期の子どもは，行為の意図を基準として罪の大きさを判断〈動機論的な判断〉することができるようになると結論づけている．

これは，幼児期の子どもにとって，大人から与えられた規則は常に正しいものであり，行為の善悪は動機や意図ではなく，結果がその規則に従ってい

表12-3 ピアジェが道徳的判断の研究に用いた話の実例（Piajet, 1948）

[A]	ジョンという名の幼い子どもは自分の部屋にいる．彼は夕食のために呼ばれる．彼は食堂に入る．ところが，ドアのうしろに椅子があり，その上に15個コップののったお皿があった．ジョンはドアのうしろにそんなものが置いてあるとはまったく知らなかった．彼は入ってくる．ドアが皿にぶつかる．15個のコップは飛んで全部こわれてしまった！
[B]	ヘンリーという名の幼い子どもがいる．ある日，母親が不在のときに，彼は食器棚からすこしジャムがほしいなと思った．彼は椅子に登り，手を伸ばす．しかしジャムはもっと高いところにあったので，手がそこまでとどかず，ジャムは全然手に入れることができない．そのうえ，ジャムをとろうとしている間に，一つのコップを押し飛ばして，コップは下に落ちてわれてしまった！

るかどうかだけで判断される．その後，児童期では，子どもたちは友人と共同的な活動をする中で，互いの欲求がぶつかり合うことを経験し，それを解決するために互いが納得できる解決策を探る．こうした経験を積み重ねるうちに，子どもたちは互いの同意に基づいた，社会的活動を調節するものとしてルールや約束があることを理解していく．その結果，善悪の判断も，皆の同意によって決めたことに背くことがいけないことであると考えるようになり，行為そのものより，その背後にある動機や意図が重視されるようになるのである．

(2) 内省的な道徳的思考の発達

コールバーグ（1969：訳1987）は，ピアジェの道徳的判断研究を発展させ，子どもが道徳を認知的に構成する過程を理論化し実証している．コールバーグは7歳から青年期にいたる男子に対する質問によって，包括的なデータを手に入れた．この研究では，例えば次のような質問が用意された．

(A)「ある男の妻は病気で死にそうである．ある高価な薬で命をとりとめ

表12-4 道徳的判断の発達段階（コールバーグ，1969） 6つの発達段階について，それぞれの特徴を要約したものである

前慣習的水準 子どもは自己の行動の結果に方向づけられている．	段階1.	苦痛と罰を避けるために，おとなの力に譲歩し，規則に従う．
	段階2.	報酬を手に入れ，愛情の返報を受けるような仕方で行動することによって自己の欲求の満足を求める．
慣習的水準 子どもは他者の期待，および慣習的な仕方で行為することに方向づけられている．	段階3.	他者を喜ばせ他者を助けるために〈良く〉ふるまい，それによって承諾を求める．
	段階4.	権威（親・教師・神）を尊重し，社会的秩序をそれ自身のために維持することにより，〈自己の義務を果たす〉ことを求める．
後慣習的水準 子どもは，さらに抽象的な道徳的価値と自己の良心に方向づけてゆく．	段階5.	他者の権利について考える．共同体の一般的福祉，および法と多数者の意志によりつくられた標準に従う義務を考える．公平な観察者により尊重される仕方で行為する．
	段階6.	実際の法や社会の規則を考えるだけでなく，正義についてみずから選んだ標準と，人間の尊厳性への尊重を考える．自己の良心から非難を受けないような仕方で行為する．

ることができるのだが,彼にはその薬を買う金がない.彼は薬を盗むべきだろうか?」
(B)「死の床にあって激しい苦痛に襲われている患者が,自分の命を絶って苦痛から逃れさせてほしいと医師に懇願している.医師は患者の要求を入れるべきだろうか?」

このような質問への回答を分析することによって,コールバーグは表12-4に示したように,道徳的判断は3つの水準,6つの段階を経て発達するという結論に達している.

コールバーグが「前慣習的水準」(pre-conventional level)とよんでいる二つの段階にある子どもは,その善悪の観念を主として彼自身の利害に関して形成している.つまり罰を避け,報酬を手に入れることが善であり,その逆が悪である.

「慣習的水準」(conventional level)の二つの段階では,子どもは他者の承認ということを基準にしてこの善悪を判断するようになる.そして最後に「後慣習的水準」(post-conventional level)の二つの段階では,子どもは抽象的な道徳的価値と,彼自身の良心の命じるところにしたがって善悪を判断するようになる.

このような道徳的判断の発達過程を示したのが図12-7である.7歳児ではほとんどすべての道徳的判断は前慣習的水準である.10歳児においても判断の半数以上はまだこの段階にあるが,慣習的判断がしだいに増加してく

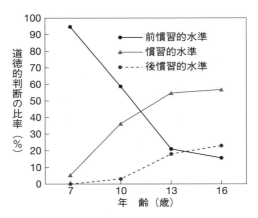

図12-7 道徳的判断の発達過程(コールバーグ,1969)

ることは注目すべきことである．また，この表12-4には示されていないが，その後，人は自己の良心に基づく後慣習的水準へと道徳性が発達すると考えられている．しかし，道徳性の発達は年齢とともに成長するのではなく，その子ども（人）を取り巻く環境や学びが大きく影響していくのである．

(3) 子どもの社会性の発達

子ども社会性の発達にはどのような環境を提供すればいいのか，そのまとめとして，飯島（1990）の報告を以下に紹介する．

〈小1プロブレム〉は遊び中心の幼児教育が原因なのか

小学校1年生の問題行動が教育現場から指摘されるようになった．「授業中に歩き回る」「人の話が聞けない」「教師の指示を聞こうとせず，反発することさえある」などである．そのために，幼稚園から人の話を聞く「訓練」をしたり，規範意識を芽生えさせるために「団体行動」を導入したりするところも出てきた．

たしかに，幼児の自由な発想を重視する幼稚園や保育所では，保育者中心の集団活動は少なく，集団の規律や大人の指導性を感じる場面も少ない．滑り台で頭を下にうつ伏せになって滑ろうとする子，全身を泥まみれにして遊びに興じる子，落ち葉を集めている子，遊びのイメージが合わずにほかの子といざこざを起こしている子など，一人ひとりの子どもが自分たちの意志で活動を展開している．

小1プロブレムはこのような教育から生まれるのだろうか．自由な教育を受けた子どもは非道徳的で思いやりに欠けた青年に育ってしまうのだろうか．いずれも答えはNOである．道徳的自立の発達は「道徳」「慣習」「個人」という3つの領域概念，つまり質の異なる社会的規範概念を具体的な状況に合わせて使い分ける能力を発達させることである．「絶対にしてはいけない」「先生の言うことは守らないといけない」という考え方を獲得するだけではなく，「大人からとやかく言われたくない」「自分の自由にしてもよい」という考え方も獲得し，複数の考え方を調整させる能力を発達させることが必要なのである．実際，遊び中心の保育実践園の子どもは，大人中心の一斉保育園の子どもよりも自主性が発達し

ており，この傾向は小学校に入ってからいっそう顕著になることが報告されている．

このように，子どもの社会性や思考の発達には，さまざまな経験や人間関係が重要である．私たち大人は，子どもの健全な発達を促進させるためにも，常に，子どもに多くの体験や人間関係と学びの場を提供していく必要があるといえるだろう． ［青戸泰子］

● 課　題 ●

1 ピアジェの保存課題について説明しなさい．
2 子どもの社会性の発達にはどのような環境が重要であるか，まとめなさい．

【文　献】

飯島婦佐子．(1990)．生活をつくる子どもたち：倉橋惣三理論再考．フレーベル館．
市川伸一．(1990)．青年の知的発達．無藤　隆他（編），発達心理学入門Ⅱ：青年・成人・老人．東京大学出版会．
伊藤亜矢子（編著）．(2012)．児童心理学．ミネルヴァ書房．
岩田純一他．(1995)．2章 学校と発達．児童の心理学（ベーシック現代心理学3）．有斐閣．
内田伸子他．(1991)．3章 世界を知る枠組みの発達．乳幼児の心理学（ベーシック現代心理学2）．有斐閣．
コールバーグ，L．(1987)．道徳性の形成：認知発達的アプローチ（永野重史，監訳）．新曜社（原著：1969）．
櫻井茂男・大川一郎（編著）．(2010)．しっかり学べる発達心理学 改訂版．福村出版．
高石昌弘・宮下充正（編著）．(1977)．スポーツと年齢（講座現代のスポーツ科学4）．大修館書店．
ピアジェ，J．(1954)．児童道徳判断の発達（大伴　茂，訳）．同文書院（1932）．
保坂　亨．(1996)．子どもの仲間関係が育む親密さ：仲間関係における親密さといじめ．現代のエスプリ，353, 43-51.
保坂　亨．(1998)．4章 児童期・思春期の発達．下山晴彦（編），教育心理学Ⅱ：発達と臨床援助の心理学．東京大学出版会．
村田孝次．(1990)．児童心理学入門 三訂版．培風館．

文部科学省. (2009). 平成 21 年度体力・運動能力調査.

山本利和（編）. (1999). 発達心理学（現代心理学シリーズ 7）. 培風館.

リーバート, R. M. 他. (1978). 発達心理学 上巻（村田孝次, 訳）. 新曜社（原著：1977）.

Baumrind, D. (1971). Currnet patterns of parental authority. *Developmental Psychology Monographs*, 4.

Black, F. W. (1974). Self concept as related to achievement and age in learning disabled children. *Child Development*, 45, 1137–1140

Cole, M. & Cole, S. R. (1989). *The development of children*. W. H. Freeman & Company.

Hurlock, E. B. (1964). *Developmental psychology*. McGraw-Hill.

Klein, R. D. & Schuler, C. F. (1974). Increasing Academic Performance through contingent use of self-evaluation. Paper presented at the annual meeting of the American educational research association.

Kohlberg, L. (1984). *Essays on moral development*, Vol.2: *The psychology of miral development*. Harper & Row.

Lefranois, G. R. (1987). *The life*. Wadsworth.

Piajet, J. (1948). *The moral judgement of the child*. Free Press.

第13章 青年期の発達
——中学校から 25 歳くらいまで

13.1 子どもからおとなへの移行期としての青年期

　青年期（adolescence）は，「10歳代から20歳代半ば頃まで，つまり，思春期的変化の始まりから25, 26歳までの子どもから大人への成長と移行の時期」とされる（久世，2000, p.4）．adolescence という言葉は，ラテン語の adolescere という動詞から派生し，成人に向かって成長することを意味している．このように，青年期とは，子どもからおとなへの移行期といえる[1]．

　青年期は，産業革命によって社会の工業化が進む中で，歴史的に誕生した．工場などで複雑な作業に従事することが必要になると同時に，子どもの権利保障が進み，子どもは労働や生産の場から解放された．それによって，親の身分や社会的地位，財産にかかわらず，将来の職業や人生を選択していくための教育と訓練の期間として青年期は位置づけられたのである．このように，労働や生産の場からの解放と学校教育が重視されるという点で，青年期は若者期（youth）と区別されて用いられることが多い（溝上，2010）．また，思春期（puberty）という用語は，生物学的・身体的意味合いを有しており，児童期，学童期の終わり頃から青年期前期と重なり合う時期を指す（伊藤，2006）．

　それでは，青年期はいつ始まり，いつ終わるのか．青年期の始まりは一般に身体的・生理的変化の始まりと考え，青年期の終わりは人格的成熟を想定することが多いが，その明確な基準を定めることは難しい（久世，2000）．高齢社会，高学歴化，就職難，晩婚化などを背景に青年期が延長しているという議論もある．近年では，青年期が延長しているとみなすのではなく，成人形成期（emerging adulthood）という新たな発達期が青年期と成人期と

の間にあると考えるArnett（2004）による理論も注目されている．

　青年は「子どもでも，おとなでもない」という境界線上にあることから境界人（marginal man）とよばれることもある．青年期には，次のような大きな変化が起こる．第1に心理的変化であり，目の前にある具体的な事物を超えた抽象的思考が可能になる．そして，自分が他者とは異なる独自な存在であることに気づき，自分の中に「もう一人の自分」「内なる宇宙」を発見する自我の目覚めが起こる．第2に身体的変化であり，初経や精通といった第二次性徴に始まる身体的成熟や，成長ホルモンの分泌などがみられる．第3に社会的変化であり，家族関係に加え友人関係の重要性が増し，中学生から高校生，大学生へと社会的立場も変遷していく．このようなさまざまな変化の中で，青年期は不安定な状態に陥りやすいと考えられている．Coleman（1974）は，青年期のさまざまな変化が一時期に焦点化され累積されるときに適応上の危険要因となるという焦点モデル（焦点理論）を論じている．

　子どもとおとなの移行期である青年期は，これまでの人生をふり返り，これからの生き方を模索する時期でもある．本章では，自分を生きる，他者と生きる，社会で生きるという観点から青年期の発達を解説し，おとなになることの意味を考えていく．

13.2 自分を生きる青年

(1) アイデンティティ形成

　「自分って何なんだろう」「自分は何のために生きているのだろう」このような多くの方が抱いたであろう悩みに，エリクソンは自分と同じ悩みを発見した．それがアイデンティティの問題である．

　「アイデンティティ（Identity）」は，「アイデンティファイ（Identify）」という動詞を名詞化したものであり，「＝（イコール）」という意味として理解できる．つまり，青年期には，「自分が自分である（自分＝自分）」という一見当たり前であるはずのことが揺らぎ，問題になる．そこでは，「自分は自分でない（自分≠自分）」「自分は誰か（自分＝？）」といった自分への違和感を抱くこともある（小沢，2004）．その背景として，主体としての「みる自分（I）」と，客体としての「みられる自分（me）」が，青年期に分化する現象がある．自分自身をふり返ることができるようになることで，好きな自分やいやな自分，友だちといる自分，親にとっての自分など，さまざまな

me が対象化される．これらを「I = me」として，納得して統合していくことが青年期には大きなテーマとなる．

このような自我（I）への一極集中的な力学をもってアイデンティティ形成を行うとするエリクソンのアイデンティティ形成論に対して，自己の分権的力学にもとづくアイデンティティ形成も注目されている（溝上，2012）．それは，個別領域における自己定義の形成がまずあり，次いで，その自己定義間の葛藤・調整という意味合いでの統合形成があるといった二段階の形成として考えられる（溝上，2012）．そこでは，唯一絶対のIが存在するわけではなく，さまざまな me が主体（I）になる可能性があり，それぞれがつながりをもってアイデンティティを形成していく過程が想定できる．

（2）アイデンティティの感覚

エリクソンの漸成発達論では，青年期の発達的テーマとして，「アイデンティティ 対 アイデンティティ拡散」が論じられている（表 13-1）．エリクソン（1973：原著 1959）が論じる「アイデンティティの感覚」とは，自分はほかの誰でもない自分であり（斉一性），過去・現在・未来も変わることのない自分である（連続性）と自分自身が実感し，そのような自分を自分にとって重要な他者も認めてくれているという自信や調和した感覚である．

エリクソンによれば，アイデンティティは 100％達成することを目指すものではない．対で結ばれた「アイデンティティ」と「アイデンティティの拡散」がせめぎあいながらも，前者が後者よりも優勢で安定している状態が重要になる（図 13-1）．アイデンティティが 100％達成されてしまうことは，自己完結してしまうことであり，それ以上の成長が望めない状態といえる．つまり，ポジティブな感覚とネガティブな感覚の両方の葛藤が，青年期の発達の原動力となる．

その葛藤を通して，表 13-1 の最下段にある人間の活力・気力としての「誠実さ」が育つ．誠実さとは，例えば職業や将来の生き方などさまざまな可能性の中から一つを選択し，自分が選んだものに真摯に打ち込むことができるという力である．

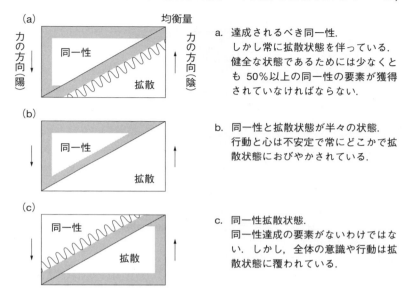

図13-1 アイデンティティの力動関係（鑪，2002, p.266）
注：「アイデンティティ」は「同一性」と，「アイデンティティ拡散」は「同一性拡散」「拡散」と表現されている

（3）アイデンティティの状態

　マーシャは，青年期のアイデンティティの状態を「危機（crisis）」と「積極的関与（commitment）」の二つの観点から整理し，「アイデンティティ達成」「モラトリアム」「予定アイデンティティ」「アイデンティティ拡散」という4つの状態でとらえた（表13-2）．このアイデンティティ・ステイタス（状態）は，固定されたものではなく，変容する可能性が高い．

　「モラトリアム」という用語は，もとは経済用語であり，飢饉や災害などの緊急事態に支払いの猶予を認めることを指していた．この概念をエリクソンが援用し，おとなになることを社会から保留されている猶予期間という心理社会的な意味合いで用いたのである．

　近年では，「モラトリアムの完全形骸化」も指摘されている（宮下，2008）．失敗や挫折を経験し，試行錯誤を繰り返しながら，時間をかけて，実感として育まれていくはずの心の営みの機会が失われているという．また，貧困などの理由で心理社会的モラトリアムを十分に経験できない場合もあ

表 13-1　エリクソン

	1	2	3	4
Ⅷ 老年期				
Ⅶ 成人期				
Ⅵ 若い成人期				
Ⅴ 青年期	時間的展望 対 時間的展望の拡散	自己確信 対 自己意識過剰	役割実験 対 否定的同一性	達成期待 対 労働麻痺
Ⅳ 学童期				勤勉性 対 劣等感
Ⅲ 遊戯期			自主性 対 罪悪感	
Ⅱ 早期幼児期		自律性 対 恥・疑惑		
Ⅰ 乳児期	基本的信頼 対 基本的不信			
中心となる環境	母	両親	家族	近隣・学校
Virtue 活力・気力	希望	意志	目標	有能感

(西平，2000 より作成)

注：縦軸はいわば社会における時間の流れを示しており，横軸は人間がもつ重要な心理的よばれる各時期に現れやすい発達のテーマである．なお，心理社会的危機の「危機」下2段の「中心となる環境」「活力・気力」は，それぞれの上部にある心理社会的危

の漸成発達理論

			統合性 対 嫌悪・絶望
		世代性 対 停滞・自己耽溺	
連帯感 対 社会的孤立	親密性 対 孤立		
アイデンティティ 対 アイデンティティ拡散	性的同一性 対 両性的拡散	指導性の分極化 対 権威の拡散	イデオロギーの 分極化 対 理想の拡散
労働アイデンティティ 対 アイデンティティ喪失			
遊戯アイデンティティ 対 アイデンティティ空想			
両極性 対 自閉			
一極性 対 早熟な自己分化			
5	6	7	8
仲間・外集団	性愛・結婚	家政・伝統	人類・親族
誠実さ	愛	世話	英知

特徴（自我の特質）を示している．そして，対角線上に並んでいるのが，心理社会的危機とは，「危険」ということではなく，発達における「分岐点」や「峠」を意味している．機と対応している

表 13-2 マーシャのアイデンティティ・ステイタス（岡本，2002, p.9）

アイデンティティ・ステイタス	危機	積極的関与	概要
アイデンティティ達成（identity achiever）	経験した	している	幼児期からのあり方について確信がなくなり，いくつかの可能性について本気で考えた末，自分自身の解決に達して，それに基づいて行動している．
モラトリアム（moratorium）	その最中	しようとしている	いくつかの選択肢について迷っているところで，その不確かさを克服しようと一生懸命努力している．
予定アイデンティティ（foreclosure）	経験していない	している	自分の目標と親の目標の間に不協和がない．どんな体験も，幼児期以来の信念を補強するだけになっている．硬さ（融通のきかなさ）が特徴的．
アイデンティティ拡散（identity diffusion）	経験していない	していない	危機前（pre-crisis）：今まで本当に何者かであった経験がないので，何者かである自分を想像することが不可能．
	体験した	していない	危機後（post-crisis）：すべてのことが可能だし可能なままにしておかなければならない．

注：「危機」は自分のアイデンティティについて真剣に悩んだり迷ったりした経験を意味し，「積極的関与」は人生の重要な領域への主体的な取り組みを意味する

り，社会経済的な状況によって発達の機会に差が生じてしまう問題も指摘されている．青年がじっくりと悩むことのできる時間を社会が保障することの重要性も再確認する必要がある．

13.3 他者と生きる青年

（1）親からの自立

　親への反抗を経験しないと親から自立できないのであろうか．親への反抗といった親子間の葛藤は，必ずしも子どもの発達の現れであるとは限らない．親への反抗は，子どもだけでなく，親子の関係性や家庭外の状況が関係して生じるためである（表 13–3）．つまり，「反抗期だから仕方がない」「親に反抗すれば自立できる」というように単純化して考えるのではなく，反抗の個

表 13-3　青年期の親子関係における反抗の背景要因

要因の分類	主な内容
子ども	・自我，自律性などの子どもの内面の心理的発達
親子の関係性	・親の不適切な養育態度（権威主義的な態度や過保護・過干，放任など）と子どもの自我発達との相互作用 ・個人の自由や裁量権，決定権をめぐる親子の見解の不一致
家庭外の社会的文脈	・学校における学習や部活動，教師や級友との対人関係におけるストレス

（平石，2011 より作成）

別の意味を理解する必要がある．例えば，親への反抗が子の自立への一歩であることもあれば，家族の混乱した状態への子どもからの異議申し立てであることも考えられる．

このように，親にただ反発したり，親から離れたりするだけでは，親から自立したとはいえない．親からの自立を考える上で，次の3つの観点が重要となる．第1に，親からの分離と親との結びつきのバランスである（平石，2007）．第2に，親を過度に理想化することなく，その長所と短所を合わせて認め，親も自分と同じ一人の人間であると実感できることである．第3に，親との対等な関係を築くことである．落合・佐藤（1996）は，青年期の親子関係は，親との心理的距離が「近い−遠い」ということから脱し，親も子どもを頼りにする関係へと質的に転換していくことを見出している．

さらに，親と子は共に発達していく「共変関係」といえる（平石，2007）．「育児」は「育自」といわれるように，子育てを通して親も発達し，それに伴い青年と親との関係も発達していくのである．

(2) 友だちとの世界

「友だちは自分のことをどのように思っているのか」「どうやって友だちとつきあえばいいのか」——このように友人関係が青年の悩みの源泉になることも少なくないが，大きな支えにもなる．浦上（2004）は，友人関係の意義として，対人関係能力の学習，情緒的安定化，自己形成のためのモデルという3点をあげている．

仲間関係は児童期から青年期にかけて，同質性を条件とする関係から，お互いの異質性を認め合う関係へと発達する（表13-4）．ギャング・グループ

表 13-4　仲間関係の発達

	発達段階	年齢の目安	関係の特徴	集団の特徴
ギャング・グループ (gang-group)	児童期後半	小学校中学年以降	同一行動による一体感	同性同年齢集団が多い
チャム・グループ (chum-group)	思春期前半	中学生	同一の関心・互いの類実性や共通性など言語による一体感	同性同年齢集団が多い
ピア・グループ (peer-group)	思春期後半	高校生	共通性・類似性だけでなく，異質性をも認め合う	異年齢や異性もありえる

(保坂, 2010；戸田, 2009 より作成)

(gang-group) では，同じ遊びを一緒にする者が仲間である．おとながやってはいけないというものを仲間と一緒にルール破りをすることから，「ギャング（悪漢）」とよばれる．チャム・グループ（chum-group）は，言語による一体感の確認が重要になる．ピア・グループ（peer-group）は，お互いの異質性を認め合い，違いを乗り越えたところで，自立した個人として尊重し合いながら共にいることができる関係である．同一性を条件とするギャング・グループやチャム・グループにおいては，仲間集団のメンバーに対して同じであるように強力な同調圧力（peer pressure）がかかる（保坂, 2010）．

　近年では，「友だち至上主義」（佐藤, 2010）といわれるように，友だちが多いことや仲間内で人気があることが偏重されることもある．周囲から期待される「キャラ」を作ったり，「スクール・カースト」（鈴木, 2012）と表現されるように学校内に暗黙の序列が生まれたりもする．また，異性の友人や恋人との関係も重要になり，SNS（Social Networking Service）を介して友だちとの世界はさらに広がっている．そのような友だちとの世界の広がりとともに，相手との関係を深めていくことが，青年の友人関係を豊かにしていくといえる．

(3) 学生生活

　中学校，高校，大学など，青年は多くの時間を学校で過ごす．内閣府（2001）の調査によると，半数以上の中学生・高校生は部活動やサークル活動に参加している（表 13-5）．その一方で，部活動やサークル活動に参加していない学生もいる．集団活動への積極的な参加がみられなくなったという議論もあ

表13-5 部活動やサークル活動への参加状況

	(人数)	文化部	運動部	その他の部活動	入っていない	回答なし
中学校	(1155)	18.7%	57.3%	1.6%	22.3%	0.6%
高等学校	(625)	20.3%	34.2%	2.4%	44.3%	0.0%
短大・高専・専門学校	(131)	6.1%	10.7%	2.3%	80.2%	0.8%
大学・大学院	(238)	14.3%	21.0%	5.5%	59.2%	0.4%
進学予備校・その他	(10)	0.0%	20.0%	10.0%	60.0%	10.0%

(内閣府,2001より作成)
注:複数回答可

るが,学校以外の生活の場を青年たちが模索している可能性もある.

進学時に受験を経験する青年も少なくない.古賀(2011)は,受験体制の早期化や教育のサービス化が進み,インフレ化する学歴社会への懐疑を抱えながら,受験体制に適応できる消費者主義的な生き方を中高生に提示し続けきたのではないかと論じる.そこには,受験体制から外れ,学びから逃走する,あるいは逃走せざるを得ない青年も存在するであろう.大学入試が多様化する中,入学後に初めて本格的に試験勉強を行う学生もおり,大学生の多層化が指摘できる.

さらに,大学入学後に,イメージしていた大学の授業と実際の授業とのギャップに悩む青年もいる.いわゆる学業に対するリアリティショックである(半澤,2007).このリアリティショックは,学生や教員が大学の学びを改めて考えるきっかけにもなる.中学校,高校までは「答えのある問い」への正解を求められることが多いが,「答えのない問い」に挑み学ぶことの意義を問い直すことが重要であろう.

それでは,大学生はどのような学生生活を過ごしているのであろうか.表13-6は,大学生の一週間の生活時間である.日本学生支援機構(2012)の調査によれば,アルバイトをしている学生は全体の73.1%である.アルバイトは生活維持のためから楽しむための資金調達へと変遷がみられ,大学生はアルバイトを人間関係や社会,自分自身など学ぶことができる場としてとらえている(小平・西田,2004).

大学入学直後の学生と卒業を前にした学生では,抱える悩みも異なる(図13-2).鶴田(2010)は,学生がさまざまな課題に直面し,それらを克服し

表 13-6 大学生の一週間の生活時間

区分	大学の授業	大学の授業の予習・復習	大学の授業以外の学習	文化・体育等の部・サークル活動	アルバイト等の就労活動	娯楽・交友
国立	19.89	8.26	8.04	5.61	8.35	17.88
公立	20.80	7.60	6.77	4.59	9.14	17.56
私立	19.13	6.29	5.02	5.98	10.12	16.66
平均	19.35	6.70	5.63	5.85	9.76	16.92

(日本学生支援機構, 2012 より作成)
注:単位は一週間当たりの時間である

区分	学生相談の来談学生が語った主題	学生の課題	心理学的特徴
大学院学生期	・研究生活への違和感 ・能力への疑問 ・研究室での対人関係 ・指導教員との関係	・研究者,技術者としての自己形成	・職業人への移行 ・自信と不安
卒業期 (卒業前1年間)	・卒業を前に未解決な問題に取り組む ・卒業前の混乱	・学生生活の終了 ・社会生活への移行 ・青年期後期の節目 ・現実生活の課題を通しての内面の整理	・もうひとつの卒業論文 ・将来への準備
中間期 (2〜3年生)	・無気力,スランプ ・生きがい ・対人関係をめぐる問題	・学生生活の展開 ・自分らしさの探求 ・中だるみ ・現実生活と内面の統合	・あいまいさの中での深まり ・親密な横関係
入学期 (入学後1年間)	・移行に伴う問題 ・入学以前から抱えてきた問題	・学生生活への移行 ・今までの生活からの分離 ・新しい生活の開始	・自由の中での自己決定 ・学生の側からの学生生活へのオリエンテーション ・高揚と落ち込み

(鶴田,2010 より作成)

図 13-2 学生生活サイクルの特徴

たり,克服しなかったりすることを繰り返しながら成長していく過程を学生生活サイクルととらえている.学生生活で体験するピンチは,成長のためのチャンスであるともいえる.

13.4 社会で生きる青年

(1) 就職活動

「内定が取れないわたしのどこが悪いんでしょうか」——近年の就職活動にみられる「就職難」「超氷河期」の背景は，学生の大企業志向や志望業種のかたよりだけに単純化することはできず，終身雇用や正規雇用が難しくなっているように社会構造そのものが親や教員世代から変化しているのである．

朝井リョウによる小説『何者』には，現代の大学生が直面する就職活動の悩みが表現されている．第1に，就職活動の結果が自分の価値を決定してしまうという思いである．第2に，就職活動がうまくいかないことで，そこから距離を取り，それによって活動がさらに停滞してしまうという悪循環である．第3に，友人の就職活動の結果は気になるが，直接相手に尋ねることはできず，お互いに疑心暗鬼に陥ってしまうことである．このように大学生は就職活動自体だけでなく，そこに付随する二次的な悩みにも翻弄される．

さらに，就職活動におけるエントリーシート作成，自己分析，面接などで，青年は自分自身と向き合う機会が増加する．このことが自己理解につながる場合もあるが，具体的な体験に裏づけられた自信や現実社会の理解もまた重要になるであろう．「好きなことを仕事にする」「仕事をして好きなことをする」——そのいずれにしても，自分自身が真剣に悩んで答えを出すことが重要になるといえる．

(2) キャリア形成

近年，「キャリア形成」や「キャリア教育」が注目されている．この「キャリア」という用語は単なる「職業」という意味にとどまらない．キャリアとは，「生涯において個人が果たす一連の役割，およびその役割の組み合わせ」と定義されている（下村，2009, p.20）．キャリアの語源はラテン語のcarrus（荷車）であり，生涯にわたる役割や経験の積み重ね，一連のものが継続していくこと，みずからつくり上げていけること，といった意味合いが含まれている．

キャリア形成に関する代表的な理論として，マッチング理論，キャリア発達論，自己効力感理論を紹介する．第1のマッチング理論は，本人の能力や得手不得手といった適正（aptitude）のある職業に就くことがよいと考える

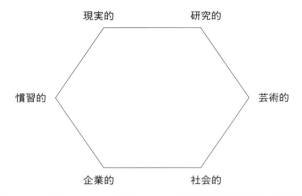

図 13-3　個人のパーソナリティおよび仕事の環境を構成する特性
(Holland & Rayman, 1986；白井, 2010)

もので，いわゆる「適材適所」の考え方といえる．図 13-3 のように個人と職場環境の特性を同じ 6 類型に分類し，両者が一致することで満足感や安定性が高まるとされる (Holland & Rayman, 1986)．個人と職場環境の特性が図 13-3 で離れた位置になるほど，就業は困難になると考える．

　第 2 のキャリア発達論は，スーパーによって提唱されたもので，「なりたい仕事に就くのがよい」という考え方が背景にある．キャリア発達の段階として，成長期，探索期，確立期，維持期，解放期の 5 つがある．15 歳から 24 歳の青年期の時期は「探索期」であり，自分なりに考えたり実際に仕事をしたりする中で，その仕事に就くための能力を身につける時期にあたる(白井, 2010)．

　第 3 の自己効力感理論は，「自分は進路選択をうまくやれる」と思うことが，実際にうまくできることにつながると考える．自己効力感を高める方法として，「遂行行動の達成」「代理的体験」「言語的説得」「情動的喚起」の 4 つがある (下村, 2009)．「遂行行動の達成」は似たような経験をしてみることであり，職場体験やインターンシップなどにあたる．「代理的経験」は職場体験などで，実際に働いている人を見たりすることである．「言語的説得」は，職業人インタビューや講話，講演会など人の話を聞いたり読んだりすることである．不安な気持ちを低減したり，キャリア形成を励ましたりするのが「情動的喚起」である．

　下村 (2009) は，現代のキャリア教育では「生きること」「働くこと」「学

ぶこと」の3つの要素が重なることが重要であると述べる．キャリア形成とは，就職について考えるだけではなく，自身の生き方や学び方，そして相互のつながりを考えることでもある．

(3) 青年と社会とのつながり

青年は社会の中で生きていく存在であると同時に，新しい社会を創り出していく社会の担い手でもある．青年の社会への責任ある参加を考える上で，シティズンシップ（citizenship）という概念が有効である．シティズンシップは，自分がある社会のメンバーとして認められ，自らもそう感じていて，定められた諸権利を正当に行使することができると同時に，定められた諸義務を果たしていく時に成立する（宮島，2004）．

また，ファッションや言葉遣い，マンガや映画，音楽などにみられる青年独自の文化を青年文化とよぶ．いわゆるサブカルチャーも，青年文化といえる．その中には，おとなたちが理解に苦しむものや，反発を感じるものもあろう．しかし，青年文化は，新しい文化を創造するという積極的な意味をもっている（都筑，2012）．近年広がりをみせている若者によるボランティア活動なども，新たな青年文化といえるかもしれない．

青年の肯定的発達（Lerner & Overton, 2008）という考え方では，青年の否定的な面を取りあげ，その行動を変えていくことにのみ注目するのではなく，むしろ青年の発達を促すよう社会環境を変えていくことが重視される．近年指摘されるニート（NEET）の問題も，社会に適応できない人々とみなして個人の責任と考えるのではなく，社会的に排除された人々として社会が抱える問題という観点から検討することも必要であろう．

13.5 おとなになること

子どもとおとなの区分がしっかりしている社会では，イニシエーション（通過儀礼）によって子どもはおとなになる．現代の日本では制度としてのイニシエーションは消滅してしまったが，個人にとってのイニシエーションが生じている（河合，1996）．それは，自分にとって意味のある，心理的に生まれ変わるような体験である．

出生という第一の誕生に対して，青年期は第二の誕生の時期といわれる．その新しい誕生のために，死の体験に匹敵するような苦しい時期を経ること

もある．そこでは，青年の悩みや苦しみが心理的な再生につながるような意味ある体験か否かを見極めることが大切になる．学生相談やカウンセラーなどの専門的支援が必要になることもある．

　フランクル（1985）が苦悩することの意味を論じているように，青年期に悩むことの意義は大きい．星を見るためには夜の暗闇が必要なように，青年期に悩んだ経験が，おとなとしての成熟へとつながるのではないだろうか．青年期の悩みとは，青年の発達の証でもあるのだ．　　　　　　　［池田幸恭］

課　題

1. エリクソンが青年期の発達的テーマとした「アイデンティティ 対 アイデンティティ拡散」について説明しなさい．
2. 親への反抗の実態について文献などを参考に調べ，親からの自立という観点からまとめなさい．
3. マッチング理論，キャリア発達論，自己効力感理論について，具体例をあげてそれぞれ説明し，キャリア形成に関するあなたの意見を述べなさい．

【注】
[1] 西平（1990）は，暦年齢や生物的成熟，社会的通念として日常的に用いられる「大人」と，心理的成熟や社会的責任といった人格面が強調される「成人」とを使い分けている．本章では，その両方を含む意味で，引用箇所を除いて「おとな」と表記する．

【文　献】
朝井リョウ．（2012）．何者．新潮社．
伊藤美奈子．（2006）．思春期・青年期の意味．伊藤美奈子（編），朝倉心理学講座16　思春期・青年期臨床心理学，pp.1-12．朝倉書店．
浦上昌則．（2004）．友人ができる子，できない子．無藤　隆他（編），やわらかアカデミスム・〈わかる〉シリーズ　よくわかる発達心理学，pp.102-103．ミネルヴァ書房．
エリクソン，エリク・H．（1973）．自我同一性（小此木啓吾他，訳）．誠信書房（原著：1959）．
岡本祐子．（2002）．ライフサイクルとアイデンティティ．岡本祐子（編著），アイデンテ

ィティ生涯発達論の射程，pp.3-57．ミネルヴァ書房．

小沢一仁．(2004)．アイデンティティと居場所．谷　冬彦・宮下一博（編著），さまよえる青少年の心―アイデンティティの病理：発達臨床心理学的考察（シリーズ荒れる青少年の心），p.9. 北大路書房．

落合良行・佐藤有耕．(1996)．親子関係の変化からみた心理的離乳への過程の分析．教育心理学研究，44，11-22.

河合隼雄．(1996)．大人になることのむずかしさ　新装版（子どもと教育）．岩波書店．

久世敏雄．(2000)．青年期とは．久世敏雄・齋藤耕二（監）．福富　護他（編），青年心理学事典，pp.4-5．福村出版．

古賀正義．(2011)．早期の受験体制に埋め込まれる「思春期」．児童心理，65(15)，37-43.

小平英志・西田裕紀子．(2004)．大学生のアルバイト経験とその意味づけ．日本青年心理学会第12回大会発表論文集，30-31.

佐藤有耕．(2010)．青年期の友人関係．大野　久（編著），エピソードでつかむ青年心理学（シリーズ生涯発達心理学4），pp.147-184．ミネルヴァ書房．

下村英雄．(2009)．キャリア教育の心理学：大人は，子どもと若者に何を伝えたいのか．東海大学出版会．

白井利明．(2010)．社会に出て行くということ．大野　久（編著），エピソードでつかむ青年心理学（シリーズ生涯発達心理学4），pp.229-269．ミネルヴァ書房．

鈴木　翔．(2012)．教室内（スクール）カースト．光文社新書．

鑪幹八郎．(2002)．アイデンティティとライフサイクル論．ナカニシヤ出版．

都筑　学．(2012)．歴史のなかの青年．白井利明他，やさしい青年心理学　新版，pp.199-213．有斐閣．

鶴田和美．(2010)．学生生活サイクルとターニング・ポイント．鶴田和美他（編著），事例から学ぶ学生相談，pp.1-11．北大路書房．

戸田まり．(2009)．学校生活の中で育つ：自分と出会う．無藤　隆・藤崎眞知代（編），発達心理学：子どもを知る（新保育ライブラリ），pp.77-96．北大路書房．

内閣府．(2001)．　第2回青少年の生活と意識に関する基本調査報告書．
〈http://www8.cao.go.jp/youth/kenkyu/seikatu2/pdf/0-1.html〉（2014年11月1日閲覧）

西平直喜．(1990)．成人になること：生育史心理学から．東京大学出版会．

西平直喜．(2000)．青年への問いの構造．西平直喜・吉川成司（編），自分さがしの青年心理学，pp.1-86．北大路書房．

日本学生支援機構．(2012)．平成22年度学生生活調査結果．
〈http://www.jasso.go.jp/statistics/gakusei_chosa/documents/data10_all.pdf〉（2014年11月1日閲覧）

半澤礼之．(2007)．大学生における「学業に対するリアリティショック」尺度の作成．キ

ャリア教育研究, 25, 15-24.
平石賢二. (2007). 青年期の親子間コミュニケーション. ナカニシヤ出版.
平石賢二. (2011). 思春期の反抗がもつ意味:反抗する子としない子. 児童心理, 65(15), 81-86.
フランクル, ヴィクトール・E. (1985). 死と愛:実存分析入門 新装版 (霜山徳爾, 訳). みすず書房 (原著:1952).
保坂 亨. (2010). いま, 思春期を問い直す:グレーゾーンにたつ子どもたち. 東京大学出版会.
溝上慎一. (2010). 現代青年期の心理学:適応から自己形成の時代へ. 有斐閣.
溝上慎一. (2012). 青年心理学における自己論の流れ. 梶田叡一・溝上慎一 (編), 自己の心理学を学ぶ人のために, pp.148-168. 世界思想社.
宮下一博. (2008). エリクソンのアイデンティティ理論とは何か:アイデンティティの真に意味すること. 宮下一博・杉村和美 (共著). 大学生の自己分析:いまだ見えぬアイデンティティに突然気づくために, pp.1-19. ナカニシヤ出版.
宮島 喬. (2004). ヨーロッパ市民の誕生. 岩波書店.
Arnett, J. J. (2004). *Emerging adulthood: The winding road from the late teens through the twenties*. Oxford University Press.
Coleman, J. C. (1974). *Relationships in adolescence*. Routledge and Kegan Paul.
Holland, J. L. & Rayman, J. R. (1986). The self-directed search. In W. B. Walsh & S. H. Osipow (Eds.), *Advances in Vocational Psychology, Vol.1: The Assessment of Interests*, pp.55-82. Lawrence Erlbaum Associates.
Lerner, R. M., & Overton, W. F. (2008). Exemplifying the integrations of the relational developmental system: Synthesizing theory, research, and application to promote positive development and social justice. *Journal of Adolescent Research*, 23, 245-255.

第14章 成人期前期の発達
——就職から50代くらいまで

生涯にわたる人間の発達をみると，成人期前期は言語，記憶，空間認知，推論などのさまざまな基本的心的能力が最も優れている時期である．この間は，就職，恋愛，結婚，子育てなど重要なライフイベントを目まぐるしく経験し，自ら親子関係，夫婦関係を営んでいく．家庭環境を通して「個人の発達」と「家族の発達」をともに成し遂げていくことがこの時期の特徴であろう．本章では，成人期前期の発達課題を概観し，「親になること」という課題に焦点を当てながら，「どのように生きるか」について，ライフイベントを追って検討する．

14.1 成人期前期の発達課題

(1) エリクソンの発達課題から見る個人の発達

本書でいう成人期前期は，大学を出て就職した23歳頃から50代くらいまでを指している．エリクソンのいう発達段階の「若い成人期」「成人中期」に当たる．エリクソンは，この二つの段階の前者においては，「親密さ」対「孤立」が発達課題であり，後者においては「世代性」対「停滞」が発達課題と述べている．

「親密さ」の獲得は，その前の段階の青年期での自我同一性の確立が前提となる．また，「同一性を相互の親密性の中で融合させ，仕事や性愛や友情の中で相補的な関係を確実に持ち得る個人達と，その同一性を共有するようになる」（Erickson, 1959：訳1973）過程に生まれる．家族療法家のレーナーも，「関係の中で自分を犠牲にしたり裏切ったりせず，相手を変えたり説得したりしようという要求を抱かずに，相手にその人らしさを承認し合える」と解釈している．すなわち，しっかり自我同一性を持ち合った場合は，自分

の自我同一性を維持しつつ，相手の自我同一性を尊重しつつもなお，相手とすべてを共有し合うことができる．しかし，自我同一性が十分に形成されない場合は，相手に呑み込まれてしまうのではないかと恐れ，他者との親密性を回避し孤立に陥る．「親密さ」対「孤立」の対立の解決から立ち現れるものが愛である．若い成人は愛情というエネルギーを支えにして豊かな結婚生活を作り上げていく．

次の「成人中期」の発達課題は「世代性（Generativity）」である．世代性の基本的な意味合いは，「子孫を産み育てること」．この時期では，自分本位の自己愛から脱却し，子どもの世話を通して，子どもにとって信頼される存在になれるよう発達していくとされる．世代性は，自分の子どもにだけ向かうのではなく，世代から世代へと伝えていくために必要な働きかけを指す．子どもを教育すること，患者を回復させること，芸術作品に力を注ぐこと，職場で後輩を指導すること，社会を良くしようと地域活動を行うことなどのすべてを含んでいる．世代性の対極にあるのは「停滞」であり，世代性を発揮できない場合に生じる．本来他者へ向かうべき関心や世話が自分自身に向かい，自分だけに関心を集中してしまった状態である．成人中期の人々は，世代性をうまく育てた時，「世話」という心的力を獲得する．

(2) 家族ライフサイクルから見る家族の発達

少子高齢化，長寿化が進む日本では，家族のライフサイクルは時代とともに変化してきた（図14-1）．青年期が伸びたこと，生育期間が短くなったこと，働く期間と高齢者である期間が長くなったことが特徴である．

近年に見る長期の経済低迷と価値観の多様化などの影響から，ニート，フリーター，パラサイト・シングル，ネットカフェ難民が出現し，結婚し子どもを産むというライフサイクルは一つの選択肢にしか過ぎなくなってきた．現代女性にはライフコース選択が多いため，アイデンティティの確立が男性よりも難しいと考えられ，女性を焦点にしたライフサイクルを一本の木に見立てるものさえある（図14-2）．しかし女性に限らず，男性にとっても多様なライフコースの選択が可能になったのであろう．

成人期は青年期と比べ，人生の「安定期」という見方があったが，ますます複雑化している現代社会では，むしろどの時期においても安定期が存在しないと言われる．成人期は，生物学的，社会的，心理的側面においてさまざ

第14章 成人期前期の発達──就職から50代くらいまで 243

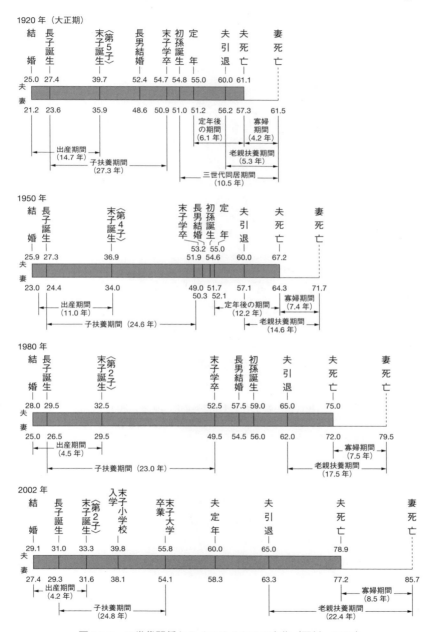

図14-1 四世代関係とライフサイクルの変化（岡村，2007）

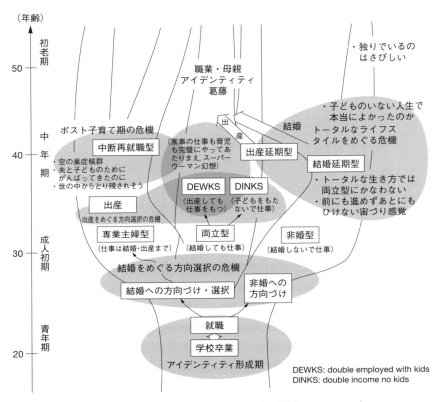

図14-2 現代女性のライフサイクルの木（岡本, 2005, p.5）

まな変化を経験することになり，青年期と高齢期の間の移行期という見方が固まった．結婚，出産を選ぶ成人の発達は，「親になること」によって人生が大きくかわる．すなわち，個人の発達課題だけでなく，家族の発達課題をともに成し遂げていく責務が生まれる（表14-1）．この家族の発達課題として，夫婦関係の形成，親役割への適応，家族アイデンティティの充実，子どもの巣立ち以降の夫婦関係の再編成などが挙げられる．

第14章 成人期前期の発達——就職から50代くらいまで

表14-1 家族ライフサイクル（子どもがいる家族の場合）

ステージ	個人の発達課題	家族システムの発達課題
1. 家からの巣立ち（独身の若い成人期）	親密性 vs 孤立 職業における自己確率	源家族からの自己分化
2. 結婚による両家族の結合（新婚期・家族の成立期）	友人関係の再構成	夫婦システムの形成 実家の親とのつきあい 子どもを持つ決心
3. 子どもの出生から末子の小学校入学までの時期	世代性 vs 停滞 ―第2世代― 基本的信頼 vs 不信 自律性 vs 恥・疑惑 自主性 vs 罪悪感	親役割への適応 養育のためのシステムづくり 実家との新しい関係の確立
4. 子どもが小学校に通う時期	―第2世代― 勤勉さ vs 劣等感	親役割の変化の適応 子どもを包んだシステムの再調整 成員の個性化
5. 思春期・青年期の子どもがいる時期	―第2世代― 同一性確立 vs 同一性拡散	柔軟な家族境界 中年期の課題達成 祖父母世代の世話
6. 子どもの巣立ちとそれに続く時期：家族の回帰期	―第2世代― 親密性 vs 孤立 （家族ライフサイクルの第一段階）	夫婦システムの再編成 成人した子どもとの関係 祖父母世代の老化・死への対処
7. 老年期の家族の時期：家族の交替期	統合 vs 絶望 配偶者・友人の喪失 自分の死への準備	第2世代に中心的な役割を譲る 老年の知恵と経験を包含

（平木・中釜，2011，p27より一部変更引用）▭でかこんだ部分は本章でいう成人期前期と対応している．

14.2 就職と仕事のやりがい

（1）若者にとっての就職

　エリクソンの発達論は，自我とその働きを社会，文化，歴史的状況の諸条件との相互作用の中で把握していく方法論である．青年期の「アイデンティティ」の発達はその人の行動，考え方，生き方にさえ影響を与え，非常に重

要な意味をもつ．アイデンティティの「社会とかかわる側面」を達成する手段の一つに，就職が挙げられる．

就職難といわれる時代に，若者はどのような状況に置かれているのだろうか．「リクルートワークス研究所の調査では，2013年春卒の学生1人に対する求人数を示す求人倍率は，従業員5千人以上の企業では0.60倍と狭き門だが，300人未満の企業では3.27倍と逆に採用枠が学生を大幅に上回っている」．大学生の希望と就職先の状況にギャップがあるから，「少子高齢化なのに，就職が難しい」状況が生まれる．その背景には，就職は仕事を得るだけでなく，趣味ややりがい，人生への展望などが含まれていることがある（日本経済新聞，2012年12月25日）．

文部科学省「平成24年度大学等卒業者の就職状況調査」（2013）によれば，新卒学生の就職率は，大学（学部）では93.9％（前年度比0.3ポイント増），短期大学では94.7％（5.2ポイント増），高等専門学校，専修学校を含めると94.3％（0.8ポイント増）となっており，いずれも前年度と比べ増加した．その一方，20～24歳の就職率は1990年の7割台から2010年の6割台に落ち込み，今後は「ゼロ成長」が続く場合，若者全体の就職率の伸びが見込めないというデータも出ている（日本経済新聞，2012年12月25日）．

就職が一段と厳しくなったことを受けて，島袋・廣瀬（2004）が大学生の就職達成への統制感（Control Beliefs）を調べた．その結果，就職達成がコントロール可能という自信（統制感）は，「キャリア能力と適性の保有感」に由来し，また自身の努力および他者に支援されていることによって支えられる．「就職達成への統制感」と「キャリア能力と適性の保有感」は，職業生活を通して達成したい人生目標について考える「目標達成志向」の発達と関わる（島袋・廣瀬，2004）．すなわち，はっきりした人生の目標をもち，努力し能力を身につけ，まわりから支援してもらえる体制を整えることが就職につながると考えられる．

現在新卒者の就職環境が依然として厳しいことを踏まえ，文部科学省・厚生労働省・経済産業省は，「未内定就活生への集中支援2013」を実施し，「新卒応援ハローワーク」「臨床心理士による未内定就活生の心理的ケア」も展開されるようになった．実際に就職活動の成否は，いかに就職情報を有効に利用し，就職活動にコミットメントするかによって決まるとの研究結果も出ていることから，多方面から情報や支援を積極的に取り入れると良いのであ

ろう.

(2) 仕事のやりがい

　就職難を乗り越え，ようやく手に入った仕事だが，そのやりがいをどのように感じているだろうか.「仕事のやりがい」についての調査（en 転職コンサルタント，2007）によれば，20代～50代の全体の回答では，現在の働き方にあまり満足していないながらも（満足している方は30％），仕事にやりがいを感じることがある方は68％と多かった. やりがいを感じたのは，20代の回答の多い順に「興味のある仕事をしている時」「一つの仕事をやり遂げた時」「お客様に喜ばれた時」「目標を達成した時」「責任のある仕事を任された時」「チームで仕事に取り組んでいる時」などがあった. これらのいずれも「給与が上がった時」よりもやりがいを感じているという. 若い世代にとって，経済的価値よりも，自分の興味や才能を生かすことが重要だということがうかがえる.

　また，人間の発達にとっては職業生活が欠かせないことを反映する研究からは，成人男女のいずれも働くことの意味として「能力の活用」よりも「人間的成長」が一番にあげられた（中西，1995）. 職業価値についての男女差では，男性は女性よりも，昇進，権威，創造性，愛他性，自律性，達成などの社会的価値を重視しており，女性が唯一男性より高い価値を置くのは社会的関係だった. 職業において男性は自己実現にウェイトを置き，女性は社会とのつがなり，人間関係を重視する傾向がみられる（中西，1995）.

14.3 恋愛と結婚

　青年にとって恋愛は大きな関心事のひとつである.「親密性」を獲得する土台は，「アイデンティティ」の発達である. アイデンティティの未熟さは恋愛行動に表れる「アイデンティティのための恋愛」がある（大野，1995）. 交際している多くの日本青年が経験している. その特徴は，他者からの評価が気になること，多くは長続きしないことなどである.

　恋と愛の違いについて，恋は人間関係がなしでも成立するし，「ドキドキ」な身体感覚を伴う. 愛は時間をかけて人間関係の中でしか成立しないもので，「無条件性」と「相互性」が本質とする（大野，2001；岡本，2010）.「アイデンティティのための恋愛」から「愛への移行」は，防衛の消失，相互理解

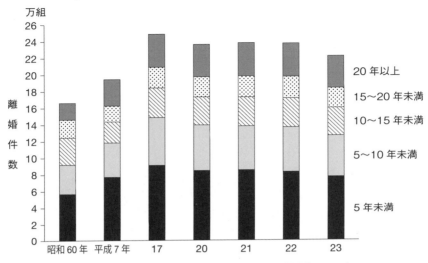

図14-3　同居期間別離婚件数の推移（厚生労働省，2013）

が必要であり，愛を「相互性という特徴をもつ無条件性の上に立つ人間間の配慮」と定義できる（大野，2001；岡本，2010）．

恋愛の最終段階の帰結は結婚である．結婚生活を長く続けられる前提は，情熱的な愛情から友情的な愛情へ転換できることである．一生パートナーとしていたわり理解し合えるような友情的な愛情を築くことは容易ではない．日本では，一日に1,918組のカップルが結婚し，689組が離婚している．同居5年以内に離婚するものが一番多く，平成に入ってからは同居期間20年以上の熟年離婚が増えている（図14-3）．

また，離婚する理由として，男女とも「性格の不一致・価値観の違い」を挙げている．結婚生活の永続性を前提に考えるならば，結婚のための準備をしっかり行う必要がある．結婚する前に，十分に自己開示し，家事・経済の分担や人生の展望について納得するまで話し合うのが良いであろう．

14.4　「子育て期」の発達

(1) 子育ての楽しさと辛さ

子育ては人類の尊い営みである．長い歴史の中で，子どもの成長をみることは人間にとって最大の喜びと生きがいであった．しかし，産業革命を経過

した近現代においては,命を受け継ぐという子育ての生物学的意義が薄れてきており,出産は人生の喜びととらえるよりも,育児から生じる不安や困難が多く語られるようになった.

子育てが難しくなった現代の母親の育児幸福感について,調査が行われた(清水・伊勢,2006).母親は子ども関連のことがらを中心に幸福感を感じている.「子どもの成長」(21.6%)が一番多く,「子どもの笑顔,表情などのしぐさ」(12.3%),「生まれてきてくれた子どもの存在」(8.8%),「心配してくれるという子どもの優しさ」(6.9%)であった.精神疾患を有する母親も,子どもの成長や子どものしぐさ,優しさに喜びを感じることには変わりがなかった(南他,2009).子ども関連以外では,サポートや援助を受けている際に母親が幸福を感じている(清水・伊勢,2006).

しかし,「子育ては楽しいか」という問いについて,日本の育児期母親の幸福度は一貫して低い.たとえば,深谷(2008)が行った幼児をもつアジア地域の母親の比較によれば,日本の母親が「子育てが楽しい」と感じている割合は,韓国や中国・台湾に比べると低かった(図14-4).

また,厚生労働省が行った国民生活基礎調査の集計結果を用いて,人が生涯にわたって経験するストレスを分析した結果によれば,女性はどの年齢層においてもストレスの経験率が男性より高く,育児期女性のストレスは最も深刻だった(稲葉,1999).厚生労働省(2003)の全国調査でも,母親の

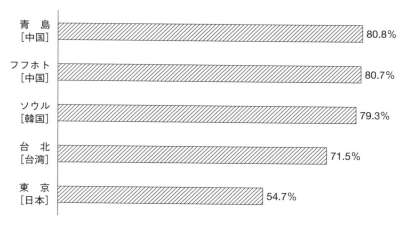

図14-4 「子育てはとても楽しい」「かなり楽しい」と答えた割合の合計
(深谷,2008,p.90より改変)

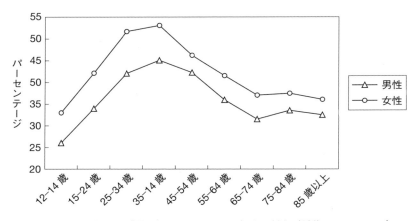

図 14-5 性別年齢別「悩みやストレスがある」人の割合（稲葉, 1999, p.53）

79.5％が子どもを負担に感じると示されている．その辛さを語る『読んでくれて，ありがとう』には，192 名の母親の叫び声が掲載されている（プチタンファン編集部，1996）．「子どもといるのが苦痛でたまらない」「今日も上の子をいじめてしまった」，そして「憂鬱な公園」では「友だちができず，地獄のような毎日」というビックリするほどの内容ばかりである．さらに，わずらわしい近所づきあい，平等に扱ってくれない夫との「家庭内離婚」状態，祖父母世帯とのいざこざからくるストレスなど，子育て中の母親たちを潰してしまいそうな息苦しさがうかがえる．

(2) 育児不安

日本では，親が経験する育児のネガティブな側面を育児不安という概念からとらえている．1970 年代に現れてきた一連のコインロッカー・ベビー事件を端に，育児不安の問題は社会問題として取り扱われるようになった（大日向・佐藤，1996）．育児不安の先駆的研究は牧野によって行われた．牧野(1982) による育児不安の概念は，「育児行為の中で一時的あるいは瞬間的に生ずる疑問や心配ではなく，持続し，蓄積された不安の状態」と定義されている．

牧野を中心に行われた一連の研究から，育児不安の背景要因として，母親規範が強すぎるため子どもとの距離が密接になり，社会との接触が乏しいこと，夫との会話時間が少ないこと，および夫が仕事中心で家庭への責任感が

薄いこと，自分の仕事・趣味が夫に理解されないことが明らかにされた．その後は，核家族にとっては家庭内での唯一のサポート源である夫からのサポートは重要な役割を果たすという知見が広がり，さらに，夫以外の親族，育児仲間など家族以外の人々からのソーシャル・サポートも育児不安を低減する効果があることが報告されている．

　このように母親のもつ家庭・社会との関係を反映するネットワークが育児不安と関連をもつことが検討され，母親の育児不安を軽減する要因としてソーシャル・サポートの視点から重ねて検討された．これらの研究は明確にするかしないかにも関わらず，ストレス心理学のトランスアクショナル・モデル（Lazarus & Folkman, 1984：訳 1991）に依拠していると考えられる．

　さらに，人間は取り巻くさまざまなレベルの環境との相互作用を通して発達するという生態学的観点から，Belsky（1984）が，母親の育児場面でのストレスやサポートといった社会文脈的な要因が母親の育児行動におおいに影響するという養育モデルを示した（図14-6）．このような考え方に沿って，母親が感じる「子育ての辛さ」は個人と環境と複合的に作用した結果との理解にいたった（図14-7）．

　上述では牧野による育児不安の流れを述べてきたが，女性のライフサイクルから女性就労や生きがいに焦点を当て，育児不安が生じる要因を追究した柏木を代表とする一連の研究がある．女性の高学歴化・社会的進出が一般的になってきている中，女性に課せられてきたケアラーとしての役割への強要が現代女性の重荷になっている（平山, 1999）．そして，育児不安は，女性の自己実現（仕事や趣味）と育児との拮抗から生じるとし，女性の自己成長という観点から今日の育児の困難状況を理解する視点が提起された（柏木, 2003）．働きながら子育てをしている女性よりも専業主婦の育児不安が一貫

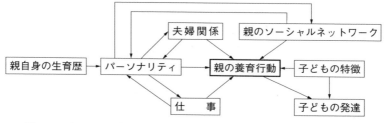

図14-6　親の養育行動の規定因に関するプロセスモデル（Belsky, 1984）

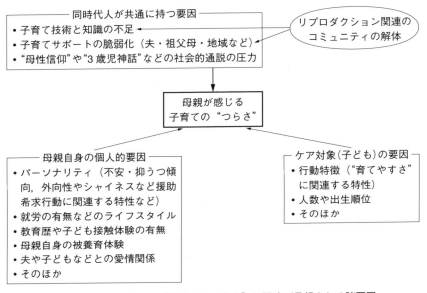

図14-7 母親が感じる"子育てのつらさ"に関連が予想される諸要因
(菅原, 1999, p.72)

して高いことがそれを表していると考える(柏木, 2003).

(3)「親になること」による成長

　子どもの誕生より,夫婦の二者関係から三者関係へと変化する.子育ての協働者として,心理的適応や物理的調整を迫られる.役割分担をし直し,エネルギーの配分から子育てのサポート体制のコーディネートまでしなければならない.

　生涯発達の視点が取り入れられ,「親になること」による発達を検討した柏木・若松(1994)は,育児を通じて父親・母親の人格発達を促進していることを見出した(表14-2).さらに,父親は積極的に家事・育児に参加している場合,父親自身の子どもへの一体感が高まり,母親の子どもへの肯定的意識にもつながる.また,氏家・高濱(1994)は,母親への縦断面接調査から,親になる経験を通して,母親が環境の変化に対応しつつ自らそれを乗り越える過程を成人期の重要な発達プロセスと位置づけている.

　その一方,岡本(2002)は育児期以降の女性のアイデンティティ発達を「個

表 14-2 「親になること」による成長・発達

因子名	代表的な質問項目
①柔軟さ	考え方が柔軟になった 他人に対して寛大になった 精神的にタフになった
②自己制御	他人の迷惑にならないように心がけるようになった 他人のほしいものなどを我慢できるようになった 他人の立場や気持ちをくみとるようになった
③視野の広がり	日本や世界の将来について関心が増した 環境問題(大気汚染・食品公害)に関心が増した 児童福祉や教育問題に関心をもつようになった
④運命・信仰伝統の受容	物事を運命だと受け入れるようになった 運の巡り合わせを考えるようになった 常識やしきたりを考えるようになった
⑤生きがい・存在感	生きている張りが増した 長生きしなければと思うようになった 自分がなくてはならない存在だと思うようになった
⑥自己の強さ	多少他の人と摩擦があっても,自分の主張は通すようになった 自分の立場や考えはちゃんと主張しなければと思うようになった 物事に積極的になった

(柏木・若松, 1994 より一部抜粋)

としてのアイデンティティ」と「関係性に基づくアイデンティティ」の二つの軸からとらえる必要性を指摘している.成熟したアイデンティティ様態は,自己実現の達成と他者ケアへの関与がバランスのとれた統合の状態であるとしている.子育て期の女性のアイデンティティの分類を検討した結果,個としてのアイデンティティと母親としてのアイデンティティが高い「統合型」の母親が家庭生活の満足度,子育てによる成長,夫に理解されていると感じる程度が最も高かった(岡本,1996).すなわち,育児期の女性にとって,家族に対する積極的関与や良い夫婦関係という認識は,この時期のアイデンティティの発達につながる.

(4) ライフ・ワーク・バランス

男性が父親になってからも「父親としての自分」の大きさは変化せず,「社会にかかわる自分」が拡張するのに対し,女性が母親になると,「社会にかかわる自分」が小さくなり,「母親としての自分」が大きくなっていく.ま

た女性のみ親になると徐々に「怒り・イライラ」が増大し，自尊感情が低くなることがわかっている（小野寺，2003）．これは，「男性は仕事，女性は家庭」という従来の男女役割分業観の現れであろう．

今日では男女ともこのような伝統的役割分業観に賛成する率が少なく，2012年の就業構造基本調査によると，育児をしながら働いている女性（25～44歳）の割合は52.4％となり，半数を超えた（総理府統計局，2013）．しかし，女性の多くは不安定な非正規雇用を強いられている．また，男性の育児休暇の取得率，育児・家事時間は世界的にみて低いことから，「仕事と生活の調和（ワーク・ライフ・バランス）憲章」（内閣府，2007）に掲げている，①就労による経済的自立が可能な社会，②健康で豊かな生活のための時間が確保できる社会，③多様な働き方・生き方が選択できる社会，の実現はまだ程遠い状態である．

その中で，家庭と仕事という二つの役割を兼ねることが心身の健康に影響することについては，「時間やエネルギーを消耗し，心身の健康を損なうであろう」とする欠乏仮説（scarcity hypothesis）と，「豊富な資源の獲得を促し，心身の健康を高めるであろう」とする増大仮説（enhancement hypothesis）の2説がある．日本の女性では，「就業・妻・母親」を兼ねている多重型は，単身就業型また専業主婦型と比べ，役割負担得点が一番高く，生活満足度も一番高かった（土肥他，2000）．上記の二つの仮説のどちらも支持する結果となっている．

現在，家庭と仕事の影響しあう関係をスピルオーバーという概念からとらえる研究が主流となっている．働く母親のポジティブ・スピルオーバーの得点が高ければ母親自身の抑うつ度が低下し，仕事から家庭へのネガティブ・スピルオーバーの得点が高ければ，抑うつ度が上昇することが報告されている（福丸，2000）．また，父親が平等的なジェンダー観をもつ場合は，母親のポジティブ・スピルオーバーが高く，精神的健康が保たれやすい（石，2013）．

母親の就労は夫婦間の「尊敬し認め合う」という心理的関与を促進し，子どもの問題行動の少なさ，育児不安の低減につながることも研究からわかっている．しかし，子育て家庭の多くはまだ仕事と家庭の両立を困難に感じているという現実にあり，今後はさまざまなレベルの取り組みが望まれる．

(5) 子育て期を健康に過ごすために

「親になること」を通して，人格的成熟を促すチャンスを得られる一方，いままで体験したことのない「親役割」に適応し，仕事と家庭・育児を両立できる新しい人間関係を形成していくというさまざまな試練に直面する．

鯨岡（1999）は子育て臨床の事例を通して，「子どもの負の様相を受け止め，最終的には子どもを無条件に自分に引き受ける，つまり根源的な抱える構え」をもつことができるという心の成長が，親の発達課題であると分析している．子どもにはかわいらしさがある一面，自分の欲求を通してもらえないとかんしゃくを起こしたり，自我が出てきて親に反抗したりする自然な発達の姿がある．親が経験する子育てへの否定的経験を含めて，子どもとのかかわり方や自分自身のあり方を問い直し，人格の成熟を図ることが重要である．そのために，どのように行動したらよいのだろうか．これまでの研究結果を踏まえ，次の諸点を挙げたい．① 結婚する前に，将来の自分の働き方，欲しい子どもの数などを具体的に結婚相手と話しあう．② 子どもが生まれる前からサポート体制を整える必要性があり，みずからコミュニケーションを図り，はっきりと自分の意見・感情を周りに伝えていく．③ 自分のアイデンティティを確認するための時間をつくる．④ 積極的に子どもを連れて地域活動に参加する．⑤ 自分の幼少期を振り返り，子どもと一緒に楽しめる活動をつくり出す．⑥「他者と若干違っても平気だ」という独立的な心構えをもつ．

14.5 中年期のアイデンティティの再構成

30代後半から50代にかけての中年期は，体力の衰退が感じられる身体面の変化だけなく，家庭・職業においても「中年期危機」を経験し，心理的変化がもたらされる（図14-8）．例えば，子どもが大学を卒業して家庭を離れる「空の巣」という状態に対応し，親子関係の距離の取り方，夫婦関係の再構成が必要となる．この時期に夫婦関係に葛藤が蓄積されると，「熟年離婚」の可能性が高まってしまう．新婚の時期では，女性のほうが男性に対する愛情得点が高いが，末子誕生に相当する時期を過ぎてから逆転する．結婚期間が長くなるに伴って男女間のギャップが大きくなる（図14-9）．また，人生を支えるコンボイ機能の愛情ネットワーク（高橋，2010）の観点からみれば，成人期以降に男女とも心の支えを異性に求め，女性に比べ男性のほうは高齢

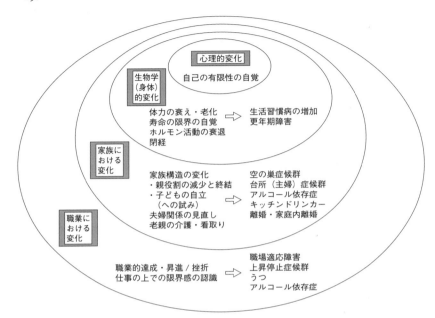

図 14-8　中年期危機の構造（岡本, 2002, p.155）

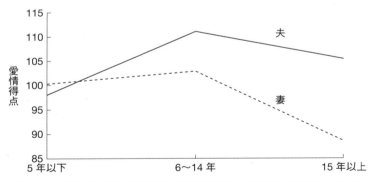

図 14-9　配偶者に対する愛情得点の結婚年数による変化（菅原他, 1997）

になるほど「配偶者型」に集中するという特徴がある．しかし，男性は妻に世話を求め享受する一方で，威圧的な態度を示し夫婦間で平等的なコミュニケーションが行われにくい傾向がある．アメリカと比べ，日本の家族は子育てのことを除けば，家計，個人の問題，高め合うための意見交換が少なく，夫婦で楽しむ共同行動も極端に少ない．これらの要因から，妻にとって夫は

疎遠的な存在となり，熟年離婚となってしまう．従来の「察し」と「遠慮」によるコミュニケーションに頼らず，家族間の言葉によるコミュニケーションを図ることが重要である．

中年期では，さまざまな危機に遭遇する可能性があるが，いろいろな経験からポジティブな意味づけを見出す人格的成熟も見られる．経験したできごとから生き方や人生の方向を修正し直していく転機を得ることができる．このような視点から，アイデンティティの発達は，成人期以降も再構成されるという研究が進んでいる．

しかし，子どもの発達は盛んに研究されているのに対し，成人期の研究はまだ少ない．子育て期の研究は，特に母親に偏っており，父親が子育てに参加しにくい現実は男性自身の発達を阻害していると指摘されている．発達の関連研究から「おとなが育つ条件」を探る柏木は，激しい社会変動によって，最適性を失った従来規範による社会化が「おとなが育っていない条件」の一つと気づき，自分の発達をみずから方向づけ制御することが重要だと結論づけている（柏木, 2013）．　　　　　　　　　　　　　　　　　　　　　［石　暁玲］

課　題

1 自分は将来「親になること」を望んでいるのか，「親になること」による発達の意味を議論しなさい．

2 乳幼児の親子家族を街角観察し，育児をしている現代の親子の特徴や問題点を整理し，社会全体でどのように支援すれば良いのかをまとめなさい．

【文　献】

稲葉昭英．(1999)．ストレス経験の生涯発達的変化と性差：平成七 (1995) 年度国民生活基礎調査を用いて (特集 性別分業とジェンダーの計量分析)．理論と方法，14，51-64．

氏家達夫．(1996)．親になるプロセス．金子書房．

氏家達夫・高濱裕子．(1994)．3人の母親：その適応過程についての追跡的研究．発達心理学研究，5，123-136．

大野　久（1995）．青年期の自己意識と生き方．落合良行・楠見　孝（編）．講座生涯発達心理学4巻 自己への問い直し：青年期，pp.89-123．金子書房．

大野　久．（2001）．日本教育心理学会自主シンポジウム青年期のアイデンティティと恋愛．日本教育心理学会43回総会発表論文集，58-59．

大日向雅美・佐藤達哉．（1996）．子育て不安・子育て支援．現代のエスプリ，342．

岡村清子．（2007）．高齢期の人間関係．下仲順子（編）．高齢期の心理と臨床心理学，p.117．培風館．（1920年，1950年は厚生省『社会保障入門（平成8年版）』，1980年は厚生省『厚生白書（昭和59年版）』，2002年は内閣府『男女共同参画白書（平成16年版）』に加筆）

岡本祐子．（1996）．育児期における女性のアイデンティティ様態と家族関係に関する研究．日本家政学会誌，47(9)，849-860．

岡本祐子．（2002）．アイデンティティ生涯発達論の射程．ミネルヴァ書房．

岡本祐子．（2005）．成人期の危機と心理臨床．ゆまに書房．

岡本祐子．（2010）．成人発達臨床心理学ハンドブック：個と関係性からライフサイクルを見る．ナカニシヤ出版．

小野寺敦子．（2003）．親になることによる自己概念の変化．発達心理学研究，14，180-190．

柏木惠子．（2003）．育児期女性の就労中断に関する研究：なぜ仕事を辞めるのか？ 辞めるとどうなるのか？．平成14年度埼玉県男女共同参画推進センター共同研究報告書．With You 埼玉県男女共同参画推進センター．

柏木惠子．（2013）．おとなが育つ条件：発達心理学から考える．岩波新書．

柏木惠子・若松素子．（1994）．「親になる」ことによる人格発達：生涯発達的視点から親を研究する試み．発達心理学研究，5，72-83．

厚生労働省．（2003）．第1回21世紀出生児縦断調査（平成13年度）厚生統計協会．

厚生労働省．（2013）．平成24年人口動態統計月報年計（概数）の概況〈http://www.mhlw.go.jp/toukei/saikin/hw/jinkou/geppo/nengai12/dl/gaikyou24.pdf#search〉（2013年10月2日閲覧）

石　暁玲．（2013）．乳幼児の母親が持つディストレス：日本と中国の共通性と差異．風間書房．

島袋恒男・廣瀬 等．（2004）．キャリアCAMIによる大学生・専門学校生の職業意識の類型化：類型化とその特徴．琉球大学教育学部紀要，65，151-160．

清水嘉子・伊勢カンナ．（2006）．母親の育児幸福感と育児事情の実態．母性衛生，47(2)，344-351．

菅原ますみ．（1999）．子育てをめぐる母親の心理．東　洋・柏木惠子（編），社会と家族の心理学，pp.47-79．ミネルヴァ書房．

菅原ますみ他（1997）．夫婦間の愛情関係に関する研究（1）．日本発達心理学会第8回大会発表論文集，57．

総務省統計局．(2013)．平成24年就業構造基本調査報告．〈http://www.stat.go.jp/data/shugyou/2012/〉(平成26年12月7日閲覧)

高橋惠子．(2010)．人間関係の心理学：愛情のネットワークの生涯発達．東京大学出版会．

土肥伊都子他 (1990)．多重な役割従事に関する研究：役割従事タイプ，達成感と男性性，女性性の効果．社会心理学研究，5(2), 137-145．

内閣府．(2007)．仕事と生活の調和（ワーク・ライフ・バランス）憲章．〈http://wwwa.cao.go.jp/wlb/government/20barrier_html/20html/charter.html〉(平成26年12月7日閲覧)

中西信男．(1995)．ライフ・キャリアの心理学：自己実現と成人期．ナカニシヤ出版．

日本経済新聞Web刊．(2012)．若者の就職難　少子化なのになぜ？ (2012/12/25 6:30) 〈http://www.nikkei.com/article/DGXDZO49859690R21C12A2W14001/〉(2013年10月5日閲覧)

平木典子・中釜洋子（著），梅本堯夫・大山　正（監修）．(2006)．家族の心理：家族への理解を深めるために（ライブラリ実践のための心理学3）．サイエンス社．

平山順子．(1999)．家族を「ケア」するということ：育児期の女性の感情・意識を中心に．家族心理学研究，13, 29-47．

深谷昌志．(2008)．育児不安の国際比較．学文社．

福丸由佳．(2000)．共働き世帯の夫婦における多重役割と抑うつ度との関連．家族心理学研究，14, 151-162．

プチタンファン編集部．(1996)．読んでくれて，ありがとう．婦人生活社．

牧野カツコ．(1982)．乳幼児をもつ母親の生活と〈育児不安〉．家庭教育研究所紀要，3, 43-56．

南　智子他 (2009)．精神疾患を有する母親の育児における喜びと困難．跡見学園女子大学文学部紀要，43, 61-75．

文部科学省．(2013)．平成24年度大学等卒業者の就職状況調査（4月1日現在，平成25年5月17日発表）〈http://www.mext.go.jp/b_menu/houdou/25/05/1335098.htm〉(2013年10月5日閲覧)

Belsky, J. (1984). The determinants of parenting: A process model. *Child Development*, 55, 83-96.

en転職コンサルタント．(2007)．第17回アンケート集計結果「仕事のやりがい」について．〈http://consultant.enjapan.com/html/enquete_report/report_17.html〉(2013年10月1日閲覧)

Erikson, E. H. (1959). *Identity and the life cycle*. W. W. Norton & Company. (小此木啓吾（訳編）．(1973)．自我同一性．誠信書房．)

Lazarus, R. S. & Folkman, S. (1984). *Stress, appraisal, and coping*. Springer. (本明　寛他（訳）．(1991)．ストレスの心理学：認知的評価と対処の研究．実務教育出版．)

第15章 成人期後期から高齢期の発達
―― 50代後半から亡くなるまで

15.1 円熟期

(1) 過渡期としての円熟期

　中年の危機を体験した人々が40代を過ぎ，50代後半になると，いよいよ高齢期が目前となる．この時期をどのように過ごすかは，次に続く高齢期をいかに過ごせるかに大きく関わってくる．高齢期への橋渡しの時期であるこの時期には，中年の危機をきっかけとして自分自身を見つめなおす作業が大切になる．なぜならば，高齢期には，中年の危機とは異なる，かつより深刻な危機が訪れるからである．高齢期に入る以前にこれまでのみずからの生き方を問い直すことは，高齢期を生きぬくための基礎固めとなるであろう．

(2) 世代性

　精神分析学者のErikson（1959；1963）は，人の生涯を8段階に分け，各段階で達成しなければならない課題と危機を設定し，人の発達過程をとらえようと試みた（表15-1）．この理論によれば，円熟期は，中年期とともに第7段階の成人期に含まれると考えられる．この時期の発達課題は，「世代性（Generativity）」対「停滞」である．世代性（あるいは世代継承性）とは，家庭や職場において，若い世代を養育・援助することや，教え導くといった，次世代に関心の目が向かうことであり，そうでない場合には，自分自身に固執し，停滞を招くとされている．

(3) 職業からの引退と生きがい

　キャリア発達の観点からとらえると，中年期から円熟期，高齢期にかけて，

表15-1　エリクソンの発達段階

段階	危機（葛藤）	活力（徳）	内容
幼児期	信頼 VS 不信	希望	・一貫性、連続性、類同性の経験が信頼に導く ・不適切、非一貫性または否定的な養育が不信を招く
児童前期	自律性 VS 恥・疑惑	意志	・自分のペース・やり方で技能を試す機会が自律性に導く ・過保護または援助の欠如が自己や環境の統制能力に疑問を抱かせる
遊戯期 （児童後期）	自発性 VS 罪悪感	決意	・活動の自由と疑問に答える親の恐怖が自発性に導く ・活動の抑制と疑問を無意味と扱うことが罪悪感を招く
学齢期 （思春期）	勤勉性 VS 劣等感	才能	・ことを成すことが許され、達成を誉めることが勤勉性に導く ・活動の制限と行いの批判が劣等感を招く
青年期	同一性 VS 役割の混乱	忠誠	・状況や人物が異なる際の人格の連続性と類同性の再認識が同一性に導く ・安定性（特に性役割や職業選択）を確立できないことが役割の混乱を招く
成人前期	親密性 VS 孤立	愛	・他者との同一性の融合が親密性に導く ・他者との競争的、闘争的な関係が孤立を招く
成熟期 （成人後期）	世代性 VS 停滞	世話	・次世代の基礎を固め導くことが世代性を生み出す ・自己への優先的な関心が停滞を招く
高齢期	統合 VS 絶望	英知	・人生の受容が統合感に導く ・逃した機会を取り戻すには遅すぎるという感情が絶望を招く

(Erikson, 1959；1963 などを参考に作成)

人々は定年退職という大きなライフイベントに直面し，その衝撃は非常に大きいことが知られている．藤田 (2007) では，退職後の不安として「お金」「健康」「生きがい」の3つがあげられている．生きがいを何に見出すかは人それぞれであるが，男性は現在の仕事を再雇用などの形でそのまま続けることで生きがいを維持しようとする人が多いのに対し，女性は仕事とは別の活動（趣味，ボランティアなど）に生きがいを見出そうとする人が多い．

また，Butler & Gleason (1985) が提唱したプロダクティブ・エイジング（生産的な老い）という考え方では，収入を伴わないこと，例えば向社会的行動である他者への貢献が大きな生きがいにつながることを示唆している．なお，プロダクティブ・エイジングは，前述の世代性との関連性も指摘されており，中年期においては自分自身の子どもや孫，職場の部下に対する関心にとどまるのに対し，高齢期では次世代全般や次世代を取り巻く環境へと関心が広がると考えられている（田渕，2014）．つまり他者への貢献を通して自己を追及し，それがさらなる世代性を生み，生きがいにつながるのである．

そもそも，生きがいとは，自分が生き続けていくうえで価値があり，意味のある重要な対象を意味するだけでなく，その対象が存在することによって，自分の生に意味があると感じられるその"感情"を指す言葉でもある（佐藤，2007）．生きがいを獲得することは人生をよりよく生きるためにはきわめて重要であると考えられる．

15.2 高齢期の心とからだ

(1) 老いの自覚

日本では，高齢者とは一般的には65歳以上の人々を指す．しかし，実際に65歳以上の人が自分自身を高齢者と認識しているかどうかは別の問題である．実際の年齢を「暦年齢」，自分が自覚している年齢のことを「主観的年齢」という．この主観的年齢について，佐藤ら (1997) が行った研究によれば，人々は70歳代半ばくらいになるまで，自分の主観的年齢を65歳くらい，つまり高齢者とは認識していないことが報告されている．

また，自分自身の老いについて自覚することを「老性自覚」とよぶが，自覚をもつきっかけや自覚をもち始める年齢は人によりさまざまである．老性自覚をうながすきっかけには，内からの自覚（内性自覚）と外からの自覚（外

性自覚）がある．前者は，身体的徴候や認知的徴候，精神的減退などによって促進される（例：老眼，体力の衰え）．後者は，定年退職，引退，離別，死別といった社会的な経験やライフイベントによって引き起こされる．

（2）感覚機能の変化

視覚に関しては，加齢によって水晶体の混濁や弾力性の低下，毛様体の筋肉低下などが起こる．そのため，近くの対象に焦点が合いにくくなる，いわゆる老眼が起こる．また，文章を読むのに時間がかかるようになる，暗い場所で見えづらさが増す，動いているものを目で追うことが難しくなる，たくさんの情報の中から目標物を探すことが難しくなるといったことが加齢による変化としてあげられる．このような変化は，日常生活に大きな影響を与え，特に自転車や自動車の運転，夜間の歩行などに注意をする必要がある．

聴覚に関しては，聴力は加齢とともに低下することが知られている．高齢期には高い音と小さい音に聞こえづらさを感じるようになる．聴力の低下に伴い，コミュニケーションが困難となる高齢者も出てくる．さらには，危険の察知などの能力も低下すると考えられる．これらのことにより，他者との関わりをもつことを敬遠したり，ひきこもりがちになったりといったことにつながることがあるため，聴力の低下は高齢期の精神的健康の維持にも関係することを留意しなくてはならない．

また，嗅覚の低下により，食べ物の腐敗臭や，焼け焦げやガス漏れのにおいがわからず，衛生面や安全面で問題が生じる．味覚では，濃い味付けになったり，食物が腐敗した際の酸味に気づかず口にしてしまったりといった健康や安全面への影響が懸念される．皮膚感覚では，痛覚と触覚がともに感じにくくなる．そのため，怪我の発見が遅れたり，火傷をする危険性が高くなったりするといった生命の危機に関わる可能性がある．

（3）運動機能と体力

高齢者になると，運動機能を構成する多くの要素で低下がみられる（増本，2014）．高齢期を健康に送るためには，運動能力と密接に関係する「体力（行動体力・防衛体力）」に注目する必要がある．行動体力は，行動を「起こす（筋力や筋パワー）」，「持続する（筋持久力や全身持久力）」，「調整する（平衡性，敏捷性，柔軟性）」という各能力から構成される．防衛体力は健康や生命を

脅かすようなさまざまなストレスや侵襲に対して抵抗する能力（安永, 2014）を指す．高齢期には，行動体力より防衛体力を重視するべきであり，ADL（日常生活動作能力）を基本として自分の生活をどれだけ維持する能力があるか，生活を楽しむ余力があるかが重要（谷口, 1997）である．

（4）認知機能とエイジング

（a）注意と抑制機能

私たちはざわざわした部屋の中でも，隣り合う人とは会話をすることができる．これは，「カクテルパーティ効果」とよばれる．このように，必要な情報のみに注意を向けることにより，私たちは効率的に記憶処理や認知処理を行うことができる．注意の内容は多岐にわたる．ここでは，加齢の影響が生じやすい選択的注意と注意分割を取り上げる．

選択的注意とは，処理が必要な情報を選択し，それに対して注意を向けることである．カクテルパーティ効果は聴覚において認められる現象である．注意分割（分割的注意）とは，複数の事柄を同時に並行して行うことである．これは，会話をしながら車の運転をすることや食事をしながら新聞を読むといったようなことである．注意分割における加齢の影響は，例えば，リズムを取りながら計算課題を行うというように二つの課題を同時にこなし，それぞれに反応することが求められる「二重課題」で認められる．

注意をはじめとする種々の認知機能においてみられる加齢の影響と密接に関係するものとして「抑制機能」がある（Hasher & Zacks, 1988）．抑制機能が低下すると，ターゲットに集中してそれ以外の情報を抑制するということが困難になる．高齢者は若年者に比べて抑制機能が低下し，不必要な情報処理を抑制することが難しく，若年者よりも大きな干渉の効果の生じることが明らかになっている．

（b）記憶機能

記憶に関して悩みを抱える高齢者は多いが，一口に記憶といっても，多くの種類があり，記憶の種類によって加齢の影響は異なる．

まず，記憶は次のような一連のプロセスからなる．最初に，私たちは記憶すべき情報を憶え（「記銘（符号化）」），次に，その憶えたことを「保持（貯蔵）」して忘れずにいる働きが必要となる．そして，必要に応じて思い出す，つまり「想起（検索）」して用いる．

認知症などではない正常な老化過程では，検索の機能に加齢の影響がみられる．これは例えば，「喉まで出かかっている」というTOT現象（Tip Of the Tongue）に顕著に現れ，「記憶の中には確かにある（記銘と保持はされている）はずなのに，それが出てこない（想起できない）」という現象である．一方，認知症では，これらのことに加えて体験の記憶であるエピソード記憶を記銘することそのものに障害が出てくる．つまり，体験したことが記憶できないのである．ただし，正常な老化過程においても，若年者と比べて加齢の影響が最も顕著なのが，このエピソード記憶である．

保持期間による分類では，短期記憶と長期記憶がある．短期記憶は，一時的に情報を保持しておくために用いられ，電話をかけるときなどに使用されるが，そのままでは即座に忘れてしまう．貯蔵時間はわずか数十秒からせいぜい数分程度であり，容量は7個（±2個の個人差あり：マジカルナンバー7）である．一方，長期記憶は，保持期間が長く，ほぼ永続的であり，その容量も無限である．短期記憶に比べると，長期記憶では加齢の影響が顕著である．

また，記憶の能動的な側面に着目した作動記憶（ワーキングメモリ）は，文章を読みながら理解するといったように，情報を一時的に保持するだけではなく，その処理にも関わる機能をあわせもっている．作動記憶は加齢の影響を強く受けるため，記憶のみならず，さまざまな認知機能の低下に関連していると考えられている．

一方で，加齢の影響が少ないとされている記憶としては，意味記憶（言葉の意味や物の概念，名前といった知識に関わる記憶）や手続き記憶（技能学習）などが知られている．

高齢者を対象とした記憶研究は，実験室的な場面での検討に限らず，日常的な場面に即した研究も行われている．例えば，展望的記憶とよばれる未来に関する記憶は，人と会う約束を覚えている，毎食後に薬を忘れずに飲むといったことに関わる記憶である．さらなる検討が必要ではあるが，この記憶では高齢者と若年者で記憶成績にそれほど違いがみられないことや，場合によっては高齢者の記憶成績の方がよいことが示されている．

さらに，自伝的記憶（自分史の記憶）では，記憶保持時間が短くなるほど記憶頻度が高くなること，記憶保持時間が41～50年（参加者が21～30歳）で記憶頻度が最も高くなること（レミニッセンス・バンプ），幼児期健忘が

知られている（Rubin et al., 1986；Rubin, 2000）．

15.3 パーソナリティとエイジング

(1) パーソナリティの加齢変化

　年齢を重ねると，パーソナリティは変化するのか，それとも変化せずに一定（安定している）なのか，この問いの答えを導き出すことは実は難しい．5因子モデル（神経症傾向，外向性，開放性，調和性，誠実性）を用いた研究では，パーソナリティ特性は成人期以降相対的に安定性が高いことが示されている（Costa & McCrae, 1988）．しかし，これまでの研究の蓄積により，パーソナリティの変化と安定性の結果が分析方法によって異なることや，集団内での相対的な位置関係は安定性を示しつつ，集団全体としてはパーソナリティ特性ごとに異なる加齢変化をしていること，個人内変化の個人差があることに着目する必要性があることなどが示されてきている（髙山，2014a）．

(2) 高齢者のパーソナリティの類型と適応との関連

　高齢期のパーソナリティは，しばしば後で述べる「適応」との関連で取り上げられる．高齢者の適応性については，活動理論と離脱理論と相反する理論がある．活動理論では，高齢者も中年期と同様の心理・社会的欲求をもち，老年期における社会的相互作用の縮小は社会の側からのもので高齢者の意に反するものであるとし，老年期に高い活動性を保つことは適応の成功につながるとする（高橋，2014）．一方，離脱理論は，Cumming & Henry (1961) が提唱した理論であり，老年期に個人が社会や役割から離脱していくことは不可避であり，それは生活空間の縮小を生むとした．また，離脱は，ふさわしいほかの役割が見出せないときには危機が生じるが，基本的には高齢者にとって望ましいものであると考えられている．また，Reichardら (1968) は，高齢期への適応に関するパーソナリティの類型に関して次の5タイプを報告した．①円熟型：自分の人生は実りの多い人生であったと満足感をもって老後の生活のすべてを受け入れていくタイプ，②安楽椅子型：厳しい世間に背を向け物心両面にわたって他人に依存し，安楽に老後を暮そうというタイプ，③装甲型：若者と変らず働き続けることで老化の不安を忘れようとする，老化を認めない，不自然で肩ひじ張った生き方など自己防衛タイプ，④憤慨

型：自分の人生の失敗を他人のせいにし，他人への非難攻撃と嘆きに終始する，抑うつ的なタイプ，⑤自責型：現在の晩年の不幸はすべて自分の至らなさのせいであったと思い自分の不運を嘆く，孤独感にさいなまれるタイプ（近藤，2010）である．なお，この類型のうち，円熟型・安楽椅子型・装甲型は適応タイプ，憤慨型と自責型は不適応タイプである．

15.4 高齢者の社会性

(1) 高齢者と社会参加

50歳以降の社会参加は職業以外の社会活動への参加が重要であり，地域における活動や趣味を通じた活動が中心となる（岡村，2011）．高齢者が社会参加をする動機として，みずからの健康のため，趣味における知識や技術習得のため，教養をさらに広げるため，社会の役に立ちたいため，地域の人との交流を深めたいため，といった理由があげられている（小俣，2000）．地域との関わりは高齢者において非常に重要であり，社会的孤立に陥った高齢者は生きがい感や幸福感が低下することが指摘されている．

(2) 高齢者と家族意識

日本では，戦前まで「家（イエ）」制度が厳格に守られており，家長を中心として，通常は同居する長男が家を継ぐという形態がとられ，嫁は舅と姑の言うことに絶対に従わなくてはいけないという規範意識の中で生活を送っていた．しかし，第二次世界大戦後に民法が改正され，戦前の「家」制度が廃止され，現在では民主的な家族制度の下に家庭生活にも変化がおとずれ，家族意識にも変化がみられた．しかし，義理の親子関係に着目すると，古い習慣の残る農村地域では，昔ほどではないにしても，高齢者を中心としてかつての家族規範が残っていることも多い．そのため，嫁に対して高齢者である舅と姑が，かつての家族規範にそって振舞うことによって，嫁との間に軋轢が生じてしまうこともしばしばである．その一方で，都市部では，農村部に比較して義理の関係におけるかつての規範意識は薄れてきている．それに加えて，夫方の両親の影響が強いと考えられる農村部に比べて，都市部ではその影響力は夫方の両親と妻方の両親のどちらに偏るわけではないと考えられるようになってきた．さらには，夫も妻もそれぞれ自分の両親との関係を中心にとらえようとするため，義理の親子関係を積極的に築こうとはしてい

ない傾向がある．

(3) 高齢者と同居問題

　高齢者にとって，子どもと同居した方が必ずしも望ましいのかどうかは，一概には言えない．例えば，子ども家族との同居率の低い地域と同居率の高い地域という観点から，高齢者の自殺率を考えてみると高齢者の自殺率が高いのは，同居率の低い地域よりも同居率の高い地域だとされている（内閣府，2010）．自殺の理由を断定するのは難しいが，一つの理由として，高齢者の抱える孤独があげられる．同居率との関連で考えてみると，一人であるがゆえに感じる孤独よりも，誰かと一緒にいるにも関わらずに感じる孤独の方が深刻であるととらえることができるであろう．つまり，同居によって，必ずしも高齢者の抱える孤独がなくなるわけではないのである．このことからも，同居，別居のどちらが良いかはそう簡単には結論が出るものではなく，時間とともに常に変化すると考えるべきであり（佐藤，2014c），親子のコミュニケーションを図り，お互いの事情をくみ取り判断していくことが望ましいと考えられる．

15.5　高齢者の知能と知恵

(1) 知能

　高齢者の認知機能を詳細に検討していくと，加齢に伴って低下がみられる能力ばかりではないことがわかる．その中でも知能に着目すると，例えば，「流動性知能」とよばれる知能検査などで測定される脳機能を反映している知能がある一方で，洞察力や判断力，理解力など，学習や経験によって成人期以降も高められる「結晶性知能」がある．このうち，流動性知能は脳機能の低下に伴って減退していくと考えられる．しかし，結晶性知能は成人期まであるいはそれ以降の時期に積み重ねた経験や知識を反映すると考えられることから，高齢期になっても衰えにくいとされている．結晶性知能とは，むしろ若い世代では到達できないものであり，人生経験を積み重ねることにより，それを内面化することで獲得できるのであろう．

(2) 知恵

　結晶性知能と関連していると考えられる概念に「知恵」がある．「知恵」は，

多くの側面を含み，その意味は多岐にわたっており，一義的に定義することはきわめて難しい．知恵に対するイメージ（知恵観）研究では，例えば，髙山（2014b）は，知恵とは，学習知，経験知，優れた理解力・判断力といった認知機能に関わる要素に加え，他者への関心，内省的態度といった要素も含まれるとしている．

また，バルテスを中心とするベルリングループの研究（Baltes & Smith, 1990 ; Smith & Baltes, 1990 ; Baltes et al., 1992）では，5つの基準が備わっていることを仮定している．それは「宣言的知識」とよばれる人生の問題に対する広く深い知識と「手続き的知識」とよばれる状況の分析や情報の探索などに関わる知識，「文脈的理解（問題の背景にある文脈についての理解）」，「価値相対性の理解（多様な価値観に対する理解）」，そして「不確実性の理解（人生の不確実性の理解）」である．人は，知恵をもつことより，人生の重要な場面に立たされたときに，卓越した洞察や判断をすることができ，不確実な問題に対しても助言を行うことができると考えられている．

(3) 創造性

創造性とは，新たに何かをつくり出していく能力を指す．創造性は，携わる分野や領域により，ピークが訪れる時期やピークを迎えた後の低下の速度は異なる．いわゆる「脳の活性」が大きく関わっていると考えられる数学などでは，創造性のピークは比較的早い時期に訪れることが知られている．その一方で，創造性はいずれの領域でも高齢期に入るとある程度は低下する傾向を示す（髙山，2014b）が，芸術的分野などでは，70歳代，80歳代にいたっても多くの作品を発表する者もいる．人によっては，最晩年にいたるまで意欲的に創作活動に励む例もある．このように創造性は，携わる分野や個人差によってもさまざまに異なる特徴を示すことも知られている．

また，創造性の研究の中で，Simonton（1989）は，クラシック音楽家172名の作品を分析し，晩年の作品は短いが旋律が明快であり，かつ深みのある作品が生み出されていることを見出し，「白鳥の歌現象」とよんだ．これは，白鳥が死をむかえるときに美しい声で鳴くという逸話からそう名づけられている．

15.6 高齢期の適応

(1) サクセスフル・エイジングと主観的幸福感

　高齢期は，喪失を伴う体験を数多く経験するようになる時期である．それは，みずからの身体能力，記憶能力に限らず，配偶者をはじめとした親しい人との死別（離別），定年退職に伴う経済基盤など実に多くの喪失体験を伴うライフイベントを含む．喪失の年代である高齢期をどう適応的に生きていくか，それは人生の集大成の時期の大きな課題である．その課題のヒントとなるのが，幸福な老い，すなわちサクセスフル・エイジングである．サクセスフル・エイジングとは，健康で長生きしていて満足や幸福を感じられるような老いの過程（小田，2004）とされている．サクセスフル・エイジングの状態の程度を客観的にとらえる概念の一つとして，「主観的幸福感（subjective well-being）」がある．その評価尺度として，PGCモラールスケールなどが考案されている．

(2) 超高齢期の発達課題と適応

　現在の日本をはじめ先進諸国を中心として，平均寿命が延び続け，75歳以上の後期高齢者の増加が著しい．さらには超高齢者とされる85歳以上の高齢者の存在も決して珍しくはなく，心身機能の低下が目立ち始める年代として，その時期をどう生き抜くのかも課題として存在する．エリクソン夫妻も，80歳あるいは90歳を超えるような人々は第8段階の人々とは異なる発達課題があるとし，第9段階として新たに加えた（Erikson & Erikson, 1997）．この年代では身体能力の喪失による自立性の欠如が大きな試練として与えられるものの，第1段階ですでに獲得した基本的信頼感をよりどころとして乗り越えていけると考えられている．その危機を乗り越えた超高齢者が獲得する心理的特性がトーンスタムの指摘した「老年的超越（gero-transcendence）」である．老年的超越とは，それまでの通常の価値観から離れ，社会と個人の関係の変容，自己概念の変容，宇宙的意識の獲得という3つの次元で生じるとされている（増井，2008）．

(3) SOC理論

　生涯発達心理学を提唱したバルテスの数々の理論の中で，最も重要視され

る理論がSOC（補償を伴う選択的最適化）理論である．加齢により，心身機能が低下することは避けられず，それまでの水準を維持することができなくなる．その場合SOC理論の考え方を適用することにより対処ができる．すなわち，この理論は，若い頃よりも狭い領域を探索し，特定の目標に絞る（選択），機能低下を補う手段や方法を獲得して喪失を補う（補償），そしてその狭い領域や特定の目標に最適な方略をとり，適応の機会を増やす（最適化）というものである（佐藤，2014a）．

15.7 高齢期の心の問題

この節では，認知症を主として取り上げることとする．

（1）認知症の種類

アルツハイマー型認知症は，認知症の中で最も患者数が多い．この疾患は，脳全般の委縮や大脳皮質の神経細胞の変性脱落，老人斑，アルツハイマー神経原線維変化のびまん性出現を特徴とする疾患である（坂下・大山，2007）．記銘障害が初期段階では顕著にみられ，判断力の低下，人格水準の低下がみられる．進行に伴い，失見当識や言語に障害がみられたり，歩行障害がみられたり，植物状態に近い失外套状態となる．

脳血管性認知症は，脳出血や脳梗塞に伴って生じる．脳のどの部分に出血があるかにより，どのような機能障害が生じるかは異なる．記憶障害は初期の段階からみられる．アルツハイマー型認知症とは異なり，人格は比較的保たれることや，判断力なども保たれ，病識を有していることが多い．

レビー小体型認知症は，比較的最近になって発見された認知症である．アルツハイマー型認知症と脳血管性認知症に次いで多く，三大認知症のうちの一つである．この認知症は，レビー小体という特有の物質が大脳皮質に出現することが特徴である．実際にはないものが見えるという幻視やパーキンソン症状がみられる（小阪，2004）．

前頭側頭型認知症に含まれるピック病は，前頭葉が障害され生じる．初期には記憶障害はみられず，自分勝手な行動や反社会的行動が目立ち，人格変化やまともに考えることをしないといった特徴をもつ（奥村，2011）．周囲から認知症とは思われず，周囲の人々になかなか理解されず，家族などが誤解され非難されるといったことを招きやすいことも知られている．

認知症は治療に反応しないことが多いが，中には特発性正常圧水頭症など，

著しい治療効果が得られるものもある．

(2) 認知症の中核症状と周辺症状

アルツハイマー型認知症を中心とした認知症には，中核症状（認知症であれば必ずみられる症状）と周辺症状（認知症にしばしばみられることがある症状）がある．中核症状は，記憶障害，認知障害（失語・失行・失認），実行機能障害である．周辺症状は，BPSD（認知症の行動・心理症状）とよばれ，不眠，徘徊，異食，過食，心気症状，抑うつ状態，物盗られ妄想，攻撃などさまざまなものが含まれる．

(3) 認知症以外の高齢期の心の問題

高齢者の自殺の遠因として，うつ病の罹患が指摘されているため，高齢期のうつ病には特に注意を払う必要がある．高齢期のうつ病の若年者と異なる特徴としては，身体面での不定愁訴が多いことである．また抑うつ気分を伴わず，記憶障害や集中力の低下として症状がでることもあり，一見認知症と間違われてしまう（仮性認知症）ことがある．認知症が疑われた場合，うつ病との鑑別が欠かせない．

15.8 高齢者の介護

(1) 家族神話

「子どもは老親の介護をするのが当然だ」，「親は子どもに世話をされた方が幸せである」．このような考えが，明確な根拠はないのにもかかわらず，社会通念として存在する．これは「家族神話」とよばれる．この神話は，もともとは介護の場面に限ったものではないが，家族介護の場面では，介護者や周囲の人々を縛り付けるものになる．時として，家族神話によって，介護者は燃え尽きる（burnout）まで介護から離れることができず，また，介護される側の老親もホームヘルパーを依頼したり，施設に入ることになったりしたときに，家族に捨てられたと生きる意欲を失ってしまうことにつながるケースもある（佐藤，2014b）．

(2) ケアとコントロール

介護場面において，介護者と被介護者の間には，親密な人間関係が生まれ

る．人間関係における親密さには，ケア（care）の面だけではなく，コントロール（control）の二つの側面を含むとされる．ケアとは，温かみ，配慮，愛情，友情によって成り立つ行動であり，コントロールは，支配，管理，制限，束縛，拘束といった心理規制と行動を指す．介護の訳語でもある「ケア」にも，この「コントロール」という側面が併存している．何らかの援助や報酬を提供された側は，その提供者との対等な関係性を保つために，対価に見合った返報（お返し）を動機づけられる．もしも，返報ができずにいると両者の関係は不均衡になるため，人はその状態を苦痛と感じるとされる．ところが，介護場面では，被介護者は介護者から受け取った思いやりや愛情を基礎とした「ケア」に対して，それに見合うだけの「返報」をすることは難しいと考えられる．その場合，被介護者には心理的負債感が生じるため，心理的な苦痛を感じると同時に，介護者から「コントロール」されたと感じてしまうことがある．一方，介護者も，被介護者からの返報が期待できないため，介護に対する抵抗感が生じたり，ケアであったはずの行為が被介護者を支配し服従させ，時には虐待にいたってしまう危険性すらある．つまり，介護は，ケアを前提とした関係でありながら，介護者と被介護者は，互いにコントロールされていると感じてしまう人間関係に陥ってしまう可能性があるといえる（佐藤，2005）．

(3) 介護を取り巻く状況

国民生活基礎調査（平成25年）によれば，主な介護者（主介護者）の内訳は，最も多いものが要介護者と同居家族が61.6％であり，介護が依然として家族に負うところが多いことがわかる．さらに，同調査によれば，要介護者と主介護者（同居）の年齢の関係は，要介護者の年齢が65〜69歳では主介護者の年齢が60代（60〜69歳）（52.6％），70代では70代（50.6％）が多く，80代では50代（29.9％），60代（26.1％），80歳以上（19.8％）が順に多く，90歳以上では60代（59.2％）が多いという結果である．これらの数値から「老老介護」が決してまれなケースではないことがわかる．

また，「高齢社会白書」（内閣府，2014）では，高齢者がいる世帯の中で，高齢者夫婦のみの世帯が占める割合が最も多い（30.3％）ことが示されている．高齢者夫婦のみの世帯では，一方が要介護となった場合にもう一方の高齢者が介護者となることが多い（岡田，2014）が，この割合が増加傾向に

あることからも，高齢者が高齢者の介護をする「老老介護」のさらなる増加が懸念されている．

15.9 高齢者と死

(1)「統合」対「絶望」

　先に取り上げたエリクソンの発達段階説によれば，高齢期（第8段階）の発達課題は「統合」対「絶望」である．高齢期になると，残された時間の短さに気づくと同時に，これまでの時期よりも「死」の存在を近くに感じるようになる．みずからの死を考えると，誰しも恐怖や不安を感じるであろう．統合とは，これまでの人生を振り返り，良かったことも上手くいかなかったことも含めて，自分の人生はこれで良かったのだという感覚を持つことである．それと同時に，死に対して考えることから逃げたり，避けたりせず，「自分の死後の世界に対して現在の自分ができることを前向きに考えて行っていく」（増井，2008）のである．しかし，この感覚をもてず，もう一度やり直したいと思ってももう残された時期は短く，やり直したくてもやり直す時間はない，死は確実におとずれることがわかっているがどうすることもできず，「絶望」してしまうという．

　このことから，高齢期は「死」といかに向き合い，どう受容していくのかがとても重要であり，これは高齢期に適応できるかどうかに深く関係していると考えられる．

(2) キューブラー=ロスの死の受容段階

　キューブラー=ロスは，末期がんの患者約200名へのインタビューを通して，死へ向かう心のプロセスを5段階に記述した（Kübler-Ross, 1969）．第1段階「否認」では，余命や病名を告げられることで死の宣告を受け，衝撃の強さのあまりその事実を認めず否認が起こる．第2段階「怒り」は，否認の状態が保てなくなり，否が応でも病気であることや死の接近を認めざるを得ない状況になると，その事実や周囲の健康な人々に対しての怒りが現れてくる．第3段階「取引」は，神や絶対的なものに対して，自分の延命のための取引をする段階である．第4段階「抑うつ」は，怒りが収まり，否認や取引をしても無駄であると悟ると，抑うつ症状に襲われる段階である．第5段階「受容」は，苦痛が去り，患者は自分の死を穏やかに受け入れる段階に入

る.

　この段階説では，すべての人が第1段階から順を追って体験するわけではないことや，すべての段階を必ずしも体験するわけではないことが指摘されている．また，こうしたプロセスは，がん患者だけではなく，高齢者の死に向かう心理的プロセスにも当てはまるとされる．

（3）死別と悲嘆

　高齢者になると，さまざまな別れを経験するが，その中でも，長年連れ添った配偶者を看取るその悲しみは計り知れない．残された者にとっては，その悲しみは死別後も続くとされている（悲嘆のプロセス）．死別後の残された者の精神的ダメージは少なくとも死別後1年間は解消することが困難であるとされている（佐藤，2014d）．大切な人であればあるほど，その人の存在を心の中から消すことは不可能であろう．しかし，死はある意味において覆されない絶対的なものである．そうであるならば，その人の存在を心に残し，その人とともにこれからも生きていけるよう，死を受け入れていく作業が必要である．それは，喪の仕事（グリーフワーク）とよばれる．現在これに対する支援は，日本ではあまり進んでいない現状があるため，今後の対策が望まれる．

（4）喪失とハッピーエイジング

　高齢期は，自分自身の身体機能をはじめ，記憶能力や，経済基盤，大切な人々など，様々な喪失を否応なしに経験する．長年生きてきた集大成の時期に，このような喪失を経験するがゆえに，年を重ねることは不幸なことなのであろうか．筆者はそうではないと考える．ここで「ハッピーエイジング（happy aging）」（佐藤，2014b）の概念を紹介したい．これは，これまでのポジティブエイジングの考え方が他者評価によるものであったのに対して，自己評価に基づいたものである．つまり，身体機能が低下し寝たきりの状態になっていたとしても，その状態だから「不幸」だとするのではなく，そのような状態にあっても高齢者自身がポジティブな気分でいられるかを重要と考える視点である．このような考え方こそが，本当の意味での「長寿社会」，すなわち「長く生きることがめでたいことである社会」の実現に欠かせないのではないだろうか．

［島内　晶］

課題

1. エリクソンが提唱した発達段階理論に基づき，円熟期（成人後期）と高齢期の発達課題について説明しなさい．
2. 加齢に伴う身体的変化，認知機能の変化にはどのようなものがあるか，説明しなさい．

【文 献】

岡田尚子．(2014)．老老介護．日本老年行動科学会(監修)．高齢者のこころとからだ事典．中央法規出版．

岡村清子．(2011)．社会とのつながり．大川一郎他（編著）．エピソードでつかむ老年心理学（シリーズ生涯発達心理学）．ミネルヴァ書房．

奥村由美子．(2011)．認知症の種類と症状．大川一郎他（編著）．エピソードでつかむ老年心理学（シリーズ生涯発達心理学）．ミネルヴァ書房．

小田利勝．(2004)．サクセスフル・エイジングの研究．学術社．

小俣節夫．(2000)．社会参加．日本老年行動科学会（監修）．高齢者のこころ事典．中央法規出版．

厚生労働省．(2014)．平成25年国民生活基礎調査．

小阪憲司．(2004)．レビー小体型痴呆．日本老年精神医学会（編）．老年精神医学講座；各論．ワールドプランニング．

近藤 勉．(2010)．よくわかる高齢者の心理 改訂版．ナカニシヤ出版．

坂下智恵・大山博史．(2007)．高齢者への精神保健学的アプローチ．谷口幸一・佐藤眞一（編著）．エイジング心理学．北大路書房．

佐藤眞一．(2005)．老年期の家族と介護 老年精神医学雑誌, 16, 1409-1418.

佐藤眞一．(2007)．高齢者のサクセスフル・エイジングと生きがい．谷口幸一・佐藤眞一（編著）．エイジング心理学．北大路書房．

佐藤眞一．(2014a)．エイジングのこころ．佐藤眞一他（共著）．老いのこころ．有斐閣アルマ．

佐藤眞一．(2014b)．超高齢期のこころ．佐藤眞一他（共著）．老いのこころ．有斐閣アルマ．

佐藤眞一．(2014c)．老いを共に生きるこころ．佐藤眞一他（共著）．老いのこころ．有斐閣アルマ．

佐藤眞一．(2014d)．死にゆくこころ．佐藤眞一他(共著)．老いのこころ．有斐閣アルマ．

佐藤眞一他．(1997)．年齢アイデンティティのコホート差，性差，およびその規定要因：

生涯発達の視点から．発達心理学研究, 8, 88-97.

高橋一公．(2014)．エイジングと心理的変化．高橋一公・中川佳子（編著）．生涯発達心理学 15 講．北大路書房．

髙山　緑．(2014a)．その人らしさとエイジング．佐藤眞一他（共著）．老いのこころ．有斐閣アルマ．

髙山　緑．(2014b)．英知を磨く．佐藤眞一他（共著）．老いのこころ．有斐閣アルマ．

谷口幸一．(1997)．運動・体力にみられる加齢現象．谷口幸一（編著）．成熟と老化の心理学．コレール社．

田渕　恵．(2014)．世代性．日本老年行動科学会（監修）．高齢者のこころとからだ事典．中央法規出版．

内閣府．(2010)．平成 22 年版自殺対策白書．

内閣府．(2014)．平成 26 年版高齢社会白書．

藤田綾子．(2007)．超高齢社会は高齢者が支える．大阪大学出版会．

増井幸恵．(2008)．性格．権藤恭之（編）．高齢者心理学（朝倉心理学講座 15）．朝倉書店．

増本康平．(2014)．情報処理機能の変化．佐藤眞一他（共著）．老いのこころ．有斐閣アルマ．

安永明智．(2014)．体力・運動能力の加齢変化．日本老年行動科学会（監修）．高齢者のこころとからだ事典．中央法規出版．

Baltes, P. B., & Smith, J. (1990). Toward a psychology of wisdom and its ontogenesis. In R. J. Sternberg (Ed.), *Wisdom: its nature, origins, and development* (pp.87-120). Cambridge University Press.

Baltes, P. B., et al., (1992). Wisdom: One facet of successful aging? In M. Perlmutter (Ed.), *Late-life potential.* Gerontological Society of America.

Butler, R. N., & Gleason, H. (Eds.) (1985). *Productive Aging: Enhancing vitality in later life.* Springer.

Costa, P.T. & McCrae, R. R. (1988). Personality in adulthood: A six-year longitudinal study of self-reports and spouse ratings on the NEO Personality Inventory. *Journal of Personality and Social Psychology*, 54, 853-863.

Cumming, E. & Henry, W. E. (1961). *Growing Old: The Process of Disengagement.* Basic Books.

Erikson, E. H. (1959). *Identity and the Life Cycle.* International Universities Press. （小此木啓吾（訳）．(1973)．自我同一性：アイデンティティとライフサイクル．誠信書房．）

Erikson, E. H. (1963). *Childhood and Society.* 2nd ed. W. W. Norton. （仁科弥生（訳）．(1977)．幼児期と社会 1．みすず書房．※第 2 巻の刊行年は 1980）

Erikson, E. H. & Erikson, J. M. (1997). *The Life Cycle Completed.* Extended version. W. W. Norton. （村瀬孝雄・近藤邦夫（訳）．(2001)．ライフサイクル，その完結 増補版．みすず書房．）

Hasher, L., & Zacks, R. T. (1988). Working memory, comprehension and aging: A review and a new review. In G. K. Bower (Ed.), *The Psychology of Learning and Motivation,* pp.193–225, Vol.22. Academic Press.

Kübler-Ross, E. (1969). *On Death and Dying.* Macmillan. (鈴木　晶（訳）. (1998). 死ぬ瞬間：死とその過程について　完全新訳改訂版. 読売新聞社.)

Simonton, D. K. (1989). The swan-song phenomenon: Last-works effects for 172 classical composers. *Psychology and Aging,* 4, 42–472.

Smith, J. & Baltes, P. B. (1990). Wisdom-related knowledge: Age/cohort differences in responses to life planning problems. *Developmental Psychology,* 26, 494–505.

Reichard, S., et al., (1968). *Adjustment to retirement middle age and aging.* The University of Chicago Press.

Rubin, D. C. (2000). Autobiographical memory and aging. In D. C. Park, & N. Schwarz (Eds.), *Cognitive aging: A primer,* pp.131–150. Psychology Press.

Rubin, D. C., et al., (1986). Autobiographical memory across the life span. In D. C. Rubin (Ed.), *Autobiographical memory,* pp.202–221. Cambridge University Press.

索　引

■数字・アルファベット

1語文 192
1次妄想 42
2語文 192
2次妄想 42
5大疾病 41

ASD 86
COPA 133
DSM-IV 84
DSM-5 101
NCTSN 102
PTSD 52, 94
U字型の発達 174

■あ行

愛着形成不全 116
アイデンティティ形成 225
アセスメントツール 85
遊びの発達 203
アタッチメント 107, 169
アディクション 54
アニミズム 195
アルツハイマー型認知症 271

生きがい 262
育児幸福感 249
育児不安 250
いじめた子どもへの対応 32
いじめの原因 30
いじめの構造 29
いじめの典型的な行為 28
いじめの特質 27
いじめの防止 32
いじめ防止対策推進法 26
依存的性格 56
遺伝と環境 153
いのちと暮らしの相談ナビ 72

「嘘」をつく能力 198
うつ病 45
うつ病相の症状 45

エリクソンの8段階のライフサイクル 5
エリクソンの漸成発達論 226
円熟期 260

おとなの発達障害 89
オペラント条件づけ 179
親になること 252

■か行

海外におけるいじめ 32
介護を取り巻く状況 273
解離（転換）性障害 53
顔の認識 175
学習症 87
学習障害 87
学生生活 232
家族神話 272
家族ライフサイクル 242
「語り」の発達 193
学校復帰 38
感覚運動的段階 178
韓国のネット依存対策 128
感情 163
寛容的養育 216

記憶機能 264
気分（感情）障害 45
気分障害の診断 47
基本的生活習慣の獲得 191
キャリア形成 235
キャリア発達論 236
ギャング・グループ 217
キューブラー=ロスの死の受容段階 274
教育支援センター 38

教育センター ………………………39
境界人 ………………………………225
共同注視 ……………………………184
強迫性障害 …………………………51
恐怖性不安障害 ……………………50
勤勉性 ………………………………214

空間恐怖症 …………………………50
具体的操作期 ………………………211

計算の発達 …………………………199
形式的操作期 ………………………211
計数の原則 …………………………199
権威的養育 …………………………215
幻聴 …………………………………42

行為・過程依存 ……………………55
広汎性発達障害 …………………86, 91
幸福 …………………………………5
幸福度 ………………………………6
高齢期のうつ病 ……………………272
高齢期のパーソナリティ …………266
高齢者の孤独 ………………………268
高齢者の社会性 ……………………267
高齢者の知能 ………………………268
心の健康づくり ……………………70
心の理論 ……………………………196
誤信念課題 …………………………197
子育て ………………………………248
古典的条件づけ ……………………179
子ども間のいじめ …………………27
子どもの自信-劣等感 ……………214
子どもの社会性の発達 ……………217
子どもの道徳的判断 ………………218

■さ行

サクセスフル・エイジング ………270
三項関係 ……………………………184

ジェンダー …………………………12
ジェンダー・アイデンティティ …13
自己概念の発達 ……………………213
自己効力感理論 ……………………236

自己主張 ……………………………200
自己調節 ……………………………104
仕事のやりがい ……………………247
自己認識 ……………………………200
自己抑制 ……………………………201
自殺者数 ……………………………62
自殺対策 ……………………………65
自殺の危険因子 ……………………66
自殺の原因・動機 …………………63
自殺報道 ……………………………76
自殺未遂者 …………………………74
自殺予防 ……………………………69
自死遺児 ……………………………65
自死遺族のケア ……………………76
支持的精神療法 ……………………44
思春期 ………………………………224
しつけ ………………………………191
児童期 ………………………………208
児童期における運動能力 …………209
児童後期 ……………………………211
児童前期 ……………………………211
シナプシスの可塑性 ………………159
自発運動 ……………………………168
自閉スペクトラム症（ASD）……86, 91
社会恐怖症 …………………………51
社会的ネグレクト …………………98
社交不安障害 ………………………51
就職 …………………………………245
就職活動 ……………………………235
集団生活 ……………………………36
馴化 …………………………………179
情動 …………………………………163
新型うつ病 …………………………48
新生児 ………………………………159
新生児期 ……………………………151
新生児行動評価 ……………………164
新生児睡眠 …………………………161
新生児の気質 ………………………164
新生児反射 …………………………161
身体表現性障害 ……………………54
身長の発育 …………………………208
親密さ ………………………………241
信頼的養育 …………………………215

索　引　281

数唱の発達 ………………………… 199
ストレスへの反応 ………………… 52
ストレンジ・シチュエーション法 … 171
スマホ育児 ………………………… 114

性 …………………………………… 9
生活療法 …………………………… 44
生産的な老い ……………………… 262
精神エネルギー …………………… 43
成人期前期 ………………………… 241
成人形成期 ………………………… 224
精神疾患 …………………………… 41
精神薬の服用 ……………………… 44
青年期 ……………………………… 224
青年期の親子関係 ………………… 231
性分化 ……………………………… 12
性分化疾患 ………………………… 10
性別違和 …………………………… 19
セクシュアリティ ………………… 12
世代性 ……………………… 242, 260
セックス …………………………… 12
先天異常 …………………………… 153
前頭側頭型認知症 ………………… 271

創造性 ……………………………… 269
素朴生物学 ………………………… 196
素朴理論 …………………………… 195

■た行

大学生 ……………………………… 233
胎教 ………………………………… 157
対策チーム ………………………… 31
胎児期 ……………………………… 151
胎児の感覚 ………………………… 151
胎児の脳の発達 …………………… 158
他者理解 …………………………… 200
多重人格障害 ……………………… 53
達成動機 …………………………… 214
脱抑制的社会関係障害 …………… 100

知的能力障害 ……………………… 84
中1ギャップ ……………………… 35
注意欠如・多動症 ………………… 88

中年期危機 ………………………… 255
超高齢期 …………………………… 270

停滞 ………………………………… 242
適応障害 …………………………… 52
デジタルデトックス ……………… 139
電子映像メディア漬け …………… 111

統合失調症の発病率 ……………… 41
トランスジェンダー …………… 10, 18

■な行

内的ワーキングモデル …………… 107
仲間関係 …………………………… 231
仲間関係の発達 …………………… 216
喃語 ………………………………… 183

二次的感情 ………………………… 200
乳児の運動 ………………………… 168
乳児の感情 ………………………… 180
乳児の泣き声 ……………………… 181
乳児の眠り ………………………… 176
人間関係依存 ……………………… 55
認知行動療法 ……………………… 48
認知症の種類 ……………………… 271

ネグレクト ………………………… 106
ネット依存のスクリーニング …… 127
ネット社会 ………………………… 124
ネット中毒治療キャンプ ………… 133

脳血管性認知症 …………………… 271

■は行

バイアスのかかった相互作用理論 … 18
ハヴィガーストの発達課題 ……… 4
発達障害 …………………… 92, 107
発達初期 …………………………… 83
発達精神病理学 …………………… 102
発達段階 …………………………… 2
発達トラウマ障害 ………………… 104
発達不全 …………………………… 116
ハッピーエイジング ……………… 275

パニック障害 …………………………51
反応性アタッチメント障害 ……………98

ピアジェの認知発達理論 ……………194
ピア・プレッシャー ……………………29
ひきこもり ……………………………33
ひきこもりとなったきっかけ …………34
ヒステリー ……………………………53
人見知り ……………………………182
広場恐怖症 ……………………………50

物質依存 ………………………………55
不登校 …………………………………33
不登校児童生徒数の推移 ………………34
不登校の前兆 …………………………36
不登校の特徴 …………………………35
フロイトの発達段階説 …………………3

保存課題 ……………………………210

■ま行
マークマンの理論 ……………………193
マザリーズ ……………………………184

マッチング理論 ………………………235
マネーの双子 …………………………17

無関心的養育 …………………………215

メディア漬け …………………………118

妄想 ……………………………………42

■や行
幼児期 …………………………………188
幼児期のアタッチメント ……………201
よりそいホットライン ………………73

■ら行
レビー小体型認知症 …………………271
恋愛 …………………………………247

老性自覚 ……………………………262

■わ行
若者期 ………………………………224

● 編者・執筆者紹介 (※〔 〕は執筆章)

【編　者】

松原達哉（まつばら・たつや）　東京福祉大学名誉学長，立正大学名誉教授．日本学術会議第19期会員，国際幼児教育学会会長，日本カウンセリング学会理事，日本産業カウンセリング学会特別顧問，日本臨床心理学会顧問，日本心理学諸学会連合常任理事，心理師国家資格委員長を歴任．東京教育大学大学院博士課程教育心理学専攻単位取得満期退学．博士（心理学）．筑波大学大学院心理学系教授，立正大学心理学部教授を経て現在に至る．研究テーマは，臨床心理学，カウンセリング心理学，自らが創案した生活分析的カウンセリング法（LAC法）など．著書に『大人が見逃す子どもの危険信号』学事出版，『臨床心理学』『臨床心理学のすべてがわかる本』（編著）共にナツメ社，『カウンセリング実践ハンドブック』（編集代表）『教育心理学』（編）共に丸善出版，『「子どものこころ」の見方・育て方』（共編）『カウンセリング心理学』（共著）培風館，『カウンセリング心理学ハンドブック』（共編）金子書房，など．〔第1章〕

【執筆者】（執筆順）

東　優子（ひがし・ゆうこ）　大阪府立大学地域保健学域教授．お茶の水女子大学大学院人間文化研究科人間発達学専攻修了．博士（人文科学）．研究テーマは，性科学，ジェンダー論．著書に『児童心理学の進歩Vol.52』（分担執筆）金子書房，『思春期の性の問題をめぐって』（分担執筆）診断と治療社，『性同一性障害──ジェンダー・医療・特例法』（分担執筆）御茶の水書房，『健康とジェンダー』（分担執筆）明石書店，など．〔第2章〕

大竹直子（おおたけ・なおこ）　千葉大学総合安全衛生管理機構（カウンセラー），法政大学大学院兼任講師．臨床心理士．千葉大学大学院教育学研究科学校教育臨床専攻修了．研究テーマは，自己表現支援，教師・保育者サポート．著書に『やさしく学べる保育カウンセリング』金子書房，『自己表現ワークシート1＆2』図書文化社，『教師が使えるカウンセリング』（共編著）ぎょうせい，など．〔第3章〕

榎本　稔（えのもと・みのる）　医療法人社団榎会理事長．東京大学教養学部理科2類修了．東京医科歯科大学医学部卒業．医学博士．成増厚生病院副院長，山梨大学助教授，東京工業大学教授等を経て，榎本クリニックを開設．著書に『榎

本稔著作集』（全4巻）など多数．〔第4章〕

松島崇将（まつしま・たかゆき） 榎本クリニック精神保健福祉士．宮崎公立大学人文学部国際文化学科卒業後，音楽活動，工場勤務などを経て榎本クリニックへ入職．アディクション，統合失調症，高齢者のデイナイトケアの他，ソリューションフォーカストアプローチ（Solution Focused Approach）による性依存症リハビリプログラムや自身の音楽活動を活かした音楽療法を行う．〔第4章〕

反町吉秀（そりまち・よしひで） 大妻女子大学大学院人間文化研究科教授．京都府立医科大学大学院医学研究科博士課程社会医学専攻（法医学）修了．医学博士．主な研究テーマは，セーフティプロモーション（公衆衛生アプローチによる安全・安心づくり）．著書に『法医学鑑定と検死制度』（分担執筆）日本評論社，『Community Suicide Prevention』（分担執筆）Karolinska Institute, Sweden，など．〔第5章〕

廣利吉治（ひろとし・よしはる） 東海学院大学大学院客員教授，臨床心理士，臨床発達心理士．関西大学大学院心理学研究科修士課程修了．医学博士（大阪大学）．研究テーマは，自閉症スペクトラム児のグループプレイセラピー，発達障害児のアセスメントと指導，発達障害児の養育と養育者のうつ．著書に『気になる子どもの保育と育児』（分担執筆）福村出版，『発達と教育の心理学』（分担執筆）あいり出版，など．〔第6章〕

西澤　哲（にしざわ・さとる） 山梨県立大学人間福祉学部教授．サンフランシスコ州立大学大学院教育学研究科カウンセリング専攻修了．臨床福祉学・臨床心理学．著書に『子どもの虐待――子どもと家族への治療的アプローチ』誠信書房，『トラウマの臨床心理学』金剛出版，『子ども虐待』講談社現代新書，『虐待を受けた子どものケア・治療』（共著）診断と治療社，など．〔第7章〕

清川輝基（きよかわ・てるもと） NPO法人 子どもとメディア代表理事，NHK放送文化研究所研究アドバイザー，日本小児科医会子どもとメディア対策委員会特別委員．東京大学教育学部教育行政学科卒業．研究テーマは，子どもの心身の発達と電子映像メディアとの関わり，子どもの文化環境の変遷と子どもの育ちの変化など．著書に『人間になれない子どもたち』枻出版，『メディア漬けで壊れる子どもたち』『ネットに奪われる子どもたち』いずれも少年写真新聞社，など．〔第8章〕

前田志壽代（まえだ・しずよ） 神戸学院大学人文学部准教授．関西学院大学大学院文学研究科修了．博士（教育心理学）．研究テーマは，生涯発達心理学，臨床

心理学など．著書に『学童期の機能性視聴覚障害の特徴と対応―児童精神科初診から長期予後までを通して』風間書房,『[改訂版]学校教育心理学』(分担執筆)福村出版,『K.G.りぶれっと No.28 最先端の心理科学―基礎研究と応用実践』(分担執筆)関西学院大学出版会, など.〔第9章〕

松田佳尚(まつだ・よしたか) 同志社大学赤ちゃん学研究センター特任准教授. 早稲田大学大学院理工学研究科物理及応物専攻博士課程修了. 博士(理学). 研究テーマは発達心理学, 神経科学, 認知科学. 最近は fMRI を使った親の発達神経科学, 視線計測装置を使った乳幼児健診現場で使える認知課題バッテリーの開発など行っている. 著書に『発達科学ハンドブック〈8巻 脳の発達科学〉』(分担執筆)新曜社, など.〔第10章〕

松嵜くみ子(まつざき・くみこ) 跡見学園女子大学大学院人文科学研究科臨床心理学専攻教授. 臨床心理士. 青山学院大学大学院文学研究科心理学専攻博士課程単位取得済み退学. 医学博士(小児科学・昭和大学). 研究テーマは小児医療における心理臨床, 小児医療における多職種の協働. 著書に『子どもの QOL 尺度―その理解と活用:心身の健康を評価する日本語版 KINDL^R』(共編著)診断と治療社.〔第11章〕

青戸泰子(あおと・やすこ) 関東学院大学教育学部教授. 筑波大学大学院教育研究科カウンセリング専攻修了. 博士(文学・立正大学). 研究テーマは, 学校心理学, コミュニティ心理学, カウンセリング心理学, 特別支援教育など. 著書に『カウンセリング心理学ハンドブック〈下巻〉』(分担執筆)金子書房,『臨床心理学のすべてがわかる本』(分担執筆)ナツメ社,『児童心理』金子書房,『不登校児童生徒の援助における自己概念の変容』風間書房, など.〔第12章〕

池田幸恭(いけだ・ゆきたか) 和洋女子大学人文社会科学系准教授. 筑波大学大学院博士課程人間総合科学研究科心理学専攻修了. 博士(心理学). 研究テーマは, 青年心理学, 親子関係, 感謝の発達など. 著書に『新・青年心理学ハンドブック』(分担執筆)福村出版,『スタンダード発達心理学』(分担執筆)サイエンス社,『たのしく学べる最新発達心理学―乳幼児から中学生までの心と体の育ち』(分担執筆)図書文化社, など.〔第13章〕

石 曉玲(せき・ぎょうれい) 東京福祉大学心理学部助教. 関西学院大学大学院文学研究科修了. 博士(教育心理学). 研究テーマは, 臨床発達心理学, 家族心理学, 比較文化心理学, 子育て支援など. 著書に『乳幼児の母親が持つディストレス―日本と中国の共通性と差異』風間書房(独立行政法人日本学術振興会

平成24年度科学研究費補助金「研究成果公開促進費」・課題番号245203），『教育心理学』（分担執筆）丸善出版，『多文化保育・教育論』（分担執筆）みらい社，『心理科学の最前線』（分担執筆）関西学院大学出版会，など．〔第14章〕

島内　晶（しまのうち・あき）　群馬医療福祉大学社会福祉学部准教授．明治学院大学大学院心理学研究科心理学専攻博士後期課程修了．博士（心理学）．研究テーマは，高齢者心理学，生涯発達心理学，認知心理学，記憶．著書に『高齢者の心理』（分担執筆）おうふう，『高齢社会の道案内―ジェロントロジー入門』（分担執筆）社会保険出版社，『高齢者のこころとからだ事典』（分担執筆）中央法規出版，など．〔第15章〕

【編集協力】

まつばらけい　著述業．山梨県立大学大学院看護研究科非常勤講師．子宮・卵巣がんのサポートグループあいあい主宰，日赤医療センター緩和ケア研究会世話人，東京都がん対策推進協議会委員．日本女子大学家政学部児童学科卒．研究テーマは，ピアカウンセリング，患者・家族と医療者のリレーションシップ，医療情報のリテラシー，がん患者・体験者のQOLなど．共著書に『なぜ婦人科にかかりにくいの？』（築地書館），『子宮・卵巣がんと告げられたとき』（岩波書店），など．

発達心理学　健やかで幸せな発達をめざして

平成27年1月31日　発行

編　者　松　原　達　哉

発行者　池　田　和　博

発行所　丸善出版株式会社
〒101-0051 東京都千代田区神田神保町二丁目17番
編集：電話(03)3512-3264／FAX(03)3512-3272
営業：電話(03)3512-3256／FAX(03)3512-3270
http://pub.maruzen.co.jp/

Ⓒ Tatsuya Matsubara, 2015

組版印刷・中央印刷株式会社／製本・株式会社 星共社

ISBN 978-4-621-08899-9 C3011　　　　　Printed in Japan

JCOPY〈(社)出版者著作権管理機構　委託出版物〉
本書の無断複写は著作権法上での例外を除き禁じられています．複写される場合は，そのつど事前に，(社)出版者著作権管理機構(電話03-3513-6969, FAX 03-3513-6979, e-mail : info@jcopy.or.jp)の許諾を得てください．